*Bibliothèque de Philosophie scient.*
**Dirigée par le Dr Gustave Le Bon**

FR. PAULHAN

Correspondant de l'Institut

# Les Transformations sociales des sentiments

PARIS
ERNEST FLAMMARION, ÉDITEUR
26, RUE RACINE, 26

## 3° HISTOIRE GÉNÉRALE

…ncien député à la Douma. …ie (8e mille).

…a Russie et l'Europe …

…ps d'). Découvertes … (6e mille).

…s Grands Inspirés … Jeanne d'Arc. (3e m.)

…, de l'Institut. L'Inte… et la politique (4e m.).

…a Grande-Bretagne …ille).

…-L. AMICI-GROSSI. L'Ita… …ille).

…, Les Transforma… (7e mille).

Les Grandes Batail… …l'antiquité à 1913. (7e m.)

…titut. Byzance, gran… …e mille).

… des Légendes (5e m.

HARMAND (J.), ambassadeur. Domination et Colonisation (4e mille).

HILL, ancien ambassadeur. L'Etat moderne (4e mille).

LEGER (Louis), de l'Institut. Le Panslavisme (4e mille).

LICHTENBERGER (H.), professeur adjoint à la Sorbonne L'Allemagne moderne (14e m.).

LICHTENBERGER (H.) et Paul PETIT. L'Impérialisme économique allemand (7e m.).

MEYNIER (Commandant O.), pr à l'École militaire de Saint-Cyr. L'Afrique noire (5e mille).

MICHELS (Robert). Professeur à l'Université de Turin. Les Partis Politiques (4e m.).

MUZET (A.). Le Monde balkanique (5e m.).

NAUDEAU (Ludovic). Le Japon moderne, son Evolution (11e mille).

OLLIVIER (E.), de l'Académie française. Philosophie d'une Guerre (1870) (6e mille).

OSTWALD (W.), professeur à l'Université de Leipzig. Les Grands Hommes (4e mille).

## 4° HISTOIRE DES DÉMOCRATIES

…a Nationalité fran… …on.

…s Anciennes Repu… …ies (5e mille).

…ur à la Sorbonne. La …ine (4e mille).

…). L'Italie moderne

…e de Conférences à la …erre moderne (7e m.)

…ique moderne (8e m.).

…ut. Organisme écono… …re social (5e mille).

…stitut. Les Démocra… …mille).

DIEHL (Charles), de l'Institut. Une République patricienne. Venise (6e mille).

GARCIA-CALDERON (F.). Les Démocraties latines de l'Amérique (6e …e).

HANOTAUX (Gabriel), de l'Académie française. La Démocratie et le Travail (8e mille)

LE BON (Dr Gustave). La Révolution Française et la Psychologie des Révolutions (13e mille).

LUCHAIRE J.) Dr de l'Institut de Florence. Les Démocraties italiennes (5e mille).

PIRENNE (H.), Profr à l'Université de Gand. Les anciennes Démocraties des Pays-Bas (4e mille).

ROZ (Firmin). L'Energie américaine (11e m.).

# Les transformations sociales des sentiments

## OUVRAGES DE M. FR. PAULHAN

---

**L'activité mentale et les éléments de l'esprit** (2e édition).

**Les Caractères** (4e édition).

**Les Types intellectuels : Esprits logiques et esprits faux** (2e édition).

**Les Phénomènes affectifs et les lois de leur apparition** (3e édition).

**Psychologie de l'invention** (2e édition).

**La Fonction de la mémoire et le souvenir affectif.**

**Les Mensonges du Caractère.**

**Le Mensonge de l'Art.**

**La Morale de l'ironie** (2e édition).

**La Logique de la contradiction.**

**Analystes et esprits synthétiques.**

**Joseph de Maistre et sa philosophie** (épuisé).

**Le Nouveau mysticisme.**

**L'Esthétique du paysage.**

**La Physiologie de l'esprit** (5e édition).

**La Volonté** (2e édition).

*Bibliothèque de Philosophie scientifique.*

FR. PAULHAN



# Les Transformations sociales des sentiments

PARIS
ERNEST FLAMMARION, ÉDITEUR
26, RUE RACINE, 26

1920

# Les transformations sociales des sentiments

## PREMIERE PARTIE

### ORGANISATION, SPIRITUALISATION ET SOCIALISATION DES TENDANCES

Une tendance, un désir, une idée même qui naît en nous, rencontre constamment des secours et des obstacles. Elle s'associe, ou se heurte sans cesse à d'autres désirs et à d'autres idées, à d'autres tendances conscientes, instinctives, inconscientes. C'est là une condition nécessaire de sa vie, même une condition de sa naissance. Et c'est par là qu'elle arrive souvent à se développer, à se transformer, à s'enrichir ou à s'appauvrir, à proliférer à son tour ou à disparaître.

Quand elle se transforme, ses modifications sont infiniment variables. Souvent arrêtées plus ou moins vite, elles s'étendent parfois très loin. On peut dire qu'elles tendent toujours, en un sens, vers la systématisation parfaite des forces en jeu, mais chaque force tend vers un système différent, de là des compromis, des équilibres variés plus ou moins instables et bien des avortements. Çà et là quelques réussites relatives.

On peut ramener à trois grandes catégories, si l'on fait abstraction du monde physique qu'il faudrait considérer à part, les forces auxquelles se heurte une tendance quelconque. C'est d'abord l'organisme, puis l'esprit, enfin la société qui agit d'ailleurs sur elle par l'intermédiaire de l'esprit et de l'organisme. Il faut que la tendance qui naît s'accommode à nos organes, à notre esprit, à notre milieu social. Et elle tend à se fondre en eux, à se modifier sur eux, à s'assimiler à eux. C'est là ce que l'on peut appeler l'organisation, la spiritualisation et la socialisation des tendances, lorsque la tendance se transforme et s'assimile suffisamment.

La tendance, le désir, l'idée qui naît dans un être humain ne saurait à aucun titre rester indépendante de ces trois grands systèmes assez mal agencés de forces diverses. Elle ne peut naître que par leur action, avec leur aide, leur complicité au moins tacite. Aussi chacune de nos idées, chacun de nos désirs porte plus ou moins nette, plus ou moins profonde, l'empreinte de notre organisme, de notre personnalité, de la société où nous vivons.

Mais, pour différentes raisons dont plusieurs s'aperçoivent aisément, si les tendances sont toujours en relations intimes avec les organes, l'esprit et la société, ces relations varient constamment. La tendance se modifie, la personnalité se transforme, la société évolue. Et leurs rapports changent aussi. Nous pouvons donc observer souvent une assimilation croissante de la tendance par l'esprit et par le monde social.

La spiritualisation et la socialisation nous sont ainsi montrées en certains cas par la comparaison de ce qu'une tendance est, à son origine, chez un individu, avec ce qu'elle devient lorsque son évolution est accomplie, si elle se fait dans le sens indiqué ici, ce qui n'arrive pas toujours. Une ambition, par exemple, peut s'assimiler peu à peu l'esprit tout entier. Elles nous sont montrées aussi par la comparaison du développement de certaines tendances, avec l'arrêt et la régression d'autres tendances semblables dans le même individu. Enfin nous les connaissons encore par la comparaison de ce qui arrive chez des individus différents, chez des êtres de familles, de nationalités, de races, d'espèces diverses. L'amour, par exemple, est en somme une transformation de l'instinct sexuel; comparez ce qu'il est chez Lamartine et chez Casanova, comparez la passion d'un homme civilisé et l'instinct d'un chien, vous apercevrez comment la spiritualisation et la socialisation transforment une tendance, un désir organique, comment elles l'associent à la vie psychique large et riche, comment elles font d'un besoin relativement simple, un sentiment complexe qui se mêle à la vie entière, comment d'autre part, elles peuvent rattacher cette même tendance aux mille devoirs, aux innombrables convenances de la vie sociale, et par là lier plus étroitement l'homme à la société et l'y assujettir avec plus de rigueur.

La socialisation des tendances donne ainsi la matière d'un chapitre, d'un chapitre fort important, non point précisément de la science sociale, mais plutôt de la psychologie de l'homme social, de l'homme en tant qu'il est membre d'un groupe. C'est de ce point de vue que nous la considérons ici.

Quant à la spiritualisation, c'est-à-dire à la modification des tendances par influence de l'ensemble de la personnalité, à la pénétration par cette tendance de la personnalité même, à leur assimilation réciproque, elle se rattache étroitement à la socialisation. Elle la prépare, elle la rend possible, et elle en résulte. Il n'est rien dans l'individu qui ne soit marqué de l'empreinte sociale, il n'est rien en lui qui ne réagisse sur la société, qui ne tende à la transformer plus ou moins et, par là, à transformer tous les autres esprits, et à le transformer, indirectement, lui-même.

L'organisation, que j'ai déjà mentionnée, ne nous retiendra pas, pour intéressante qu'elle puisse être. Il me suffira de rappeler ici que nos pensées ou nos désirs ont à s'accommoder plus ou moins avec l'état de nos organes et, s'ils peuvent l'influencer, à se laisser aussi transformer par lui. Chacun sait qu'une infirmité, une maladie, un état infectieux, ou au contraire une vigueur particulière de l'organisme en général ou de certains organes en particulier, influe sur la nature, la qualité, la force, le développement des tendances. Et cette harmonie est illustrée par les luttes, par les souffrances, par les morts qui en signalent l'absence, par les suppléances singulières qui s'établissent quelquefois. Signalons simplement le cas de lord Byron, qui, malgré son pied bot recherchait les prouesses physiques et le cas analogue de Népomucène Lemercier, celui du peintre Ducornet, né sans bras, et qui d'ailleurs ne paraît pas avoir eu un génie à la hauteur de son audace, rappelons encore les maladroits qui ont la passion de la chasse et les faux poètes qui riment « malgré Minerve ». Tous ces cas où l'organisation de la tendance avorte, se singularise ou reste médiocre, en indiquent assez la nature.

# CHAPITRE I

## Les différentes tendances et leur rôle.

### § 1. — Tendances organiques.

Que les différents désirs, que les différentes passions de l'homme ne se prêtent pas également à la spiritualisation et à la socialisation, cela frappe tout d'abord. Il est trop clair que le sentiment religieux se spiritualisera plus fréquemment que le besoin de respirer et que l'ambition sera volontiers plus socialisée que l'appétit.

C'est qu'une condition générale s'impose à la spiritualisation et à la socialisation. Pour qu'une tendance y parvienne, il est essentiel qu'elle soit à quelque degré, contrariée, troublée, que la satisfaction en soit difficile, menacée, irrégulière, que le fonctionnement n'en soit pas trop organisé, strictement limité et contenu par le jeu normal de la vie. Cela légitime et rend nécessaire l'intervention des pouvoirs supérieurs organisés, l'esprit et la société, ainsi que ses conséquences. Si la tendance sexuelle se satisfaisait aussi aisément et aussi régulièrement que le besoin de respirer, il est à croire qu'elle fût restée assez simple et que l'amour tel que nous le concevons n'eût jamais pris naissance. Ce sont les complications de la vie, les troubles, les difficultés et les périls qui l'ont créé et qui ont socialisé et spiritualisé, en certains cas, l'instinct sexuel.

Beaucoup de fonctions organiques, en effet, ne se sont guère spiritualisées ni socialisées, la circulation et la respiration par exemple. Elles n'intéressaient guère l'esprit ni la société. Ce n'est pas qu'elles ne leur fussent indispensables, mais elles pouvaient les servir très convenablement et se satisfaire elles-mêmes sans qu'on s'occupât beaucoup d'elles. Aussi sont elles restées à peu près purement organiques. Si, en certains cas, elles ont pris quelque importance dans la vie mentale et dans la vie sociale, c'est précisément en tant qu'elles ont été menacées, gênées, altérées dans leur fonctionnement. Alors elles sont sorties de leur activité routinière, elles ont fait appel à d'autres tendances, à l'esprit et, par l'esprit, à la société. Elles ne se sont pas transformées sensiblement en elles-mêmes, et ne se sont pas intimement amalgamées aux autres désirs, cependant elles se sont mêlées à leur vie, elles ont provoqué des combinaisons d'idées, de désirs et d'actes, de pratiques sociales diverses. Toutes ces complications se rangent à peu près dans l'hygiène et dans la médecine, dans toute la portion de la vie individuelle et de la vie sociale qui s'y rapportent. La vie sociale, en rassemblant les hommes, en les retenant dans les maisons agglomérées, nous a forcés à nous préoccuper de la respiration, elle a rendu plus conscient, elle a avivé le plaisir, plus souvent troublé, de respirer un air pur. Et la respiration s'est ainsi mêlée au goût des sports, aux voyages, aux villégiatures. Elle a aussi provoqué des fondations d'hospices sur des terrains choisis pour elle, des règlements et des lois. Elle a ainsi acquis un rudiment de spiritualisation et de socialisation. Mais tout cela est assez peu de chose.

§ 2.

Les fonctions nutritives nous intéressent déjà davantage. Précisément parce que, tout en s'adaptant plus ou moins largement à la vie psychique et à la vie sociale, elles sont restées, au fond, toujours identiques à elles-mêmes, et aussi parce que les transformations qu'elles ont subies diffèrent beaucoup d'un individu à un autre individu, d'un milieu social à un autre milieu social, elles peuvent utilement servir à nous montrer ce que c'est que la spiritualisation et ce que c'est que la socialisation.

La spiritualisation, c'est surtout l'entrée d'une tendance dans la vie générale de l'esprit, sa combinaison avec le plus possible de tendances, d'idées, de sentiments, d'actes, le fait de prendre une place large et plus ou moins prépondérante dans la vie mentale, dans la synthèse particulière qui fait l'individualité de chacun.

Une tendance se spiritualisera donc de bien des façons, et prendra des formes infiniment variées selon la nature de la personnalité et des éléments auxquels elle s'associera et aussi selon le mode de cette association.

Il arrive que la tendance à se nourrir, comme d'autres tendances organiques se spiritualise très peu. Elle reste à part, fait son office sans se mêler aux autres, comme une servante qui n'entre pas au salon. Chez nombre de personnes, elle reste presque purement organique. Ces personnes-là ne s'intéressent pas beaucoup plus à l'acte de prendre de la nourriture que la plupart des autres ne se préoccupent de leur digestion lorsqu'elle s'accomplit sans encombre, et de ses suites normales. Elles mangent pour vivre sans y penser beaucoup, sans chercher dans le repas un plaisir raffiné et quelque peu esthétique, ni un plaisir intense et brutal. Pascal fut de ces personnes. Il ne portait aucune attention aux mets qu'on lui servait et n'aimait pas qu'on en fît l'éloge. Spinoza paraît représenter en cela le même type. Chez eux la tendance physiologique ne sort pas de son rôle strict et si la vie de l'esprit est extrêmement intense, la vie physiologique ne s'y mêle point. La tendance organique est à son degré le plus bas de spiritualisation. De même certaines personnes se nourrissent sans que leur repas soit une occasion ou un prétexte de joies familiales, de conversations amicales ou de réunions mondaines et la socialisation de la tendance nutritive est sur ce point au moins nulle ou très faible.

Chez le glouton, chez le gourmand, la tendance nutritive a conquis l'esprit. Elle peut parvenir à le dominer, à diriger la conduite, à s'imposer comme l'affaire importante et la préoccupation principale, à se mêler, pour les orienter, aux idées et aux sentiments, et même à se les subordonner. Peut-on dire qu'elle soit vraiment spiritualisée? C'est plutôt sans doute l'esprit qui s'est matérialisé. Une tendance organique l'a rabaissé jusqu'à elle plutôt qu'elle ne s'est élevée jusqu'à lui. Cependant si l'esprit est ce qui dirige le corps, elle est, en ce sens, devenue esprit.

Chez le gourmet, la spiritualisation de la tendance se précise. Il est essentiel, et c'est une remarque d'une portée générale, de voir que la tendance spiritualisée se mêle assez largement et à une profondeur variable à la vie de l'esprit, mais qu'elle peut fort bien ne pas le dominer. Il se peut qu'on ait le goût fin, qu'on sache apprécier un mets choisi ou un verre de vin vieux, qu'on puisse à propos de ses sensations gustatives évoquer un monde d'images et d'impressions et que cependant la tendance nutritive reste fort loin de dominer la vie mentale. Tel musicien à qui un vin d'Orient suggérait une mélodie, tel philosophe en qui une tasse de lait faisait naître une impression de nature agreste, peuvent fort bien n'avoir pas été des gourmands, à peine peut-être des gourmets, mais la spiritualisation de la sensation est manifeste chez eux.

Les sensations gustatives peuvent ainsi se spiritualiser en pénétrant la vie mentale tout en y restant à leur rang, en se subordonnant comme il convient. Elles s'affinent en s'associant à des impressions, à des idées, à des sentiments plus élevés, en provoquant des plaisirs de combinaisons qui ne sont point sans analogie avec ceux de la peinture, de la musique, et surtout peut être des arts décoratifs. Le goût, en se spiritualisant, s'enrichit de quelque valeur esthétique que d'ailleurs d'autres arts viennent souvent renforcer. La musique, la peinture, surtout des arts décoratif divers, la céramique, la verrerie d'art, la broderie, la tapisserie, l'art du mobilier viennent s'associer pour un effet complexe, à l'art de la cuisine, compliquer, affiner les impressions qu'on en reçoit. Quels que soient ces arts, d'ailleurs, ils prennent un caractère décoratif, et qui limite la nature de la spiritualisation. Un tableau de Rembrandt ne serait guère à sa place dans la salle où se donne un festin, ni la neuvième symphonie ne paraîtrait désignée pour en accompagner les différents services. Il n'en reste pas moins que l'acte de manger s'est spiritualisé. Il ne faut pas s'exagérer la valeur de ce changement. Elle reste parfois très médiocre, réelle pourtant. Ecouter distraitement une valse viennoise en mangeant un morceau de poisson médiocrement apprêté, cela ne saurait révéler une âme d'élite. Cependant comparons cette attitude à celle d'un chien rongeant un os dans le ruisseau d'une rue de village. Il est impossible de ne pas reconnaître quelque différence entre les deux, et de nier une sorte de spiritualisation d'une tendance qui demeure au fond identique à elle-même.

L'animal se repaît, l'homme mange, l'homme d'esprit seul sait manger, disait Brillat-Savarin. Voyons en ces mots l'expression sommaire de la spiritualisation de la tendance. Et trouvons-en une confirmation dans ce fait que la littérature ne l'a point négligée. La prose et les vers ont célébré le vin et la bonne chère, la musique les a chantés. Huysmans est particulièrement intéressant à interroger à ce sujet, car dans son œuvre la préoccupation des plaisirs du goût perd beaucoup de son ordinaire vulgarité pour s'affiner, se compliquer, dévier parfois assez singulièrement. Et rappelons encore l'association assez commune et forte des plaisirs de l'amour et des satisfactions de l'appétit et de la gourmandise. On peut consulter sur ce point La Fontaine dans ses contes, et Béranger dans quelques chansons et Musset lui-même.

En même temps, il faut constater un fait important et que nous aurons souvent l'occasion de remarquer, c'est que la spiritualisation et la socialisation d'une tendance ne sont point incompatibles avec sa perversion et même, par un mécanisme assez simple, elles la provoquent volontiers. Elles la détournent de sa fin propre vers des fins psychiques ou sociales. Tous les raffinements de la cuisine indiqués ci-dessus, et les complications sociales dont nous allons parler ne font pas toujours que la fonction de nutrition s'accomplisse mieux. Assez souvent au contraire elles contribuent à les troubler.

## § 3.

La socialisation et la spiritualisation d'une tendance se facilitent, et aussi elles se nuisent réciproquement. Elles s'enchevêtrent si bien qu'on ne peut guère les séparer que fort arbitrairement, mais il est parfois commode de le faire.

Manger et boire, cela constitue actuellement une sorte de fonction sociale, ou un élément de fonction et au moins une condition de toute fonction. La nutrition a des causes sociales, des effets sociaux, un mécanisme social. Sans la nutrition, la société ne pourrait vivre, sans la société l'homme aurait bien de la peine à se nourrir, s'il y parvenait. « Il faut travailler pour vivre », « celui qui ne travaille pas ne doit pas manger », voilà des phrases usuelles qui expliquent suffisamment la largeur et la profondeur de la socialisation de la tendance nutritive.

C'est que, en effet, une grande partie du travail social a pour fin la nutrition des individus. Agriculture, jardinage, élevage comptent parmi les grandes occupations de l'humanité. Ajoutons-y la chasse et surtout la pêche. Ajoutons-y encore tous les métiers, toutes les industries, toutes les techniques, tous les commerces qui se rapportent à la nourriture, la cuisine et l'industrie hôtelière, la pâtisserie et la charcuterie, l'abatage des animaux et la boucherie, le transport des denrées par bateau, par chemin de fer, par voiture, la vente des comestibles divers, l'épicerie, la boucherie, le commerce des vins, etc.

C'est là, certainement, une face importante de la socialisation d'une tendance et nous entrevoyons l'importance des combinaisons sociales qui visent à la satisfaire. Encore faut-il tenir compte de la législation et des règlements municipaux, de l'hygiène et de la médecine avec leurs prescriptions diverses et leurs remèdes, et même de la fabrication d' « apéritifs » ou de « liqueurs digestives » et d'élixirs variés. Et il faut songer encore à ce que représentent de vie sociale les cafés, les maisons de thé, ou les réceptions de l'après-midi, les hôtels ou les restaurants, et les cours de cuisine, et les facultés de médecine et les hôpitaux (en tant qu'ils ont pour objet de remédier, entre autres, aux maladies de la nutrition) et aussi les associations et les syndicats qui de près ou de loin se rattachent plus ou moins indirectement au besoin qu'a l'homme de se nourrir. Songez encore aux stations thermales, aux sports et à leur influence, aux villégiatures, à l'utilisation diverse des bateaux, des chemins de fer, des automobiles et vous verrez s'étendre indéfiniment et se ramifier en tous sens la portée sociale d'un instinct physiologique. Et pensez enfin que la possibilité de se nourrir est un but général de l'activité humaine socialisée, même si elle n'a pas pour objet immédiat la nutrition.

Les sentiments qui font la vie sociale au sens étroit, qui dérivent des relations personnelles, des rapports mondains, viennent aussi s'associer aux plaisirs du goût, les introduire dans un monde auquel rien ne paraissait les destiner naturellement, les épurer en les compliquant et sans leur permettre de dominer à l'excès l'esprit ou le milieu social. C'est un curieux exemple de socialisation d'un instinct animal que les formes prises par le repas. Le repas solitaire est relativement rare, il ne se produit guère que si les circonstances de la vie l'imposent. Le repas pris en commun est un signe et une cause d'harmonie sociale, bien que, comme tout ce qui rapproche les hommes, famille, voisinage, il puisse aisément provoquer aussi des discordes. La sympathie, l'amitié, l'affection, l'amour, la politesse, le simple plaisir de la société y trouvent leur profit. Même l'esprit professionnel s'y peut affirmer comme dans les repas de corps, ou aux tables d'officiers, même la fraternité religieuse comme dans les repas en commun des cénobites, ou la fraternité politique et nationale comme dans les repas des Spartiates. Si l'on mange ensemble, évidemment, ce n'est pas seulement parce que cela simplifie le travail domestique, c'est aussi parce que, si l'on doit chaque jour employer à se nourrir une part de son temps, il est commode d'employer ce même temps à des relations agréables ou profitables, relations d'affaires, de famille, d'amitié, d'affection ou de galanterie, simples relations mondaines et de tirer du repas une occasion de plaisir social, en même temps qu'un délassement relatif. C'est ainsi que se réunir en une occupation quelconque, s'associer dans un même plaisir, « communier » sous une forme ou sous une autre développe les liens sociaux, la sympathie, l'unité de pensée et de sentiment. Par là, le besoin de se nourrir cesse d'être purement animal, il entre dans la vie collective, il donne lieu à des rites et à des cérémonies, variables selon les temps et les lieux. Le repas monte à la hauteur d'une institution sociale, au risque parfois de moins bien remplir son rôle essentiel et primitif, son humble et nécessaire fonction physiologique.

Pour apprécier le chemin parcouru, comparez au

perdreau qui court les champs, seul ou en bande où chacun agit pour soi, picorant quelque grain çà et là, l'homme du monde pour qui un dîner est une occasion de causerie, de toilette ou de flirt et qui, dans une salle attiédie et luxueuse, en compagnie élégante, savoure discrètement une aile de faisan ou un verre de vieux bourgogne, en écoutant des propos sur un acteur en vogue ou en offrant un compliment ingénieux à sa voisine. Il n'est ici pas un mot, pas un geste, pas un petit fait qui n'illustre une immense quantité de conventions sociales, qui ne tende à les fortifier, à les conserver, en en faisant parfois évoluer la forme pour créer une mode nouvelle. Par les comparaisons de ce genre, on peut comprendre, il me semble, ce que c'est que la socialisation et que la spiritualisation d'une tendance organique, comme aussi entrevoir les limites nécessaires de ce procédé.

Il n'est sans doute pas inutile de remarquer que, dans la fonction de nutrition c'est à peu près uniquement le fait de prendre la nourriture qui a donné lieu à un développement psychique et social. Il n'est pas malaisé d'en voir les raisons. Citons parmi les plus générales que c'est la phase de la nutrition qui dépend le plus étroitement, et à plus d'égards, de notre volonté, de nos décisions, de nos idées et des habitudes sociales, c'est la seule aussi qui se rattache à un sens spécial. Cependant il faut mentionner ici en passant les plaisanteries, les rires, la joie que provoquent assez communément d'autres parties des fonctions de digestion. La littérature les a suffisamment et même trop abondamment illustrées ; le génie, le talent, la médiocrité, la nullité même s'y sont employés, et il suffira bien de citer ici Rabelais, Molière et Armand Silvestre. Il paraîtra peut-être un peu ridicule de parler ici de spiritualisation et de socialisation. Et pourtant si, passant sur cette impression et dissociant des idées assez fortement unies, on y regarde de près, c'est bien encore, si peu élevée qu'en puisse être l'application, si ignoble même qu'on la puisse juger, un procédé de ce genre qu'il faut constater encore.

### § 4. — L'Amour.

Une tout autre fortune attendait l'instinct sexuel. Des raisons évidentes le désignaient pour un rôle plus bruyant. Il n'est pas plus nécessaire à la vie de l'espèce que l'instinct de manger et boire, il l'est bien moins au maintien et même au développement de la vie individuelle, mais sa violence spéciale, et surtout les conditions de sa satisfaction devaient lui donner une singulière importance. Je parle ici pour l'homme, car en certaines espèces animales et chez les poissons par exemple, les relations des deux sexes ne comportaient évidemment pas un riche développement de la passion amoureuse. La constitution des sociétés humaines, les habitudes, les mœurs ont produit d'étranges complications d'un instinct assez simple en lui-même et qui se satisfait, chez bien des êtres vivants, et aussi chez un certain nombre d'êtres humains, sans beaucoup de façons sentimentales et sociales.

C'est que, d'une part, la vie civilisée, celle dont nous jouissons en Europe par exemple, multiplie les obstacles devant l'instinct sexuel; elle prétend le brider, le diriger, le régler ou le réprimer à sa volonté. D'autre part elle prend soin non seulement de le faire vivre, mais de le surexciter sans cesse et par tous les moyens, habitudes sociales, réunions et bals, littérature, beaux-arts, etc. Il était à prévoir que cette contradiction, peut être nécessaire mais à coup sûr dangereuse, allait provoquer des sentiments, des sentiments violents et raffinés, subtils et tenaces, hésitants et tourmentés à la fois, une passion multiforme et décevante, pleine à la fois de délices et de périls. Quelques individus en évitent les risques en se bornant à peu près à la satisfaction brutale de l'instinct auquel il a bien fallu que la société, discrètement et en détournant les yeux, ouvrît quelques issues, mais les débauchés même ne sont pas toujours préservés des grandes passions.

La spiritualisation et la socialisation sont ici bien évidentes. Je n'en examinerai pas les formes en détail pour le moment, devant les étudier à part comme un exemple particulièrement intéressant, dans la suite de ce travail. Il me suffit donc d'indiquer maintenant l'énorme transformation apportée par ce procédé de spiritualisation et de socialisation, sinon dans l'essentiel de la tendance qui reste toujours sensiblement identique à elle-même en son fond, du moins dans ses manifestations, dans ses rites secondaires, dans la parure d'impressions, d'idées, et de sentiments qui la revêtent, l'enrichissent, la déguisent parfois et parfois aussi la corrompent.

Ici encore comparez les faits extrêmes. Songez d'une part à l'accouplement fortuit de deux loups dans les bois, ou même, chez l'homme, aux plaisirs réglés et tarifés, et d'autre part voyez l'inépuisable variété, les formes si variées, si compliquées de l'amour humain, qui laissent subsister pourtant les formes primitives, les caprices des sens, les ruées de l'instinct brutal, les rapprochements momentanés sans prévisions et sans soucis. Pensez à l'amour intellectuel, admiratif, tendre et profond de Stuart Mill pour celle qui devint sa femme, à l'amour romantique et à la passion de Musset pour Sand, à l'amour tel que le comprennent nos classiques, à l'amour compliqué et morbide de Baudelaire, à l'amour sensuel et violent que décrit Stendhal, pensez d'autre part à l'amour bourgeois, paisible et régularisé, à l'affection calme et durable qui fleurit parfois dans le mariage et s'épanouit selon les lois de la cité, pensez encore aux combinaisons multiples et invraisemblables imaginées par des civilisations différentes pour canaliser l'instinct sexuel, pour le faire vivre et prospérer, perpétuer la race, tout en l'accommodant à des ensembles étonnamment variés de lois, de mœurs, de sentiments, de croyances religieuses, morales, politiques, de traditions. Vous voyez aisément la part de la spiritualisation et de la socialisation, vous comprenez comment la culture inconsciente ou voulue de l'individu et de la race ont fait sortir de l'églantine primitive, une infinité de roses, de couleurs et de parfums différents, touffues, élégantes, bizarres parfois, somptueuses ou modestes, débordantes ou timides qui se sont épanouies tout le long du chemin de l'humanité.

Parmi ces fleurs, quelques-unes sont stériles ou vénéneuses. Et nous rencontrons ici de nouveau cette aptitude du développement individuel et social à pervertir les tendances. Sans doute les déviations de l'instinct sexuel ont été signalées chez les animaux, mais chez l'homme elles se sont multipliées, exagérées, compliquées, elles ont été recherchées pour leur perversité même. Même lorsque la déviation ne va pas jusqu'à la perversion voulue, elle peut aller jusqu'à la stérilité. Bien plus, l'amour, même dans ses formes normales ou à peu près normales, peut être détourné de son but premier par sa complication même et sa plus grande richesse. Il devient une fin, il s'érige en loi supérieure et le sentiment spiritualisé et socialisé peut arriver à remplir moins bien sa fonction essentielle que l'instinct animal. La fécondité ne grandit pas à mesure que les formes supérieures de l'amour vont se développant.

Il n'en reste pas moins qu'un instinct assez simple, commun à l'homme et aux animaux, violent par nature, exaspéré souvent, développé, compliqué, étendu sur la vie entière par la vie sociale, réprimé en même temps par elle, dirigé, morigéné, se heurtant constamment à des obstacles nouveaux, se satisfaisant comme il peut, au hasard de la rencontre, ou se retenant et accumulant ses forces pour quelque irrésistible explosion, s'est transformé, non point uniformément, mais çà et là, en un sentiment extrêmement complexe qui a pu accaparer les forces de l'être, remplir son esprit, conduire sa vie, et, en même temps se mêler à toute la vie sociale, la refléter, s'y traduire puissamment et inspirer quelques-unes de ses principales manifestations. Il a pu s'associer toutes les tendances de l'esprit, se les soumettre ou anéantir au moins pour un temps celles qui résistaient, il a soulevé des tempêtes d'émotions et s'est mêlé aux sentiments les plus doux et les plus naïfs, il a fait lever des milliers de pensées hautes, ou médiocres, ou basses, il a inspiré des arts et des littératures qui ne semblent avoir de raison d'être que de le glorifier ou de le maudire, il s'est enchevêtré dans un inextricable réseau de lois, d'habitudes, de mœurs et de préceptes, le plus souvent contradictoires; il les a soumis, il les a brisés, il les a tournés, et parfois il s'est plié à eux, tantôt régularisé et tantôt révolté. Selon sa nature, selon l'âme qu'il enflammait et selon les circonstances, il s'est mêlé à tout avec une efficacité telle qu'on a pu le prendre pour le moteur universel de la vie et l'essence même du monde. Il a causé des douleurs inconsolables, des ruines, des morts innombrables d'individus, des écroulements de peuples, et aucune passion n'a plus violemment et plus profondément agi dans l'existence et dans le développement des individus et des civilisations.

## CHAPITRE II

### Les tendances psychiques.

---

§ 1.

Il n'est pas de désir, pas d'inclination dans la vie psychique, pas de pensée même et pas d'opération intellectuelle qui ne se transforme de même, ou davantage, en se socialisant et en se spécialisant. Nos désirs, en effet, même les plus raffinés, nos tendances, nos inclinations même les plus intellectuelles peuvent rester assez simples, isolés, sans harmonie intime avec les autres éléments de l'esprit qu'ils subjuguent simplement ou par lesquels ils sont eux-mêmes arrêtés sans qu'une combinaison, une collaboration intime s'établisse entre eux. Ils peuvent au contraire se fondre et s'unifier dans l'esprit et dans le monde social, les pénétrer et y prendre leur juste place, en supprimant les heurts violents et les inhibitions trop rigoureuses. C'est par une série de transformations, c'est par une longue évolution que les sentiments et les idées arrivent généralement à cet état. Mais les formes les plus hautes du sentiment ne suppriment pas complètement les autres, et nous pouvons souvent constater parmi nous leur coexistence actuelle.

Les affections de famille, par exemple, éclairent ces lois abstraites et en montrent la réalisation. Il n'y a pas d'affection plus forte que l'amour de certaines mères pour leurs enfants, il n'y en pas qui puisse être plus brutale, plus aveugle, plus impulsive. Il n'y en a peut-être pas non plus qui puisse être plus spiritualisée et plus socialisée que le même amour chez d'autres femmes. On connaît assez la mère qui ne reconnaîtrait jamais un tort, un défaut à son enfant, qui l'aime d'une passion jalouse, également prête à sacrifier à cette affection les autres, et elle-même, et, sans qu'elle s'en aperçoive, l'enfant même qui en est l'objet. Prenons ici une nouvelle occasion de remarquer, comme nous l'avons fait déjà, qu'il ne faut pas confondre absolument la spiritualisation d'une passion avec l'envahissement de l'esprit par elle. Ici encore l'esprit est devenu amour maternel bien plus que l'amour maternel ne s'est spiritualisé. Un peuple barbare ne se civilise pas s'il détruit un peuple civilisé et lui vole simplement son pays. On connaît aussi la mère qui, aimant passionnément son fils, sait voir ses défauts, tâcher de les corriger, le diriger dans la vie, élever ses enfants pour eux plus que pour elle-même, pour la patrie ou pour l'humanité plus que pour eux, et qui peut en venir à les sacrifier par respect pour eux et pour le service d'une cause supérieure. Et sans doute elle atteint par là plus ou moins imparfaitement la forme la plus spiritualisée et la plus socialisée de l'amour maternel. L'affection ici a pénétré l'esprit, elle s'est combinée aux sentiments de justice, de patriotisme, aux autres affections, à la religion, à l'appréciation des droits d'autrui, aux nécessités, aux plus hautes convenances de la vie sociale.

L'examen de toutes nos tendances nous mèneront, semble-t-il, à des considérations analogues. Il ne saurait être question de les passer toutes en revue, il suffira de quelques constatations et de quelques analyses.

§ 2.

L'amitié, quelle qu'elle soit et sous toutes ses formes, s'adapte forcément quelque peu à la vie sociale et à l'esprit en qui elle surgit. Mais qu'elle s'y adapte plus ou moins, c'est ce qui nous permet de retrouver en elle les procédés que nous étudions. Chez les animaux, la sympathie et l'antipathie individuelles ne sont point inconnues, elles unissent parfois même des individus d'espèces différentes. La sympathie peut être assez forte tout en demeurant très rudimentaire. Si la spiritualisation et la socialisation ne sont pas nulles, même chez les animaux qui n'appartiennent pas aux espèces très socialisées, elles y restent assez faibles, et, dans les cas les plus nets, peu variables, et peu favorables à l'étude de la transformation des sentiments. Chez les hommes, nous observons des formes très diverses, depuis la vague camaraderie des gens qui trouvent un certain plaisir à vider ensemble un verre de bière ou à combiner des carambolages sur le tapis vert d'un billard, jusqu'à l'amitié à la Montaigne, par exemple, jusqu'à la sympathie intellectuelle de Renan et de Berthelot, jusqu'à l'affection dépeinte par La Bruyère en quelques phrases si pénétrantes. Le sentiment, la sympathie, en se développant, pénètre de plus en plus l'âme, y colore pour ainsi dire un plus grand nombre d'éléments. Il arrive qu'elle envahisse l'âme tout entière, et qu'elle introduise dans la plupart des sentiments et des idées l'idée de l'ami, la considération de ce qu'il sentira et pensera, à ce point que la vie des deux esprits se mêle et se combine sans cesse (type de l'amitié totale, les Goncourt paraissent en avoir réalisé un cas remarquable). Il arrive aussi que cette communion moins intime, très spiritualisée encore se borne davantage à une partie importante de la vie mentale, à l'intelligence, par exemple (type Renan-Berthelot), il arrive encore qu'elle porte plutôt sur les sentiments, sur la conduite, sur les caractères généraux du caractère et de l'humeur, car on peut être amis en ayant des opinions différentes et même en causant peu de choses intellectuelles.

L'étude de la sympathie nous laisse apercevoir assez bien le mécanisme de la spiritualisation et de la socialisation. Elle suppose comme point de départ une certaine similitude, c'est-à-dire une identité abstraite, une manière commune de voir, de sentir, de juger, d'agir, de vivre même. Son nom d'ailleurs indique assez bien quelle est sa nature. Parfois l'accord est instinctif, spontané, il est difficile même de préciser sur quels points il porte, l'inconscient y intervient largement (c'est le type Montaigne : « Parce que c'était lui, parce que c'était moi »). Et l'inconscient prend toujours une place dans les faits psychiques, mais il s'accompagne souvent d'accords plus faciles à constater sur tel goût, littéraire, artistique, culinaire ou sportif, sur telle croyance religieuse ou politique, sur telles habitudes communes, familiales ou professionnelles.

Dès qu'il y a similitude, la sympathie existe. Elle peut s'affaiblir ou disparaître si à côté de ces similitudes se révèlent de plus graves oppositions. Les oppositions d'ailleurs, elle les provoque parce qu'elle tend à rapprocher les individus, par là à multiplier les occasions de froissements et de heurts. C'est le sort de bien des amitiés, lorsqu'elles ne se fixent pas dans quelque forme modeste et persistante d'être un jour ou l'autre relâchées ou dénouées par quelque discordance imprévue.

Mais si, au contraire, les contacts plus nombreux ne font guère que multiplier les occasions de sentir, de penser, d'agir dans le même sens, si le rapprochement fait apercevoir d'autres similitudes, et par exemple, à côté de similitudes professionnelles qui ont provoqué une liaison, des similitudes de goûts familiaux, artistiques, de goûts de voyage ou de pêche à la ligne, si les dissemblances sont telles que les amis ne se heurtent pas, mais plutôt se complètent, la sympathie se développe. Et elle peut s'élargir d'autant plus que les rapprochements ne mettent pas seulement en vue des similitudes existantes, mais ils en créent de nouvelles, chacun des deux amis influençant plus ou moins l'autre et recevant aussi son influence. Ainsi le sentiment se spiritualise de plus en plus, je veux dire qu'il se répand dans l'esprit, qu'il l'envahit progressivement, qu'il pénètre dans ses différents systèmes, dans les croyances, dans les tendances pour y associer un élément nouveau toujours le même, la conscience de l'accord de ces croyances et de ces tendances avec les croyances et les tendances de l'autre. Et le nouvel élément ne vise pas à se subordonner tous les autres. Il les affermit, les enrichit et les rattache plus solidement, plus étroitement, et par des liens plus nombreux, à la vie mentale.

Voilà pour la spiritualisation. La socialisation est tout autre chose sans doute dans l'amitié. Il y a toujours au moins une certaine socialisation rudimentaire, puisque les amis sont au moins deux et souvent un petit groupe. La socialisation s'affirme et se développe encore avec la spiritualisation si les sympathies des amis se rapportent à des produits de la société, et il en est toujours ainsi à quelque degré, mais à des degrés inégaux. Se réunir pour s'occuper d'art et de littérature, c'est évidemment plus socialiser sa sympathie que de se réunir pour une course champêtre. S'associer et sympathiser dans une œuvre nettement sociale, syndicat, association coopérative, comité politique, association contre l'alcoolisme ou l'immoralité, c'est la socialiser plus visiblement encore et plus directement, sinon toujours plus profondément. Mais parfois aussi la spiritualisation gêne la socialisation; une sympathie très développée peut amener à l'isolement à deux ou à plusieurs, à l'esprit de groupe ou de coterie, si elle isole ceux qui l'éprouvent, si les ressemblances qui les unissent sont autant de dissemblances qui les séparent des autres hommes. Supposez une sympathie plus large dans son extension, plus étroite dans sa compréhension, vous arrivez à l'esprit de secte, à l'esprit de corps. Et il est évident que dans ces cas, ce n'est pas seulement la spiritualisation qui s'oppose à la socialisation, mais aussi une socialisation définie qui empêche une socialisation plus large. La sympathie pour ceux qui nous ressemblent en quelques points se complète naturellement par une antipathie plus ou moins vive à l'égard de ceux qui, sur ces mêmes points, diffèrent de nous, elle tend ainsi à isoler parmi leurs voisins et leurs contemporains, les groupes sympathiques. Cet arrêt des procédés de spiritualisation et de socialisation, l'un par l'autre ou chacun par soi sont des faits importants, et de portée générale.

## § 3.

Si les tendances psychiques ont à se spiritualiser, les tendances sociales ont aussi à se socialiser, c'est-à-dire que les unes et les autres naissent et même restent à peu près généralement un peu isolées dans leur milieu propre, les idées et les sentiments dans l'esprit, les hommes et les peuples dans la société, les nations dans l'ensemble de l'humanité. C'est le fait que j'ai étudié ailleurs et autrement sous le nom d'indépendance relative des éléments psychiques. Les procédés en question sont donc à peu près universels et toutes les tendances s'y prêtent sans que les formes supérieures qu'elles atteignent, suppriment complètement les formes plus simples. La disparition de celles-ci ne serait ni possible, ni désirable, car elles correspondent assez souvent à d'inévitables nécessités de la vie.

Ainsi l'amour de la famille se socialisera en s'accommodant à la patrie et à l'Eglise, à un syndicat ouvrier ou à une association d'industriels, l'esprit de corps se socialisera en s'élargissant, en se subordonnant à des intérêts plus généraux dont il admettra en lui-même la représentation. D'une manière générale, un sentiment correspondant à un groupe quelconque se socialisera davantage à mesure qu'il tiendra un compte plus exact et plus juste des autres groupes, qu'il y aura égard, qu'il se pénétrera de leur esprit, non pas toujours pour s'y subordonner, mais pour prendre dans ses relations envers eux l'attitude qui peut servir à la formation d'un groupe supérieur, d'un système social plus complexe. Ainsi l'esprit de corps, utile et dangereux, pourrait se subordonner aux besoins de la nation, s'élargir en s'associant au zèle pour une cause sociale ou politique, en se coordonnant à des croyances religieuses ou à des convictions philosophiques, en s'unissant aux sentiments de famille, de façon à réprimer ce qui dans tous ces sentiments sociaux différents de lui-même gênerait leur union à tous pour le service du groupe supérieur, patrie, Etat, groupe d'Etats, et à contrarier aussi en lui-même ce qui serait hostile à ces autres groupes.

De même une spiritualisation largement comprise suppose une quantité considérable d'associations et d'inhibitions. Il est à remarquer que pour se spiritualiser complètement, une tendance doit se solidariser avec les besoins organiques et physiologiques qui sont aussi représentés dans l'esprit, qui, même, à bien regarder la réalité, sont vraiment une partie de l'esprit. Et ceci va peut-être contre un préjugé naturel qui porterait plutôt à croire qu'une tendance pour se spiritualiser doit se détacher le plus possible de ses conditions organiques. Tout n'est pas erreur dans ce préjugé et les tendances organiques envahissent souvent trop l'esprit. Une spiritualisation bien comprise les refrénera, les renverra à leur place, diminuera leur importance. Mais il y a vraiment aussi un vice de spiritualisation quand une inclination se sépare trop des tendances psychiques inférieures et des tendances organiques, quand elle les méprise et n'en tient pas compte. D'ailleurs, en poussant trop loin ce dédain, elle rend, avec la vie, toute spiritualité impossible et se supprime elle-même. De même, il y a un défaut de socialisation lorsque les individus supérieurs par leur nature, leur fonction, leur place dans la société se séparent trop des êtres sociaux plus humbles et de fonction moins brillante, mais tout aussi utile et peut-être plus indispensable à la survie d'une société. Spiritualisation n'est pas toujours élévation et sublimation, et cela sera plus évident par l'examen des déviations et des perversions que la spiritualisation comme la socialisation provoquent assez normalement, ainsi que nous avons pu l'entrevoir déjà.

§ 4.

Quel que soit le sentiment, quelle que soit l'idée que nous examinions, nous les trouvons toujours à quelque degré spiritualisés et socialisés. Ils ne le sont jamais complètement. Tout est social en nous, mais tout aussi porte la marque de notre personnalité; tout y porte la marque de notre personnalité, mais chaque fait psychique garde aussi sa part d'indépendance et sa petite personnalité propre, plus ou moins effacée. Le degré de spiritualisation et de socialisation varie immensément selon les individus, et, pour un même individu, selon les tendances considérées, et, pour une même tendance, selon les circonstances et les cas. Il est des gens chez qui les sentiments et les idées sont restés assez bruts, très peu mêlés à l'ensemble de l'esprit, rudimentaires et grossiers, ou chez qui l'influence sociale a peu pénétré et qui apparaissent parmi nous comme des gens d'un autre âge et d'un milieu beaucoup plus simple, moins civilisé. Mais, dans les esprits les plus spiritualisés et les plus socialisés, nous trouvons des tendances assez simples et qui paraissent rester en dehors de l'esprit proprement dit, des manies, des vulgarités, de petits désirs, des pratiques capricieuses dont l'individu cache plutôt l'existence et qu'il n'aime pas à s'avouer à lui-même. Et les tendances même les plus spiritualisées et les plus socialisées ont aussi des manifestations simples, frustes, fugitives. Une grande passion n'empêche pas toujours des caprices sensuels, furtifs et passagers, vifs et superficiels.

Cela nous conduit à soupçonner le caractère relatif de la spiritualisation et de la socialisation. Elles constituent des acquisitions qui peuvent se perdre, des édifices qui peuvent être ruinés. Certaines conditions, les nécessités de l'adaptation des tendances à la vie individuelle et à la vie sociale les font naître, et d'autres conditions exigent leur décadence ou leur mort, leur transformation. Et c'est la nécessité de s'adapter à des nouvelles conditions de vie personnelle ou de vie sociale, ou bien un accident quelconque. Certaines acquisitions semblent définitives, il faut toujours se méfier de leur solidité. Un château a beau être construit soigneusement et de bons matériaux, si l'on n'y veille, la pluie, les bourrasques, et mille accidents divers et répétés se chargent d'en désagréger les éléments et d'en faire une ruine. Placez l'homme du monde le plus accompli sur le radeau de *la Méduse*, il aura vite oublié ses habitudes de politesse, sa pudeur et beaucoup de convenances sociales. Il suffit parfois d'un incendie pour dissoudre les habitudes solides en apparence. Parfois aussi c'est la maladie qui opère. Edmond de Goncourt constate avec tristesse et surprise qu'une affection cérébrale fait perdre à son frère la délicatesse, les manières polies qui paraissaient tout à fait inhérentes à son esprit.

Ce serait un résultat d'une importance scientifique et pratique énorme que de préciser les conditions et le sens dans lesquels telle tendance se spiritualisera, se socialisera, ou bien au contraire retournera à son état primitif et relativement simple. Les gouvernants auraient grand besoin de cette science ou de l'instinct qui parfois la supplée, mais en général leurs soucis ne se dirigent guère vers la sociologie. Napoléon fut un des meneurs de peuples qui en eurent l'intuition la plus nette. Et de là vient certainement une bonne part de ce qu'il y eut de solide dans son œuvre et aussi de ce qu'il y eut de bon (car tout ce qui en a subsisté n'est pas bon, et tout ce qui fut bon n'a pas été solide). Mais les psychologues eux-mêmes ont trop négligé l'étude de l'homme tel qu'il est, de l'homme vivant et concret pour les généralités les plus abstraites qui sont essentielles, mais non suffisantes. Ils l'ont trop abandonnée aux « moralistes » qui n'ont donné que des connaissances trop particulières ou trop fragmentaires, trop peu liées, précieuses certes aussi, mais qui ne sont guère pour la science que des matériaux. Quelques-uns même ont cru montrer plus d'esprit scientifique en la dédaignant à peu près ouvertement[1].

## § 5.

Nous avons déjà vu que la spiritualisation et la socialisation ne sont point un même procédé, et

1. Ce n'est pas à dire, bien entendu, que quelques-uns d'entre eux n'aient pas fait de fructueuses incursions dans ce domaine peu exploré. Par exemple on trouve certainement des vues, des théories, des constatations d'un haut intérêt, parfois assurément justes, parfois discutables, comme il le faut bien, chez Spencer (surtout dans son *Introduction à l'étude de la science sociale* et dans quelques essais), chez Taine, chez Tarde, dans plusieurs ouvrages de M. Le Bon, chez M. Lévy-Bruhl (dans ses études sur les formes inférieures de la pensée). Je me suis moi-même essayé plusieurs fois à ces recherches, et je m'y essaye encore ici.

peuvent s'entr'aider, ou bien aller l'une contre l'autre. Si nous considérons un même sentiment il apparaît clairement que dans quelques-unes de ses formes, c'est la spiritualisation qui domine, et dans d'autres, c'est la socialisation.

Le sentiment moral, par exemple. Il est toujours certes spiritualisé et socialisé à la fois. J'ajoute qu'il est très compliqué et qu'il comprend généralement à la fois chez un même individu des formes variées selon les circonstances, de caractères parfois opposés, et même assez incohérents. Mais je simplifie un peu ici pour plus de commodité. Le sentiment moral est particulièrement socialisé, par exemple, chez les hommes qui acceptent comme base et comme forme de la morale la plus grande réalisation de l'intérêt général, qui veulent avant tout le plus grand bien du plus grand nombre ou chez ceux qui font dépendre le devoir des commandements d'une Eglise. Sans doute le sentiment, les idées qui constituent cette morale, théorisée et pratiquée, sont spiritualisés aussi, et le principe même de l'intérêt général exige qu'ils le soient, qu'ils pénètrent l'esprit entier et se conforment à lui en le conformant à eux-mêmes. Mais la fin poursuivie est extra-individuelle, la spiritualisation n'est qu'un moyen pour la socialisation. Scrutons au contraire la morale du devoir, elle est, prise à la lettre, et tout ou moins par une interprétation fort acceptable et en somme acceptée à bien des égards, de nature plutôt individualiste; elle se mêle plutôt à la spiritualisation de l'activité comme du sentiment qui la guide qu'à sa socialisation, bien que celle-ci soit évidemment encore appréciable. L'individu seul y paraît intéressé. Il s'agit pour lui de suivre certaines règles sans s'inquiéter des résultats. La valeur même de ces règles, c'est lui qui en décide en dernier ressort. Il n'admet pas que la société, qu'une autorité supérieure quelconque, politique, sociale, religieuse, philosophique, familiale, les lui impose sans qu'il ait à les contrôler, à les juger avec sa conscience. La maxime : « Fais ce que dois, advienne que pourra » marque le triomphe de la spiritualité. Mais la société n'y paraît pas très directement impliquée, elle ne concerne guère que l'individu.

Assurément il peut y avoir là, il y a même en fait une sorte d'illusion et de mensonge utile, un piège tendu par l'instinct social à l'esprit d'individualisme pour lui faire accepter comme une conquête personnelle les règles, les sujétions dont il veut le lier. Le caractère de spiritualité n'y prédomine pas moins, au point de devenir assez aisément une occasion de conflit entre l'individu et la société, comme il arrive toutes les fois qu'on invoque contre une mesure d'intérêt général ou qui paraît telle, les droits de la conscience personnelle. Aussi la croyance ferme au devoir absolu s'accompagne très volontiers de tendances individualistes.

Assurément aussi il est d'autres manières de comprendre le devoir. C'est le socialiser, par exemple, que de le faire dépendre de la volonté de Dieu interprétée par une Eglise infaillible, ou d'une décision populaire, parlementaire ou royale, ou encore de l'intérêt général.

De même le sentiment religieux acquiert des formes très élevées où tantôt c'est la spiritualisation qui domine et tantôt la socialisation; d'autres fois les deux peuvent s'associer. Dans le premier cas le croyant pense surtout à son âme, où tout se teinte de religion, comme l'exige le précepte « Quoi que vous fassiez, faites-le au nom du Seigneur ». Il se préoccupe surtout de sa propre perfection et de son propre salut. Dans le second il a surtout en vue soit la société future des esprits désincarnés, soit l'union actuelle des esprits dans une grande Eglise, il éprouve surtout le respect de l'autorité religieuse, et le besoin de la communion universelle dans les mêmes croyances et les mêmes pratiques. Dans le troisième enfin il unit les deux tendances qui ne sont point inconciliables, quoique parfois elles s'opposent assez vivement l'une à l'autre. Et l'on pourrait dire que la socialisation domine relativement dans le catholicisme et la spiritualisation dans la religion protestante. Mais ceci demanderait, pour ne pas être inexact, des restrictions et des réserves qu'il n'y a pas lieu d'établir ici plus longuement.

## § 6.

Il est permis de croire que toutes nos tendances dérivent de quelques tendances primitives, et qu'elles en sont sorties par ce double procédé de la spiritualisation et de la socialisation. De quelques tendances primitives, peut-être d'une seule, toujours la même au fond sous la richesse bigarrée des apparences que des circonstances infiniment variables, infiniment compliquées, l'amènent à revêtir. Je veux parler de cette tendance organisatrice, de cette systématisation spontanée, de cette volonté de vivre, de cette tendance à persévérer dans l'être, de cet instinct de conservation, quel que soit le nom qu'on lui donne, qui semble l'acte universel de l'esprit, et même la propriété inhérente à toute matière vivante, peut-être à toute matière et à toute réalité, le fait essentiel et général qu'on trouve au fond de l'existence et que j'ai examiné ailleurs à plusieurs reprises.

L'ambition, par exemple, un sentiment analogue en des points essentiels à l'avarice, paraît un dérivé de ce désir général d'acquérir, qui se rattache au besoin d'assimilation nécessaire à tout être vivant, besoin porté sur des biens de différents ordres, mais qui reste au fond semblable à lui-même, et qui, se réalisant dans diverses tendances, prend, sous la pression du milieu social, et en se combinant aux données de la vie collective, bien des formes apparemment très diverses, opposées, souvent en lutte les unes avec les autres, et que rien au premier coup d'œil ne paraît rapprocher, bien qu'au fond elles soient identiques et poursuivent un même but général. Le sentiment religieux, c'est une des formes de la réaction individuelle et sociale devant l'inconnu toujours plus ou moins inquiétant. Et cette réaction se cristallise parfois en formes inférieures, en pratiques rituelles, en superstitions innombrables, comme elle peut, en s'unissant à des passions, à des désirs, à des idées plus nombreuses et plus hautes, se spiritualiser, et en rapprochant les différents hommes, jouets de forces inconnues, menacés par de mystérieuses et inévitables nécessités, les unir, les fortifier par leur rapprochement même en se socialisant elle-même à des degrés divers et sous des formes diverses. L'esprit scientifique est une forme spiritualisée, généralisée, précisée, corrigée et façonnée par des siècles d'expériences, de réflexions. de raisonnements, de cette curiosité dont l'animal même n'est pas exempt. Ou plutôt encore il est une spiritualisation de la tendance à constater les faits pour s'y adapter ou les adapter à soi, de la première partie du réflexe ou de toute activité, de l'impression faite sur l'organisme par les conditions générales particulières dans lesquelles sa vie se déroule et auxquelles l'organisme se heurte par hasard. Le sentiment de l'honneur, c'est une forme de l'instinct de conservation personnelle porté non plus vers les conditions de la vie organique, mais vers les conditions de la vie spirituelle et sociale, vers des biens jugés supérieurs, l'estime des autres et l'estime de soi, auxquels la vie même doit, en certains cas, être sacrifiée. L'amour du groupe, famille, association quelconque, patrie, humanité, est un élargissement de l'amour de soi et de la tendance à se conserver, obtenu par l'extension de l'égoïsme aux êtres qui nous ressemblent, qui sont liés à nous, qui dépendent de nous et de qui nous dépendons, qui, en somme, sont réellement un peu nous pendant que nous sommes un peu eux-mêmes, un report de notre affection pour nous-mêmes sur les êtres en qui nous avons en quelque sorte des colonies qui nous prolongent. Et cette socialisation de nos affections correspond en effet plus ou moins bien à une socialisation de notre personnalité qui n'a ni son origine, ni sa fin, ni toute sa réalité en elle-même.

Ainsi pourrait-on rechercher la filiation de tous nos penchants. Et dans cette immense complication de l'être, c'est toujours la spiritualisation et la socialisation qui se présentent à nous, ou bien les procédés inverses. D'une part les inclinations, les sentiments, les idées tendent à pénétrer l'esprit toujours plus intimement, à s'associer, selon une hiérarchie fondée sur leur importance, sur l'importance des autres éléments de l'âme, et la constitution même de l'esprit. En même temps, et par l'intermédiaire de l'esprit et de ses éléments, l'inclination ou l'idée, le fait affectif ou l'opération intellectuelle tend à se socialiser plus ou moins, c'est-à-dire à s'associer à un plus grand nombre de faits sociaux, à s'enrichir par leur influence, à se conformer à un état général des esprits, aux désirs, aux habitudes du corps social.

D'autre part, il arrive que des faits exactement inverses se produisent. Si le cours ordinaire de la vie pousse les tendances à se spiritualiser et à se socialiser, les formes qu'il leur fait prendre ainsi ne sont généralement pas éternelles, et si elles durent, elles doivent se transformer encore et souvent, sur certains points au moins, perdre quelques-uns de leurs caractères par des procédés inverses de ceux qui les avaient formées. De là, dans l'esprit, un double courant qui ne s'arrête jamais, d'assimilation et de désassimilation, de spiritualisation et de déspiritualisation, de socialisation et de désocialisation. Pour fixer les idées, une tendance se déspiritualise souvent quand elle devient habituelle, automatique. Elle cesse d'avoir des relations avec un grand nombre de faits psychiques qui l'excitaient et qu'elle évoquait d'abord. Ayant commencé par envahir l'esprit, elle s'en retire peu à peu comme la mer se retire peu à peu des grèves qu'elle submerge à la marée montante, mais en laissant en général une trace de son passage, une disposition acquise qui devient un élément du système général de l'esprit. Ainsi, par exemple, le pouvoir de lire, d'écrire, de jouer du piano. Et une tendance se désocialise quand elle cesse de représenter la société en qui elle vit, soit que cette société se soit transformée, auquel cas elle symbolise encore et représente une société disparue, un âge passé, soit qu'elle se soit transformée elle-même sous l'influence de l'esprit individuel par exemple. Un esprit personnel, commence souvent par avoir sur certains points les idées de tout le monde, des croyances qui résument et reproduisent les idées, les croyances, les besoins de la société. Peu à peu, il arrive à dépouiller ses conceptions de quelques-uns des caractères sociaux qui les marquaient, à les rendre plus individuelles. Et s'il a du génie, de l'influence, une chance heureuse, c'est la société qui se modèlera sur lui et par là, socialisera ses conceptions.

Maintenant que nous avons une conception d'ensemble sommaire de la spiritualisation et de la socialisation et des procédés inverses, il convient de les examiner de plus près et sous des aspects plus divers, de rechercher leur nature essentielle, leur action propre, leurs accords et leurs oppositions, leurs avantages et leurs méfaits.

# CHAPITRE III

## Vues générales sur la spiritualisation des tendances.

### § 1. — La nécessité, le mécanisme et les diverses formes de la spiritualisation.

Nos tendances, nos désirs, nos idées naissent déjà quelque peu spiritualisées, comme elles naissent quelque peu socialisées. Leur fonctionnement, leur développement les amènent à se spiritualiser davantage. Un désir qui naît en moi est déjà plus ou moins adapté à moi, tout au moins à certains éléments de ma personnalité. Il va fatalement en rencontrer d'autres, l'ensemble même de la personnalité va l'accepter ou le rejeter, le développer ou le restreindre, le corriger, et de toute façon le transformer en se l'adaptant, en l'adaptant aux autres désirs, aux idées, aux croyances établis déjà. Notre personnalité est une synthèse mobile, où les éléments réagissent les uns sur les autres et sur l'ensemble, où l'ensemble réagit sur les éléments, et où ces éléments, dans leurs rencontres, se combinent et s'unissent plus ou moins étroitement. La spiritualisation, à des degrés divers, est donc une sorte de loi de l'esprit, et tout fait mental tend à se spiritualiser, à se mettre en rapport avec les autres éléments de l'esprit et à s'intégrer dans l'esprit même.

Cette association ne se forme pas sans troubles et sans heurts, mais ces troubles et ces heurts mêmes, il se peut qu'elle en profite. La loi d'inhibition n'est pas moins générale que la loi d'association systématique. La tendance nouvelle va entrer en conflit avec bien des éléments, mais elle trouvera dans ces conflits l'occasion de former des accords nouveaux. Contrariée sur certains points, elle sera rectifiée, heurtée par quelques désirs et par quelques idées, elle sera aidée par d'autres, elle en suscitera de nouveaux. Toutes ces amitiés et toutes ces alliances sont autant de relations nouvelles qui la font pénétrer plus intimement et plus profondément dans l'esprit. Si elle n'est pas démembrée, expulsée, elle aura contracté de nouvelles associations, elle aura élargi sa place dans l'esprit, comme un homme qui arrive à une haute importance sociale au prix de luttes sans nombre, en suscitant des partisans et des enthousiastes, en faisant çà et là quelques concessions à ses adversaires ou en les réconciliant par le prestige, par la séduction, par la violence, en pénétrant toujours plus profondément ainsi dans la vie sociale, et en y agrandissant sa place, en se mêlant à plus d'affaires, en entrant en relations avec plus d'individus, en devenant de plus en plus représentatif de son milieu.

Naturellement, c'est à une prodigieuse variété de résultats qu'aboutira cette prodigieuse variété de luttes et d'accords qui forme la vie de l'esprit comme la vie sociale. La spiritualisation échouera ou réussira, et tantôt elle sera superficielle, tantôt profonde, tantôt éphémère et tantôt durable, fragile ou solide, apparente ou cachée, large et vaste ou restreinte, mince, vite arrêtée dans son développement. Toutes les formes sont possibles et l'on perdrait son temps à en poursuivre une énumération même sommaire.

Nous pouvons seulement indiquer quelques-uns des types divers auxquels donnent naissance les différentes fortunes du procédé de spiritualisation, en choisissant de préférence comme plus largement significatives, par leurs différences mêmes, les formes les plus opposées. Il est des gens qui ont l'esprit divisé, pour ainsi dire, par des cloisons étanches et qui partagent leur âme entre diverses occupations et diverses préoccupations presque sans relations entre elles. Chez ceux-là la spiritualisation est peu accentuée, précisément parce que leurs différentes tendances ne se mêlent guère, s'isolent et s'ignorent, ne se confondent point. Ces différentes tendances, ces désirs, ces idées qui ne se connaissent guère, peuvent pourtant vivre en assez bon accord, s'équilibrer, s'harmoniser, obtenir leur satisfaction légitime, chacune au moment favorable. Elles sont comme des services différents qui, dans une même administration, collaborent chacun pour sa part à l'œuvre administrative, sans que leurs employés se fréquentent, sans qu'ils se mêlent les uns aux autres, sans qu'ils se soient même jamais aperçus. Ainsi, dans les esprits en question, les sentiments de la famille ne se mêlent point aux idées professionnelles; l'amour peut se réduire à la satisfaction d'un instinct, sans influencer sensiblement l'ensemble de la conduite; les convictions scientifiques restent possibles à côté des convictions religieuses, même si elles semblent les contredire et ainsi de suite. D'autres au contraire sont enclins à se mettre tout entiers dans ce qu'ils font. Chacune de leurs impressions retentit sur le reste de l'esprit et met la personnalité entière en émoi. Ils réfléchissent sur leur métier et en esquissent la philosophie, ils tâchent de mettre leurs goûts esthétiques d'accord avec leurs sentiments de famille en s'efforçant de les faire partager aux leurs; ils apportent les mêmes principes généraux à former et à pratiquer leurs convictions politiques et leurs croyances religieuses, leurs pratiques commerciales et la conduite de leurs plaisirs. Les événements qui intéressent un de leurs penchants ou de leurs goûts évoquent aussi indirectement d'autres goûts et d'autres penchants par des analogies plus ou moins éloignées. Rien ne reste isolé dans leur esprit, mais tout voisine, se mêle plus ou moins, se combine, se fortifie ou se corrige réciproquement. Un petit événement de famille éveillera quelque idée politique, fortifiera ou atténuera telle opinion sur la conduite des peuples et le devoir des gouvernants. Chez eux toute émotion se prolonge et fait vibrer des fibres éloignées, ils aiment les idées générales et compliquées, les impressions riches d'éléments divers. Ils mêlent à leurs occupations, à leurs plaisirs, des préoccupations sentimentales, des rêveries esthétiques, des vues synthétiques sur la vie, ils dépassent la sensation du moment, la besogne actuelle, ils en suivent, ils en imaginent les antécédents, les conséquences, les répercussions indirectes, les suites infinies et les ramifications embrouillées, ils se livrent à des rêves compliqués. Leur esprit s'intéresse à tout ce qui se passe en lui.

Assurément ces deux types extrêmes ne se rencontrent jamais à l'état pur. L'homme n'est jamais entièrement spiritualisé, il l'est toujours quelque peu. Mais il est facile de constater chez les uns ou chez les autres un degré plus ou moins avancé de la spiritualisation, d'en remarquer les lacunes et les faces brillantes qui varient d'un individu à l'autre.

Des personnes qui diffèrent beaucoup par la spiritualisation de leurs tendances peuvent, à d'autres égards, se rencontrer dans une même classe d'esprits. Par exemple des équilibrés peuvent être très spiritualisés et d'autres l'être fort peu. Pareillement des outranciers, pareillement encore des violents, des doux, des maîtres d'eux-mêmes. Il ne faut pas confondre la spiritualisation avec la systématisation de l'esprit, elle n'en est qu'une forme spéciale.

Diverses tendances peuvent en effet vivre ensemble et servir la personnalité, comme je l'indiquais tout à l'heure, sans s'unir et sans se confondre. Cela s'observe chez de petits équilibrés qui vivent une vie un peu routinière, partageant leur temps entre leurs occupations, leurs distractions, leurs devoirs de famille et de société, sans que toutes ces parties de leur vie se pénètrent et s'unissent bien intimement. Elles s'harmonisent, mais cette harmonie leur reste extérieure en quelque sorte et l'esprit même ne la sent que confusément.

L'harmonie réalisée par la spiritualisation est au contraire plus riche et plus intime. Les différents systèmes psychiques qui correspondent aux diverses parties de l'existence n'y sont pas reliés seulement par leur ensemble, mais par leurs détails. Non seulement ils s'unissent tous dans une même personnalité, mais leurs éléments s'annexent entre eux. On comparait naguère deux associés anglais qui travaillent à la même œuvre, mais ne se connaissent pas en dehors de leur travail, ne se fréquentent pas, ne se lient pas, à des associés français qui entretiennent plus volontiers des relations amicales, se mêlent, réunissent leurs familles. Et je n'ai pas à rechercher ici si les deux caractéristiques sont exactes, ni à peser les qualités et les inconvénients de ces deux manières d'agir. Je signale seulement que la première est, de notre point de vue, bien moins spiritualisée que la seconde.

Nous pouvons donc rechercher les différentes caractéristiques que reconnaît la spiritualisation, en remarquant expressément qu'elles ne se rencontreront pas toutes ensemble, que souvent l'une d'elles fera défaut chez une personne alors qu'elle paraît cependant assez logiquement liée à telle autre qui s'affirme chez elle. Nous avons reconnu déjà quelques-unes de ces caractéristiques, on peut en enrichir la liste. Les spiritualisés se mettent pour ainsi dire tout entiers dans chacun de leurs désirs, dans chacun de leurs actes, dans chacune de leurs pensées. Autres symptômes : une idée n'a pas sa raison d'être en elle-même, elle reflète plus ou moins les autres idées, ses compagnes dans le même esprit, elle incarne un système d'habitudes intellectuelles. Un désir n'est pas un caprice qui se satisfait et s'oublie, il occupe l'esprit, l'associe à son succès ou à sa défaite, une sensation du goût fait rêver de poésie, inspire une mélodie, une impression d'amour fait désirer non un plaisir de quelques minutes, mais une longue vie à deux, avec une amante qui soit en même temps une associée, une confidente, une amie qui s'intéresse à tout ce qui peut occuper son amant. La camaraderie est méprisée au profit de l'amitié complexe, prolongée, fondée sur la communauté de goûts nombreux et de chères habitudes. Le plaisir du moment quel qu'il soit, retentira aux profondeurs de l'âme, il devra rappeler des joies passées, annoncer, garantir des joies futures, être accepté par les tendances mêmes qu'il n'intéresse pas directement, sans quoi il sera méprisé et peu goûté, si même il reste encore un plaisir, il pourra se teinter de gêne, peut-être de quelque vague impression de remords. De même les connaissances ne paraîtront de quelque prix que par les analogies qui les relient à d'autres, par les pensées qu'elles éveillent, par leur sens et leur portée, le fait brut, non significatif, serait dédaigné, comme le plaisir brut ou le sentiment isolé.

### § 2. — Les qualités mentales qui favorisent la spiritualisation.

Les corrélations psychologiques sont extrêmement compliquées, mobiles et fuyantes. Tout est déterminé, vraisemblablement, dans la constitution de l'esprit, comme dans les caprices du vent et les variations de la température, mais là comme ici, si l'on entrevoit quelques causes des phénomènes; si l'on peut, jusqu'à un certain point, en déterminer l'ordre, il est impossible d'arriver à des lois de coordination absolues et précises. De ce que nous rencontrons chez une personne telle qualité du caractère ou de l'intelligence, nous ne pouvons conclure en général que telle autre qualité se rencontrera à coup sûr, chez elle ou, à coup sûr, ne s'y rencontrera pas. Les faits sont très compliqués, les formes d'association innombrables, les compensations possibles infinies. Mais il est vrai que certaines combinaisons psychologiques tendent à en favoriser d'autres. Elles ne les produisent pas toujours, il faut pour cela la rencontre de conditions que l'on ne saurait énumérer et aussi l'absence d'autres conditions difficiles à préciser. Le fait n'en est pas moins réel. L'orgueil, par exemple, est assez favorable à l'assurance, un homme orgueilleux est fréquemment sûr de lui, affirmatif et décisif en ce qu'il dit, il a le verbe haut, il regarde les autres avec dédain ou condescendance et s'inquiète peu de leur approbation. Voilà une corrélation naturelle. Mais l'orgueil engendre aussi la timidité, s'il s'associe avec une sensibilité frémissante, une crainte presque maladive des froissements, si tout en se jugeant supérieur pour la qualité de son esprit, de son caractère et de sa volonté, l'orgueilleux prend conscience de la quantité de ses adversaires et des indifférents, s'il se sent comme perdu dans un monde hostile et dangereux. Et l'orgueil, aussi bien que la timidité, se traduira par l'indifférence affectée, par l'hypocrisie méprisante, par la sauvagerie hautaine et, selon les autres qualités psychiques qui l'accompagneront, par bien d'autres manières d'être qui peuvent même prendre les apparences de l'humilité. Les complications possibles sont trop nombreuses et trop irrégulières pour qu'il y ait de vraies lois de corrélation psychique.

Il n'y a donc pas lieu de chercher des signes certains et des conditions nécessaires, immuables et bien définies du type spiritualisé. Cependant certaines qualités semblent en favoriser l'apparition, encore qu'aucune d'elles, sans doute, n'y soit ni absolument nécessaire, ni pleinement suffisante, car leur efficacité dépend de celles qui les accompagnent.

Ces réserves faites, disons donc que les caractères qui paraissent favoriser la spiritualisation sont le goût de la réflexion, la richesse, la complexité de l'esprit et de ses éléments, une certaine force des actions inhibitrices, une sensibilité vive et mise facilement en émoi, quelque difficulté d'agir soit par suite d'une tendance naturelle, ce qui la rattacherait à la réflexion et à la puissance d'inhibition mentionnées déjà, soit par suite de circonstances extérieures, par suite de traits de caractère comme l'irrésolution, la timidité, l'impressionnabilité. Ajoutons-y une activité marquée de l'esprit et de ses éléments, des qualités comme la curiosité, la souplesse, l'esprit d'analyse et de comparaison, et aussi l'esprit de synthèse, qu'il s'agisse de faits intellectuels ou de faits affectifs. Ajoutons-y encore une certaine indépendance, une certaine originalité de l'esprit qui ne se laisse pas trop imposer, par le milieu social, des réflexes tout préparés.

Si nous tâchons d'extraire l'essentiel de ces qualités, c'est-à-dire, ici, ce qui peut en effet provoquer la spiritualisation des tendances, voici ce qui paraît se dégager. La spiritualisation sera plus grande, toutes choses égales d'ailleurs, si l'esprit ne passe pas trop vite à l'acte, parce qu'alors la tendance en activité produit un travail psychique : délibérations, réflexions, émotions de crainte et d'espoir, etc., qui donne aux idées, aux sentiments, des occasions de se combiner, de s'opposer, de se corriger l'un par l'autre. Elle sera plus grande également si l'esprit a le goût de l'analyse, de la synthèse, de la comparaison, parce que toutes ces opérations en désagrégeant les éléments, leur permettent d'entrer dans des combinaisons, plus larges, plus variées, plus souples, et les y amènent en effet. Elle est facilitée tout naturellement par la richesse et la souplesse qui supposent des éléments nombreux et capables d'entrer dans des associations multiples.

Si en effet nous pensons soit à des tendances vraiment spiritualisées, soit à des personnes qui nous présentent le type général du spiritualisé, il semble bien que c'est ainsi que les choses arrivent. Stuart Mill est assurément un représentant de cette classe d'esprits, Auguste Comte aussi. Il suffit de lire les Mémoires de Mill pour avoir l'impression d'une vie des plus spiritualisées où l'attention du moi pénètre partout, se mêle à tout, et sert à tout diriger dans la mesure du possible. Auguste Comte est peut-être plus divers, mais sa passion, pour Clotilde de Vaux est un des plus merveilleux exemples de la spiritualisation d'un amour, qui demeure violent et sensuel. Or certainement Mill et Comte sont tous deux des esprits riches, abondants en idées, en impressions, en sentiments. Et l'âme de Mill est peut-être mieux ordonnée, celle de Comte plus abondante et plus trouble. Tous deux savent observer, comparer, rapprocher les faits et en suivre les conséquences, tous deux savent réfléchir. Tous deux sont des esprits originaux. Mill est un analyste de premier ordre et ne manque point de puissance synthétique. Comte est un grand organisateur, non seulement des idées, mais des sentiments; à cet égard sa synthèse subjective montre assez de puissance dans la théorie, sa passion pour Clotilde et le parti qu'il en tire, sa puissance à la fois dans la théorie et dans la pratique.

Tous les caractères favorables à la spiritualisation supposent un développement assez considérable de la conscience psychologique. Assurément l'activité inconsciente de l'esprit tient sa place aussi dans le procédé de la spiritualisation et nous ne nous rendons jamais très bien compte des raisons qui accrochent les unes aux autres, nos impressions et nos idées, ni des détails de leurs rapports. Il n'en est pas moins assez évident que la spiritualisation s'oppose à l'automatisme. Elle y tend peut-être en fin de compte, car dès qu'une organisation s'est opérée, elle se débarrasse plus ou moins des éléments inutiles et elle régularise le fonctionnement des autres de manière à diminuer la conscience. Mais la spiritualisation, rattachant à l'ensemble de la personnalité un plus grand nombre d'éléments psychiques, complique singulièrement l'organisation mentale, elle en rend plus longue et plus difficile la régularisation parfaite et par là elle retarde l'arrivée de l'automatisme inconscient. La conscience relativement active et claire est un caractère à peu près constant de la spiritualisation.

### § 3. — Les causes qui contrarient la spiritualisation.

Par conséquent tout ce qui favorisera l'automatisme, spécialement un automatisme prompt, et, par là même, un peu pauvre, retardera et gênera la spiritualisation.

Même remarque que tout à l'heure. La répercussion des événements est si compliquée, la complication des faits mentaux si prodigieuse, que la vie de l'esprit ne présente pas de formes concrètes régulières et simples, et toutes nos propositions générales, ici, supposent la réserve « toutes choses égales d'ailleurs ».

Ainsi l'irréflexion, le caractère impulsif, l'assurance, la spécialisation parfaite des tendances contrarient ou empêchent la spiritualisation. Il se peut, comme il résulte des réserves indiquées, qu'elles ne l'arrêtent pas absolument, bien mieux il se peut qu'en certains cas et par un certain concours de circonstances, elles l'aident au contraire. Ainsi un certain degré d'assurance, en permettant la survie d'idées et de sentiments que trop de maladresse ou de timidité pourrait laisser disparaître, leur permettra de multiplier leurs associations, de pénétrer dans l'intimité de l'esprit, de s'y accrocher et de se spiritualiser ainsi. Le fait général n'en subsiste pas moins. Une assurance imperturbable suppose assez ordinairement une organisation des idées et des sentiments assez forte pour ne pas permettre aisément le doute, l'observation réfléchie, l'analyse, toutes ces opérations qui, dégageant un peu de leurs associations habituelles les sentiments et les idées, leur permettent d'en contracter ou tout au moins d'en essayer d'autres et de pénétrer plus profondément en plus de parties de la vie mentale.

Sans doute aussi l'organisation parfaite de l'esprit qui serait le plus haut degré de la spiritualisation amènerait l'automatisme. Mais précisément cette organisation parfaite est impossible chez l'homme dans les conditions actuelles et peut-être même chez tout être vivant, encore que l'animal, de mentalité plus simple, paraisse en approcher davantage. Nous n'avons donc pas à nous en occuper ici. En fait la vie nous montre constamment des habitudes, des réflexes, des instincts très peu spiritualisés, précisément parce que la perfection, la précision, la rapidité de leur mécanisme les empêche de laisser leurs éléments se dégager d'eux pour prendre part à d'autres systèmes psychiques, s'associer à des idées, des sentiments, des habitudes nouvelles. Les opérations psychiques même, quand les éléments qu'elles associent sont trop strictement unis, nous présentent le même caractère. Par exemple les mémoires qui gardent trop intactes les séries de faits que l'expérience déroule, sont le contraire d'une mémoire spiritualisée. Elles prennent l'aspect d'une habitude automatique, d'une sorte d'instinct incomplet. C'est un fait bien connu qu'une mémoire reproductrice strictement fidèle est parfois une gêne pour l'esprit. On cite souvent le cas des personnes trop bien douées qui, pour retrouver un souvenir, un fait, un mot, sont obligées de se rappeler toute une longue série de faits, de mots parce que les souvenirs font bloc dans l'esprit, ne se détachent pas les uns des autres pour répondre à l'appel de l'esprit selon le besoin du moment. Et rien n'est plus commun que de voir des gens enfiler des phrases dont le sens et la portée leur échappe, des enfants réciter une leçon qu'ils ne comprennent point. Ils ont « appris par cœur » et la répétition devient une sorte d'habitude automatique, peu consciente, où les éléments font bloc et ne se mêlent pas aux idées, aux impressions, qui leur donneraient un sens.

Pareillement on rencontre beaucoup de gens qui ont l'air d'avoir « appris par cœur » tout ce qu'ils font et tout ce qu'ils disent. Ils passent dans la vie, accomplissant mécaniquement leurs diverses fonctions professionnelles et mondaines, et même leurs divertissements. Chacune de ses fonctions s'organise en quelque sorte à part de toutes les autres, n'empiète pas sur le terrain de ses voisines, s'appauvrit et se simplifie par l'habitude, arrive à une sorte d'automatisme conscient et peu varié. Et les personnes de ce type qui, bien entendu, n'est jamais, il s'en faut, pleinement réalisé par aucune, peuvent être fort honnêtes, habiles dans l'exercice de leur profession, correctes dans le monde et peuvent ne point manquer d'intelligence dans leurs récréations, elles sont exactement aux antipodes de la spiritualisation.

Le spécialisation excessive est encore une condition défavorable à la spiritualisation. Les défauts en sont bien connus dans le domaine de l'intelligence, ainsi que les qualités. Un certain degré de spécialisation est nécessaire et profitable, mais d'une manière générale la spécialisation, en restreignant les relations des divers domaines intellectuels, en les isolant, nuit évidemment à ces pénétrations réciproques, à ces relations intimes, multiples et cohérentes qui définissent la spiritualisation.

En ce qui concerne les sentiments, les tendances, les actes, la spécialisation est moins connue. Elle agit sur eux de la même manière. Nous trouvons des spécialisations du sentiment dans certaines affections exclusives, violentes, jalouses et aveugles, dans certains goûts étroits, facilement mesquins, manies de collectionneur, habitudes monotones de désœuvrés sans esprit. La spécialisation des actes, nous l'apercevons clairement dans certaines formes de la division du travail, intellectuel ou manuel. Et tous ces faits, qui peuvent d'ailleurs avoir leur utilité et leur supériorité même, sont évidemment opposés à la spiritualisation.

Mais prenons garde aux apparences diverses et aux conjonctions variables des phénomènes, et des cas où cette spécialisation, si ennemie de la spiritualisation qu'elle soit, en devient la condition nécessaire, soit pour l'intelligence, soit pour l'activité affective. C'est en se spécialisant que certains esprits peuvent approfondir un sujet, par suite s'enrichir, combiner leurs idées, les analyser, les synthétiser, innover et mettre dans leur activité cette vie intense qui est une forme et un degré de la spiritualisation. Pareillement c'est en se concentrant sur une seule tête qu'une affection peut rester, en certains cas, profonde, riche en éléments, provoquer des combinaisons complexes d'impressions et d'idées. C'est parfois le cas de l'amour maternel et de l'amour sexuel, qui même spiritualisés peuvent rester des passions assez étroites et exclusives.

Il faut conclure de ce qui précède que la spiritualisation suppose une activité particulièrement imparfaite et troublée, tendant à certains égards au moins vers un meilleur état. L'activité parfaite en effet tendrait à faire entrer la tendance dans la vie inconsciente, et par suite à la détacher plus ou moins de bien des éléments, idées, sentiments ou émotions, à la conduire à l'état d'habitude ou d'instinct spécial, puisque cette activité parfaite ne peut se réaliser actuellement dans l'ensemble de l'esprit.

### § 4. — Qualités et défauts de la spiritualisation.

La nature des faits, des traits de caractère, des attitudes mentales qui provoquent, qui aident, ou qui contrarient la spiritualisation, nous révèle déjà une partie de ses qualités et de ses défauts. Elle tend à organiser l'esprit, en en rendant les éléments de plus en plus solidaires, en les unissant plus intimement et en plus grand nombre. Elle lui donne ainsi une valeur supérieure, sur laquelle il est inutile que j'insiste. C'est elle qui rend l'amitié profonde supérieure à la camaraderie, et met un amour passionné, où les sens, le cœur et l'esprit s'exaltent ensemble, au-dessus d'un simple caprice des sens, ou d'une fantaisie de l'imagination. Mais cette organisation peut se faire de manières bien différentes, tendre vers des directions opposées, et selon ce qu'elle est en elle-même, selon l'emploi qui en est fait, elle peut devenir une cause de force ou de ruine pour l'individu, et faire de lui un bon ou un mauvais élément social.

La spiritualisation se poursuit quelquefois sans tenir un compte suffisant des réalités extérieures. L'idéalisation un peu naïve en est assez souvent la conséquence. On peut tenir trop à spiritualiser ses impressions et l'on y arrive aux dépens de la vérité et à ses propres dépens. C'est une forme séduisante de l'universelle illusion, une forme dangereuse. L'esprit en qui domine la tendance à la spiritualisation, s'il n'est contenu et redressé sans cesse par un sens bien rare de la réalité, la déformera systématiquement en bien ou en mal, en la rapetissant ou en l'élargissant, en la tournant au grand ou au ridicule, à la tristesse ou à la gaité, selon ses moyens. Il ne saura pas toujours reconnaître l'insignifiance et la médiocrité si fréquentes. Pour intéresser aux choses une plus grande part de son moi, pour mieux s'intéresser aux autres et à soi, pour satisfaire à la fois plus de désirs et plus d'inspirations, il risque de vivre dans le rêve sans s'en apercevoir. Don Quichotte est un type de spiritualisé ; les romantiques ont aussi abusé parfois de la spiritualisation aux dépens de la logique et du bon sens. La réhabilitation de la femme tombée, la rédemption des criminels, la vertu latente des scélérats, la beauté du bandit, la sainteté des imbéciles ont servi de thèmes à des spiritualisations dont le succès a dépassé la valeur.

Et dans tous ces cas l'erreur a consisté à vouloir mêler à une situation quelconque des sentiments qui n'y avaient que faire. Encore faut-il distinguer ici la spiritualisation excessive ou mal faite des illusions communes sur la valeur des gens. La spiritualisation est une des causes possibles, une des formes et sans doute un des effets de cette illusion qui reconnait aussi d'autres origines et d'autres fins. Elle intervient lorsque des accords mal compris, des relations trop intimes s'établissent entre une tendance, un sentiment, une idée et une foule d'autres idées, d'autres désirs, d'autres tendances dont il vaudrait mieux qu'elle restât séparée.

Toutes les tendances en effet ne se prêtent pas bien à la spiritualisation, comme tous les hommes ne sont pas aptes à entrer dans un milieu social quelconque. Il en est qui, si l'on veut à tout prix les introduire dans la société psychique du moment, risquent d'y prendre une importance fâcheuse, d'y exercer une dangereuse influence. Le résultat dépend du genre de rapports qu'elles auront avec les autres sentiments, par suite de la nature de ceux-ci et de leur nature à elles. Ce n'est pas toujours qu'elles soient inutilisables en soi, mauvaises par essence, c'est qu'elles ne trouvent pas dans l'esprit qui les accueille la société qui leur conviendrait. Une préoccupation trop basse, agréable, d'une utilité spéciale ou restreinte peut abaisser l'esprit si elle occupe une trop grande place, mais un sentiment trop élevé peut aussi devenir un péril s'il s'associe, sans s'y adapter convenablement, à trop de désirs, d'idées et d'actes — et un banquier par exemple qui dirigerait ses affaires d'après des considérations purement humanitaires risquerait la faillite. De même un homme douteux ou simplement un homme inculte, introduit dans une compagnie choisie, tend à la troubler, à la choquer, à la gêner, ou à la ramener à son niveau. Tout le monde a pu remarquer qu'une conversation entre plusieurs personnes reflète presque forcément, — à moins que délibérément on ne tienne en dehors d'elle certains assistants — la mentalité des moins intelligents : la conversation, comme l'eau d'une vallée, s'établit au plus bas niveau. Mais d'autre part une compagnie de braves gens illettrés et simples pourra se sentir gênée par l'intrusion de personnages importants, de manières plus recherchées, d'esprit plus orné et plus prétentieux, et elle s'amusera moins franchement.

Une tendance spiritualisée peut bien s'élever un peu, mais elle risque de rabaisser plus ou moins le reste de l'esprit en s'y mêlant trop intimement. Il est des désirs, des besoins de diverse nature qu'il est peut-être plus sage de ne pas trop spiritualiser, qu'il vaut mieux satisfaire sans trop les compliquer ; l'importance qu'on leur laisse prendre est d'autant plus périlleuse qu'on a l'illusion de les avoir dépouillés de leur bassesse. Ce n'est pas sans inconvénients, ou du moins sans risque qu'on raffine, qu'on spiritualise trop les fonctions organiques. Il faut les prendre pour ce qu'elles sont, en reconnaître les droits, leur faire leur part telle que la comporte le cours de la vie, et si l'on peut, les parer et les ennoblir, mais sans prétendre à les transformer, sans trop les idéaliser, sans les mêler intimement à toute la vie mentale, en les laissant à leur place, un peu à l'écart d'autres désirs. Il faut que l'homme se résigne à être, par certains points de sa nature, une brute, en bornant sa gloire à devenir la plus raffinée des brutes sans se dégager pleinement de l'animalité ; on l'a depuis longtemps averti qu'en voulant faire l'ange il fait la bête. Et il n'a peut-être point tellement tort de chercher parfois à s'angéliser, mais le pire pour lui est peut-être de vouloir faire l'ange sur les points où il ne peut être qu'un animal. Il n'est pas très sain même de vouloir trop spiritualiser et raffiner les satisfactions du goût et de l'odorat. Une gourmandise raisonnée, la recherche du gourmet peut sans doute s'élever bien au-dessus de la gloutonnerie, mais si elle se mêle trop à la vie mentale, si elle détourne trop à son profit les forces de l'intelligence et de l'activité en se compliquant et en se subtilisant, elle abaisse peut-être son homme au-dessous de celui qui se repaît gloutonnement et qui, débarrassé de ce souci, peut se livrer à de plus hautes occupations.

Spiritualiser une tendance comme la tendance sexuelle, qui, si elle peut s'élever très haut, risque encore par là même de dévier, de s'égarer, de se tromper, c'est se hasarder sur un chemin où les fleurs recouvrent des fossés profonds et bourbeux. Sans doute un amour intense et riche, qui prend les sens, le cœur et l'esprit, qui se mêle à l'adoration de la beauté, à la tendresse profonde, aux plus hautes préoccupations intellectuelles, est une chose splendide. Mais les occasions n'en sont pas communes, et la passion sexuelle est la plus riche en illusions. Mieux vaut encore peut-être la forme moyenne de l'amour socialisé et peu spiritualisé que la recherche décevante de l'absolu, ou simplement de l'amour selon le mode de Stuart Mill ou de Michelet avec les désillusions, le dégoût, la rancœur, l'amertume qui suivent la découverte de l'erreur.

Mieux vaut peut-être même la satisfaction banale et prudente de l'instinct que sa spiritualisation, si elle aboutit à l'abaissement de l'esprit et du caractère, à la corruption ou au crime, et les exemples n'en sont pas rares. Tout le monde n'est pas fait pour éprouver les grands sentiments sous leurs formes supérieures, et les prédestinés eux-mêmes les éprouvent souvent bien mal à propos.

Naturellement il ne faudrait pas non plus abuser de ces vérités et se faire un idéal d'une vie dégagée de toute préoccupation d'ordre physiologique. Certes, une attitude comme celle de Vigny qui paraissait détaché de tout plaisir de boire et de manger, et que, disait Sainte-Beuve, personne ne surprit jamais à table, témoigne d'une tenue assez noble et fort estimable et ne laisse soupçonner tout au plus qu'un peu d'affectation et de recherche. Mais on raconte bien d'un illustre et génial écrivain, que, fort ennemi du luxe et de toute superfluité, après un repas très frugal, il venait de nuit dévorer furtivement un gigot. Et quand il s'agit de l'amour, les faits significatifs abondent. Rappelons au moins, pour le moment, la singulière attitude de quelques mystiques de certaines sectes qui, méprisant la chair et n'en admettant pas les représentants dans la bonne société psychique, traitent comme sans importance ce qu'elle peut faire, abandonnée à ses propres instincts, lui lâchent la bride, ne lui donnent aucune valeur — positive ou négative — dans la vie morale. « C'est la chair qui pèche », disent quelques-uns et la chair, pour l'âme, est une étrangère. Mais c'est le sort de l'homme d'être toujours entre deux écueils et d'aller s'échouer, selon l'occurrence, sur Charybde ou sur Scylla.

Toutes nos tendances, tous nos sentiments nous

induisent en de pareilles considérations. Il n'en est aucun qui ne doive être spiritualisé plus ou moins, qui n'ait à tirer ou à nous faire tirer quelque profit de son union avec d'autres, de sa liaison plus intime à la vie de l'esprit. Toutes les passions, toutes les inclinations peuvent par là s'ennoblir et s'élever, ou tout au moins se régulariser et se rendre utiles. Mais si une exacte subordination des rapports n'accompagne pas cette intimité spirituelle, ou si elle repose sur des illusions que l'intervention de tendances élevées facilite parfois singulièrement, la spiritualisation devient une cause de trouble, une annonciatrice de ruine. Ainsi les affections de famille, l'amour, l'amitié, l'ambition s'élèvent par leur combinaison avec plus de désirs, plus d'idées, par leur entrée dans le large courant de la vie de l'intelligence et des sentiments. Mais si une exacte subordination ne leur est fixée, ou si, dans leur hâte à les accueillir, l'esprit se leurre sur leur compte et sur la réalité extérieure qui les sollicite, c'est l'âme entière qui risque d'être rabaissée et peut-être perdue.

Il faut donc subordonner la spiritualisation à un principe supérieur, la systématisation, l'harmonie générale de l'esprit. Dans une bonne hygiène mentale, tout en maintenant la solidarité réelle de toutes les tendances, il convient de laisser en quelque cas cette solidarité s'établir en gros, pour ainsi dire, entre les tendances prises en bloc, sans intimité de l'une d'elles, ou de ses éléments, avec les éléments de l'autre. Le parallélisme de la vie sociale et de la vie psychique est assez rigoureux et peut être suivi fort loin. Il est évident par exemple, que la magistrature et le clergé d'une part, le théâtre d'autre part sont des éléments sociaux nécessaires, au moins utiles à notre civilisation; ils collaborent à la vie d'une même société, et ils ont forcément entre eux certaines relations résultant de leurs fonctions différentes dans un même organisme. Il ne s'ensuit pas qu'il y ait forcément un grand profit à multiplier sans discernement les rapports de l'un à l'autre et entre les membres de ceux-là et les représentants de celui-ci, encore que dans bien des cas particuliers ces rapports puissent être admissibles, louables même et plaisants. Il faut dans le monde mental, comme dans le monde social, se méfier des fréquentations mal assorties et des liaisons dangereuses. Baudelaire maudissait celui qui voudrait :

> S'éprenant d'un problème insoluble et stérile,
> Aux choses de l'amour mêler l'honnêteté.

C'était aller bien loin, l'amour et l'honnêteté ne sont point d'une telle incompatibilité d'humeur. Il y a pourtant dans sa remarque un fond de vérité, une vérité partielle. On peut même y ajouter que si l'amour sensuel peut perdre, à fréquenter les préoccupations de décence, quelque peu de sa fougue et de sa spontanéité, de sa liberté, de sa richesse, la réciproque est également vraie et que peut-être « les choses de l'honnêteté » risquent de se départir de leur rigueur, de leur logique et de leur sérieux à trop voisiner avec l'amour. Tout ceci comporte d'ailleurs des réserves, des distinctions, des précisions où je ne m'engagerai pas.

Il faut aussi bien se garder, en hygiène mentale — et sans doute en toute hygiène — des règles trop nettes et trop générales. Faisons la part des différences individuelles ; chaque âme, comme chaque organisme, doit se soumettre à un régime spécial, celui qui lui convient le mieux n'est pas le meilleur pour d'autres. Napoléon n'a sans doute rien gagné à associer trop étroitement l'ambition et l'esprit de famille. Il se peut que chez un autre ambitieux, le désir de s'élever et l'affection pour les siens s'épurent, se haussent et s'aident mutuellement.

L'équivalent social de la spiritualisation des tendances, nous l'avons entrevu déjà, me paraît très apte à faire sentir ce que c'est que la spiritualisation. Une société comprend plusieurs groupes chargés de fonctions différentes et qui incarnent autant de tendances de l'ensemble social. Il y a une armée, des administrations nombreuses, des prêtres, des ministres de différents cultes, des sociétés savantes, artistiques, des groupements d'ordre économique, il s'y trouve des industriels, des négociants, des employés d'ordres divers, des domestiques. Il se pourrait que chaque groupe existât à part des autres, sans se mêler à eux plus que les besoins des différentes fonctions ne le requièrent. Ils seraient tous solidaires cependant, liés les uns aux autres par l'ensemble, par la société dont ils font partie. En fait il y a souvent sinon toujours une certaine séparation de ce genre entre les groupes sociaux, et chacun fréquente plutôt, en général, les gens de sa famille, de sa profession, de sa religion, etc. Cependant il se peut aussi, et c'est ce qui arrive et qui varie notablement selon les sociétés, il se peut que les groupes se pénètrent, soit que les individus passent de l'un à l'autre, comme des commerçants, des fonctionnaires, des instituteurs qui sont aussi des soldats en temps de guerre ou pendant les périodes d'exercices, soit simplement que des relations personnelles s'établissent entre des individus appartenant à ces différents groupes, soit qu'il y ait, à certaines occasions, une sorte d'union, de fusion momentanée entre différents groupes que réunit un intérêt commun (comme lorsque des ouvriers appartenant à différentes maisons ou même exerçant des métiers différents se concertent pour organiser une grève, ou encore quand l'armée prête des soldats à l'agriculture ou leur fait exercer, en des cas extrêmes, diverses fonctions dont les organes habituels font défaut pour une cause ou pour une autre). Les faits de cette nature tendant à rapprocher non plus les systèmes sociaux en bloc, mais les individus, les éléments de ces systèmes, unissant plus intimement les individus, pétrissant la pâte sociale, constituent un équivalent presque parfait de la spiritualisation des tendances, à une autre échelle où l'observation du jeu des éléments est sans doute plus aisée. Par ces procédés encore ils réussissent à introduire dans la société comme dans les individus une systématisation plus stricte, une plus grande intimité des éléments, il s'établit une sympathie plus vive et plus complexe entre eux, le tissu du composé social ou mental est pour ainsi dire plus serré, partant plus solide. Les qualités et les défauts, les risques sont à peu près les mêmes dans les deux cas. Et nous voyons aussi la valeur de ces procédés et leur importance varier d'une société à l'autre comme d'un individu à un autre individu. Il est des sociétés, des peuples, des familles, des agglomérations ou des associations diverses où la séparation du groupe est poussée bien plus loin que dans d'autres. Les castes, les classes très séparées de certains peuples, les groupes qui se tiennent orgueilleusement à l'écart, les religions exclusives, l'esprit de corps et la morgue qui l'accompagne souvent, les sociétés fermées où l'étranger — même de la ville voisine

— est assez mal accueilli, voilà des faits qui signalent l'absence ou l'état rudimentaire de l'équivalent social de la spiritualisation. Je ne nie pas qu'ils aient quelquefois leur utilité et souvent quelques avantages. Au contraire la fraternisation des groupes différents, les tentatives pour rapprocher en de nouvelles associations les membres de différents groupes, ou pour faire exercer les mêmes fonctions par des éléments pris en des groupes différents (service obligatoire, instruction universelle, etc.), la perméabilité des cloisons élevées entre les groupes et les classes et la possibilité pour l'individu de passer de l'un à l'autre (réformes et institutions de la République et de l'Empire), la centralisation, voilà autant de traits qui en marquent le développement. Ils ont aussi, selon les lieux, les moments, les groupes et les individus, leurs avantages et leurs défauts, mais ils tendent tous ou prétendent tendre à une plus grande intimité des éléments sociaux, à une pénétration plus profonde des groupes, à une systématisation plus étroite, et en quelque sorte plus économique. Il arrive parfois que le procédé échoue sur certains points, il aboutit plus d'une fois à des résultats opposés à ceux qu'on attendait. La lutte des classes ne s'est pas atténuée dans nos sociétés d'apparence démocratiques, et il y a souvent peut-être moins de cordialité entre un châtelain d'aujourd'hui et l'ouvrier qu'il emploie, que jadis entre un gentilhomme campagnard et ses compagnons roturiers. C'est que ce qui rapproche les hommes risque aussi de mettre leurs intérêts en opposition ou d'en faire mieux voir l'antagonisme. C'est que d'autres causes de séparation naissent bien souvent quand les anciennes s'évanouissent.

### § 5. — Spiritualisation et idéalisation.

La spiritualisation telle qu'elle est examinée ici ne correspond pas tout à fait, comme nous avons dû le voir déjà, à ce que l'on entend en général par ce mot. Elle n'est pas nécessairement une épuration, une sublimation de la tendance. Au contraire, en un sens, puisqu'elle comporte un enrichissement de la tendance, tandis que l'idéalisation suppose plutôt la suppression de certains de ses éléments, et, par suite, à certains égards, un appauvrissement. Un amour qui se spiritualise serait plutôt, dans l'acception ordinaire du mot, un amour qui cesse de tenir compte du corps. Pour nous, un amour spiritualisé est un amour qui ne néglige pas le corps, puisque le corps est représenté dans l'esprit et que les fonctions organiques sont encore une partie de l'esprit, mais qui tient compte aussi d'autre chose que du corps et de l'instinct sexuel, qui s'associe à une part importante de la vie mentale. De même spiritualiser le besoin de nutrition, ce n'est point du tout se laisser mourir de faim, mais associer un besoin organique à un grand nombre de tendances et de sentiments, le coordonner à des idées de santé, à des préoccupations de convenances mondaines et de tenue personnelle, à des impressions esthétiques, des sentiments de famille ou d'amitié, à tout un ensemble psychique.

Et quand il s'agit d'une tendance psychique, d'une passion d'ordre élevé, on pourra même dire que la spiritualisation bien comprise sera peut-être pour elle, à certains égards, un retour vers la terre, une concession aux tendances moins hautes, mais nécessaires à la vie individuelle, à la vie sociale, à la vie vraiment humaine. Sans doute un sentiment très épuré, une passion idéalisée pour l'art, pour la vérité, pour le bien de l'humanité, pour la patrie, nous séduit par sa noblesse et nous enchante par sa grandeur. Mais il se peut que sa hauteur même tende à la mettre hors de la vie, à la séparer des conditions nécessaires de l'existence, ou des conditions nécessaires de la vie supportable. Il faut admirer ces passions, car ce sont elles qui nous donnent l'impression du sublime et de la pure beauté, il ne faut pas les décourager, car elles ne sont que trop rares, mais il faut bien avouer que la vie exige autre chose. Et si elles se spiritualisent, elles perdent quelque chose de leur hauteur, mais aussi de leur raideur, de leur âpreté et de leur danger. La condition humaine est telle que la pureté souveraine y est incompatible avec la vie. En se spiritualisant donc, elles s'associeront des tendances moins hautes mais nécessaires ou utiles, elles s'enrichiront aux dépens de leur pureté, mais elles pourront se développer plus harmonieusement sans se supprimer elles-mêmes et sans désorganiser le milieu social.

L'excès de l'idéalisation n'est pas une chose très commune dans la vie. Reconnaissons-le cependant chez certains mystiques à qui la considération de la vie éternelle fait oublier les conditions de la vie humaine, chez les illuminés, chez les apôtres qu'un amour abstrait — et souvent fort peu précis — de la justice, ou un immense sentiment de pitié soulève bien au-dessus de notre misérable vie, en leur faisant perdre de vue les pauvres humains et les nécessités compliquées, souvent vulgaires ou basses, mais inéluctables, de leur existence. Les chimères séduisantes et dangereuses des rénovateurs de l'humanité se fondent ainsi sur des sentiments trop incomplètement spiritualisés, je veux dire qui ne s'accrochent pas suffisamment aux autres éléments de l'esprit et spécialement à ceux qui sont, dans l'esprit, la représentation du monde réel et de l'esprit lui-même tel qu'il est, et de la société qui lui donne l'existence et la vie. En descendant de quelques degrés, nous trouvons encore des passions exclusives, farouches, qui rejéttent toute une portion de la vie. On se fera une idée assez nette du manque de spiritualisation combiné avec l'idéalisation et la hauteur du sentiment, en comparant le patriotisme de l'Horace de Corneille, et celui de Curiace :

Et si Rome demande une vertu plus haute
Je rends grâces aux Dieux de n'être pas Romain
Pour conserver encore quelque chose d'humain.

Et tout ce que je dis ne nie en rien que les sentiments qui dépassent l'humanité ne soient nécessaires à l'humanité même, et que celle-ci ne puisse en tirer profit pour sa vie médiocre. Sans les réformateurs chimériques, il est assez vraisemblable que la vie serait pire qu'elle n'est, et il est des moments dans la vie d'un peuple où le patriotisme farouche d'Horace est peut-être seul capable de sauver la patrie. C'est l'affaire de la société d'utiliser, de socialiser les chimères et les outrances. Il est fâcheux qu'elle n'y emploie pas plus d'adresse et plus de clairvoyance.

Si la spiritualisation ne peut donc se confondre avec l'idéalisation, si elle est parfois le contraire, il n'en reste pas moins qu'elle se rapproche d'elle dans la plupart des cas. [illegible] que les tendances les plus vivaces, les plus persistantes dans l'homme, sont généralement les plus anciennes, les plus nécessaires à la vie, les tendances organiques, les instincts, les sentiments les plus simples et les plus restreints. Alors la spiritualisation consiste le plus souvent à élever les tendances inférieures, à humaniser les tendances animales. En ce sens elle rehausse et elle idéalise.

En effet, la spiritualisation réalise un affaiblissement, au moins un affaiblissement relatif, de la tendance spiritualisée; dans la plupart des cas, par conséquent, d'une tendance organique. ou d'une tendance psychique inférieure. Cela est vrai bien évidemment dans tous les cas où la spiritualisation réalise un équilibre plus compliqué de l'esprit, cela est vrai encore, quoique le fait y soit moins marqué, dans les cas où une tendance se soumet presque entièrement l'esprit, cas qui sortent à peu près de la spiritualisation. La tendance organique spiritualisée, même encore très forte, n'est plus seule à agir, elle est obligée de tenir compte des idées et des sentiments qui lui sont associés, elle ne comporte plus la gloutonnerie sous toutes ses formes, elle devra se subordonner plus ou moins à ses nouveaux associés. Un homme bien élevé qui attend ses invités, même s'il a faim, ne se mettra pas à table avant l'heure. Un amour spiritualisé, même ardent, saura se priver quelque temps, longtemps parfois, de la possession complète, pour ne pas froisser les sentiments de sympathie, d'affection, de respect, de convenance auxquels il s'est associé. Il arrivera que la faim, ou la gourmandise, s'effacera devant des sentiments de sympathie ou de convenance, qu'on renoncera, sans même y penser, à un bon morceau pour l'offrir à quelque autre personne, que l'on se privera du nécessaire, en cas de disette, au profit d'autrui. Dans l'amour, l'affection peut dominer l'instinct sexuel au point d'en régler les manifestations, et même au besoin de les interdire. En se spiritualisant, la tendance s'affaiblit, comme il arrive à tout individu qui entre dans une société, et, en échange des droits qu'il acquiert, renonce à une part de son indépendance, et se rallie, partiellement, à la volonté de ses co-associés, et plus encore, à la volonté de la société elle-même. Il faut ajouter, toutefois, que, comme nous l'avons vu, ces déchéances d'une tendance ne sont pas toujours regrettables. Si un mauvais poète se fait bon laboureur, c'est un profit pour l'agriculture et pour la poésie à la fois.

### § 6. — Spiritualisation, déviation et perversion.

La spiritualisation d'une tendance supérieure peut signaler déjà une forme de déviation. En s'immisçant dans l'esprit, en se mêlant plus intimement, en s'accordant à un plus grand nombre d'éléments, elle est à peu près obligée de s'abaisser et de déchoir. Quand les préoccupations intellectuelles, quand les tendances esthétiques ou littéraires, quand l'amour de la pensée abstraite, quand la passion de la justice, ou le désir de la perfection viennent à se combiner avec les sentiments qui adaptent l'homme au monde réel, ils y perdent de leur pureté, de leur blancheur, ils s'y troublent un peu, s'y salissent comme la rivière qu'on emploie à des usages industriels. Ils peuvent y gagner de vivre, de faire vivre l'esprit et le corps, tout au moins de ne pas les empêcher de vivre. Par conséquent on peut de ce point de vue trouver qu'ils ont au contraire acquis un emploi supérieur. Ils ont le sort de ces espèces parasites que les nécessités de la vie ont amenées à simplifier leur existence, à renoncer à quelques-unes de leurs facultés les plus précieuses, Ils se rendent utiles, mais en diminuant leur splendeur propre, en affaiblissant leur logique interne et leur finalité spéciale. C'est le cas de l'artiste qui se résigne à des œuvres qu'il ne peut complètement approuver, parce que le rendement en sera supérieur, qu'il faut vivre et que sa famille, peut-être, compte sur lui. C'est le cas du penseur qui met une sourdine à ses opinions, qui bride ses idées parce qu'elles risquent dans leur course trop libre, de le compromettre, de l'entraîner hors de la voie des honneurs ou des places, simplement peut-être aussi parce qu'il les juge vraies, mais dangereuses pour le pauvre bonheur humain, si frêle et si menacé toujours. C'est le cas de l'homme qui par des considérations d'opportunité renonce à la justice, qui admettra la condamnation infamante d'un innocent plutôt que le risque d'affaiblir l'organisme social. Il y a sans doute des défaillances de cet ordre qu'on ne pourrait approuver, il en est certainement d'excusables et peut-être quelques-unes d'héroïques et de splendides. Elles n'en sont pas moins des diminutions, étant des transactions et des compromis, et les hautes tendances, pour vivre et faire vivre, ont abaissé leur fierté et humilié leur taille. La vie de l'individu et l'état social profite parfois de ces déchéances, la société les impose continuellement, sans le savoir même, et sans s'en soucier, et elle en est, en bien des cas, plus responsable que l'individu.

Mais il faut peut-être s'avancer encore et dire qu'il se cache dans toute spiritualisation d'une tendance, dans toute participation intime d'une inclination à la complexité de la vie mentale, un principe de déviation et de perversion à côté d'une cause d'élévation. Selon les occasions, l'un ou l'autre l'emporte et déroule ses effets, ou bien leur action se combine.

Pour bien l'entendre, choisissons encore quelques analogies dans la vie sociale. Un groupe quelconque s'altère toujours quelque peu en s'attachant de nouveaux membres, en s'alliant de façon un peu intime à d'autres groupes. Il s'enrichit, mais il se transforme. De nouveaux desseins, de nouvelles volontés viennent se mêler à sa vie, la modifier plus ou moins, ou même en changer l'orientation. Parfois c'est un progrès, cela dépend de la valeur des nouveaux membres et de leur adaptation à l'œuvre, mais ce progrès même entraîne quelques disparitions, quelques renoncements, quelques sacrifices. Il y a toujours, même dans une amélioration évidente, quelques pertes plus ou moins sensibles, il n'est guère de progrès qui ne fasse couler du sang ou des pleurs, qui ne jette tout au moins, à côté de ses parties lumineuses, quelques ombres de tristesse. Cela est vrai aussi des individus qui s'associent pour former un groupe. Les associations temporaires, les coalitions de partis politiques, de groupes parlementaires, les fusions de sociétés industrielles, les alliances de peuples, l'adhésion d'un individu à une société qui détermine et fixe désormais ses croyances politiques, religieuses, économiques, qui lui impose un certain mode de conduite, le mariage, fournissent des exemples quotidiens de pareilles modifications dont la valeur varie et change de signe selon les cas.

Ainsi en va-t-il des tendances qui en se spiritualisant s'unissent à d'autres tendances et laissent fusionner avec les éléments de celles-ci leurs propres éléments. Elles se transforment forcément par là et en un sens elles dévient, car elles doivent toujours se laisser influencer par les relations nouvellement établies, consentir quelques concessions aux compagnons nouveaux. Cela est visible dans les tendances organiques ; la tendance à la nutrition, par exemple, en se spiritualisant devient plus indifférente à la nutrition même. Elle arrive assez facilement à la négliger, à l'oublier. L'instinct souvent s'affaiblit et se corrompt. Ce n'est pas toujours l'aliment qui flatte le plus la sensualité du gourmand qui le nourrira le mieux, ni celui qui rehausse le plus l'importance de l'amphitryon et plaît à sa vanité, ni celui qu'on offre avec le plus de sympathie. La spiritualisation (et la socialisation) de la tendance à se nourrir a certainement émoussé la sûreté de l'instinct chez l'homme, son goût est moins capable, semble-t-il, que celui de bien des animaux, de distinguer ce qui doit nuire à l'organisme. Il est vrai que l'homme peut corrompre aussi le goût de l'animal, à qui cette socialisation ne réussit pas toujours.

De même la tendance sexuelle a été bien souvent détournée, en se spiritualisant, de sa fonction normale : la procréation d'un être et la vie de la race. Bien des causes y contribuent, d'origine et de valeurs diverses. C'est la recherche plus savante et plus exclusive du plaisir pour le plaisir, c'est une sorte de raffinement de pureté et de pudeur qui fait considérer comme grossier, peut-être comme honteux l'acte d'où dépend la fécondation, ce sont les nécessités sociales et les convenances diverses qui empêchent continuellement et systématiquement la satisfaction du désir sexuel, qui font qu'un homme ne peut guère se marier qu'assez tard, c'est la sympathie, l'affection, l'amour même qui, dans les circonstances communes de la vie, ne se décide pas toujours par les qualités qui assurent le mieux la procréation. Ici, comme en bien des fonctions humaines, l'instinct n'est pas sûr et la science ne peut y suppléer, d'abord parce qu'elle n'est pas assez avancée, ensuite parce que presque personne ne songerait à la consulter et surtout à suivre ses avis. Et la spiritualisation de la tendance, son association à d'autres désirs et à d'autres idées peut amener à des déviations bien plus graves, et bien plus défavorables encore à la création de l'enfant.

Les tendances plus purement psychiques mêmes sont constamment perverties par le développement de leurs associations. L'amour des parents pour les enfants, par exemple, a pour fonction normale d'assurer la vie de l'enfant tant qu'il n'est pas en mesure d'y veiller lui-même avec efficacité, et plus tard de le préparer à la vie sociale et, au besoin, de l'aider dans cette vie. Cette fonction est constamment pervertie, non seulement par l'ignorance et la maladresse qui ne sont assurément pas des formes de la spiritualisation, mais par l'intervention de la vanité, de l'ambition, d'idées toutes faites et mal confectionnées sur l'éducation. sur la morale, sur l'hygiène et la physiologie. Elle est compromise même quelquefois par la violence de l'amour maternel, par la partialité, par l'injustice dérivée des sentiments, des idées que suggère cet amour en s'adaptant aux différentes circonstances de la vie. C'est une des misères de l'homme que les passions les plus saines, les plus normales, les plus nécessaires sont souvent et fatalement amenées à prendre de mauvaises voies, à égarer l'esprit et à le conduire à l'opposé de son but.

Nous pourrions passer en revue bien des tendances humaines, je crois que nos constatations seraient partout les mêmes. L'amitié, selon la façon dont elle se développe en s'adaptant à l'esprit, peut conduire à la familiarité vulgaire, à la tyrannie plus ou moins acceptée ou subie, à l'exploitation de l'ami. L'amour de la science, à ne pas se renfermer en lui-même, risque de se compliquer de vanité, de recherche puérile des honneurs, de prétentions mesquines, toutes choses qui finissent par nuire à la recherche de la vérité qui en est la fonction propre. Et ainsi de suite. Il y a dans toute chose humaine un germe de corruption, et souvent le développement d'un sentiment dans l'âme le dévie et le pervertit. La perversion à un faible degré est une chose habituelle et peut-être nécessaire. Mais trop souvent elle s'accentue assez pour que, en se développant, un sentiment tende à manquer à sa fonction et à se supprimer lui-même avant d'avoir abouti.

C'est une conséquence de la nature générale de l'homme qui n'est pas fixée, qui se modifie sans cesse, et qui de plus est assez mal adaptée à la condition nécessaire et universelle de l'existence humaine qui est la vie sociale. L'homme cherche sa voie à tâtons, comme un aveugle qui n'ayant pu trouver sa route, se trace péniblement un chemin à travers champs, trébuchant sur les pierres et les mottes de terre, se heurtant aux arbres, s'accrochant aux ronces, ne sachant pas s'il va dans la bonne direction ou s'il doit errer vainement jusqu'à ce que l'épuisement de ses forces le jette à terre, parmi la nature indifférente. Et cependant, de tous ces maux sortent quelques occasions de bien. Une tendance qui néglige sa fonction peut en remplir, en créer une nouvelle.

## § 7. — La spiritualisation de l'esprit.

La spiritualisation peut discipliner des tendances plus ou moins complexes, des groupes de tendances. Elle peut réformer l'esprit lui-même. L'esprit peut aussi se spiritualiser, c'est-à-dire devenir de plus en plus un esprit. Il n'y arrivera pas en se détachant du corps, puisque l'organisme doit toujours être représenté en lui et qu'après tout les tendances organiques sont une partie de l'esprit, mais sans doute il subordonnera ces tendances à celles qui dans l'esprit représentent l'esprit même, c'est-à-dire la coordination générale des tendances organiques, psychiques, sociales, et des actes qui en sont la manifestation.

Il se spiritualisera de la même manière que les tendances, et sa spiritualisation n'est que la systématisation des tendances généralisées et spiritualisées. Elle comportera donc une pénétration plus intime des tendances les unes par les autres, et surtout par les tendances directrices générales, qui représentent plus exactement et plus profondément le moi, la personnalité — comme un gouvernement peut représenter plus fidèlement l'ensemble, la personnalité d'une nation, que n'importe quel autre ensemble de personnes. En même temps elle suppose aussi des rapports établis entre les éléments des tendances, les idées, les désirs, des rapports plus étroits, mieux définis, mieux subordonnés à la direction générale qui doit pénétrer partout.

Un esprit vraiment spiritualisé, si l'on peut s'exprimer ainsi, est en quelque sorte tout entier dans le moindre de ses actes, dans une perception, dans une impression, dans un sentiment, dans une croyance, dans un acte de volonté, c'est-à-dire que tout se tient étroitement en lui, et chaque parcelle de son activité, si elle n'évoque pas toutes les autres, les suppose cependant. J'indique ici bien entendu une limite qui n'est jamais atteinte, la perfection du type dont on s'approche, mais qu'on ne réalise jamais pleinement.

L'esprit spiritualisé ne s'oppose pas seulement à l'esprit diffus, incohérent, éparpillé, où chaque désir est indépendant, où la volonté n'est qu'un caprice passager, sans préparation et sans suite. Il s'oppose encore à l'équilibre obtenu par l'harmonie de tendances qui ne se pénètrent point, où chacune d'elles ignore les autres. Cette forme d'esprit relativement équilibré, non spiritualisé, s'offre plus communément à nous. C'est celle des personnes dont la vie est devenue un peu automatique, un composé d'habitudes distinctes et sans imprévu, qui ne se mêlent point et ne s'influencent guère l'une l'autre, chacune prenant à son heure la direction de la conduite. C'est encore celle des gens dont les tendances s'organisent à part et se contredisent plus ou moins nettement sans se heurter, des pères de famille rigoureux chez eux, et débauchés au dehors à des jours fixes, des savants qui laissent leurs croyances religieuses « à la porte de leur laboratoire », des hommes politiques qui mettent naïvement, et parfois avec quelque candeur, peut-être sans y penser, leur conduite, leur action, en contradiction avec leurs proclamations ou leurs discours. Le signe de la non-spiritualisation est l'absence, en pareil cas, de tout remords, de toute gêne. Tous les hommes et même les plus spiritualisés conservent au moins quelques traces de cette disposition. On en trouverait jusque chez Pascal, qui paraît pourtant avoir été un des représentants les plus spiritualisés de l'humanité. Les conditions complexes et contradictoires de la vie laissent toujours quelque contradiction et quelque séparation dans le cœur et dans l'esprit de l'homme, les différences n'en sont pas moins énormes d'un homme à l'autre.

La gêne et le remords sont précisément en bien des cas le signe d'une spiritualisation qui commence. Le spiritualisé, ou celui qui tend à l'être et s'efforce de le devenir, peut avoir des troubles intérieurs, précisément parce que ses tendances sont mises en rapports étroits les unes avec les autres et que les oppositions, les contradictions qui existent toujours entre elles, au moins à l'état latent, vont souvent être dévoilées, excitées, aggravées par ces rapprochements. Le voisinage est souvent une cause de guerre entre les peuples, le rapprochement, des rapports de famille, d'intimité, de voisinage amènent fréquemment des querelles, des brouilles, des procès entre les individus. Il n'en va pas autrement avec les tendances. Un homme pieux pèche parfois sans songer à mal. Il oublie sa religion en savourant son péché et son péché quand il s'absorbe dans ses pratiques religieuses. Mais si le rapprochement de ces deux états s'impose à lui, ou lui est inspiré par quelque autorité extérieure, alors, s'il est vraiment sincère et simplement léger, le remords le tourmente et la lutte commence. C'est un pas vers la spiritualisation. Ainsi le contact, le rapprochement de nos tendances, de nos désirs, de nos croyances est assez naturellement une occasion de froissements et de conflits aussi bien que d'aide réciproque. Aussi, quoique le spiritualisé type, le spiritualisé parfait soit avant tout un être d'ordre et d'harmonie, en fait le spiritualisé imparfait que la réalité nous montre, le candidat à la spiritualisation, peut être un type de contraste et de lutte. Pour l'homme, la tendance à l'harmonie raffinée, complexe et de plus en plus riche, est une cause continuelle de troubles intérieurs et de discordes au dehors.

## CHAPITRE IV

# Vues générales sur la socialisation.

### § I.

La socialisation d'une tendance est, dans la vie collective, l'analogue de la spiritualisation dans la vie individuelle. Elle implique l'extension, la régularisation des rapports de ce désir avec les éléments sociaux, avec les individus, les groupes, les formes différentes de la vie sociale, l'ensemble même de cette vie et les éléments directeurs qui représentent cet ensemble. Si la tendance sexuelle se spiritualise en se combinant à l'affection, à la sympathie, à la tendresse, à des impressions de beauté, à des préoccupations esthétiques, littéraires ou pratiques, elle se socialise dans la mesure où ces différents sentiments sont eux-mêmes des éléments sociaux, dépassant largement l'individu, et aussi en s'associant plus directement à diverses formes, à différents événements de la vie sociale, en se soumettant aux mœurs, même aux modes d'une époque, à des formalités religieuses, administratives et légales. Le mariage, par exemple, avec tout ce qui s'ensuit pour l'établissement de la famille, est une socialisation très nette de l'instinct sexuel, et aussi des sentiments de paternité et de maternité. Ce qui rend cette socialisation possible, c'est d'ailleurs la spiritualisation accomplie déjà, sur laquelle à son tour elle ne restera pas sans effet. Pareillement la tendance nutritive se socialise en s'adaptant aux usages, aux convenances, aux nécessités de la vie sociale qui règlent, au moins assez communément, de façon très appréciable, l'heure des repas, et même leur composition. Cette socialisation devient bien plus rigoureuse chez les groupes différents, peuples ou communautés, où les repas se prennent en commun.

Certaines passions semblent socialisées par nature et dès leur naissance, ce sont celles qui ont pour objet spécial des biens sociaux, et par conséquent poussent l'individu vers ses semblables. Il faut pourtant distinguer avec précaution le but de la passion, et sa nature. Le premier peut être social sans que l'autre le devienne au même degré. En fait une passion d'ordre social reste parfois très peu socialisée. Il est des façons très personnelles d'être ambitieux, de désirer les honneurs et le pouvoir. L'avarice, — qui est une sorte d'ambition — est une passion sociale en ce qu'elle désire une supériorité sur les autres hommes, une prise sur eux, un pouvoir possible sinon toujours effectif, elle suppose souvent l'existence d'une monnaie qui ne saurait avoir qu'une valeur sociale, l'industrie, le commerce, la comparaison et les rapports des fortunes. Elle peut tout de même être, en elle-même, presque purement égoïste, peu influencée par les facteurs sociaux, anti-sociale même si l'avare se borne à entasser des billets de banque ou des pièces d'or, s'il retire cette force de la mêlée et l'annihile. De même l'ambition reste peu socialisée si elle ne vise que les jouissances de l'orgueil, et non la réalisation de quelques formes sociales nouvelles, un changement important dans la vie politique, dans les croyances de l'humanité, dans le destin des nations. Ces derniers buts au contraire caractérisent des formes socialisées de l'ambition, socialisées ainsi par leurs fins et non seulement par leurs moyens.

Et pourtant cette ambition peut rester méconnue et mal comprise. Il peut paraître étrange, par exemple, de parler de l'ambition de Spinoza. Plus volontiers vanterait-on sa « modestie ». C'est que les passions, les traits de caractère sont assez mal entendus en général, et appréciés trop superficiellement et selon des conventions très critiquables. En fait il n'est rien de plus immodeste, de plus furieusement orgueilleux et de plus imprudemment ambitieux que de prétendre avec ses propres forces, comme le philosophe, à dévoiler le système du monde, à en reconnaître l'essence, ou bien à démontrer que la recherche en est vaine ou puérile. Il n'est pas d'ambition plus surprenante que de chercher la vérité et, l'ayant cru trouver, de vouloir la faire accepter aux peuples. Spinoza, vivant sobrement et péniblement dans sa mansarde, sans se mêler aux affaires, travaillant à son humble tâche pour gagner strictement sa vie, ne désirant ni honneur, ni pouvoir, ni richesse, mais créant un système qui démolirait les croyances de l'humanité civilisée, qui tend à transformer la morale, le sens de la vie, et en somme à bouleverser les habitudes du genre humain, Spinoza est un orgueilleux et un ambitieux de la plus haute espèce[1]

1. Aussi bien l'orgueil déclaré et patent, un orgueil immense est-il assez souvent la caractéristique du philosophe. L'orgueil d'Auguste Comte est moins étalé, mais aussi énorme et peut-être plus profond que celui de Châteaubriand ou de Hugo. Et ce dernier même doit une bonne partie de son orgueil à ses aspirations et à ses prétentions philosophiques.

Son ambition est très spiritualisée. Elle est aussi socialisée en ce qu'elle tend à une transformation de la mentalité humaine, et des opinions sur l'homme, et par là, à une transformation des relations sociales. Elle ne l'est guère en ce que Spinoza est l'homme le moins préoccupé des affaires, qu'il ne songe guère à mettre la main à une réorganisation sociale, que son ambition ne vise directement aucun fait social concret, aucune institution particulière, que même il s'abstient d'influencer les idées de ceux qui l'approchent, et qu'il est à peu près seul. La portée sociale de son ambition reste générale, abstraite, à longue portée, elle n'en est pas moins considérable.

## § 2.

La socialisation est en général à la fois active et passive. Je veux dire que les tendances de l'individu portent l'empreinte de la société et aussi qu'elles donnent à cette société leur marque propre, et, réagissant sur elle, la transforment plus ou moins, la refont à leur image. Et tantôt elle est surtout passive, c'est le cas ordinaire, tantôt elle est surtout active, ce qui est le cas des inventeurs, des génies, des innovateurs. Dans ces deux formes, d'ailleurs, c'est toujours une similitude ou une harmonie qui s'établit entre la tendance individuelle et le milieu social, et les actions en retour compliquent toujours les phénomènes. La tendance transformée par l'état social réagit sur cet état, et l'état social en s'accordant à une tendance créatrice individuelle, réagit sur elle pour en modifier plus ou moins l'aspect, la portée, et la direction.

Dans la socialisation active, il faut distinguer l'actuel et le virtuel, l'action réelle et l'action possible. La socialisation active d'une tendance ne dépend pas seulement de cette tendance ; pour qu'elle se développe, il lui faut un milieu favorable, qui ne se rencontre pas toujours.

Cette socialisation virtuelle est importante, parce qu'il dépend de la société et jusqu'à un certain point de ceux qui, à des titres divers et d'une façon ou de l'autre, mènent la société, de la préparer, de la rendre plus ou moins efficace, de la faire entrer plus ou moins profondément dans la vie sociale, de la diriger en tel ou tel sens, de la canaliser et d'employer à des travaux utiles et à la fertilisation un torrent qui risque de ravager le pays.

Il est rare qu'on aperçoive bien l'importance de cette socialisation virtuelle, et communément on en restreint beaucoup trop le champ. Auguste Comte considérait comme inutiles certaines recherches scientifiques dont la fécondité n'est plus contestable. De même on considère trop souvent comme antisociales ou en dehors de toute possibilité de socialisation des tendances dangereuses ou hostiles à la société actuelle, ou simplement un goût de l'isolement et de la retraite dont la signification est parfois tout autre.

L'isolé, le misanthrope, le « sauvage », celui même qui fait profession de se séparer des hommes et de haïr l'humanité ne sont pas en général si insociables qu'ils le paraissent et peut-être même qu'ils voudraient l'être et qu'ils croient l'être. Ce qui isole un homme, c'est moins un désir formel de vivre seul que l'impossibilité pour lui de trouver chez les autres des compagnons agréables ou supportables, de reconnaître en eux les membres de la société qu'il rêve, d'un rêve plus ou moins conscient, que jusqu'à un certain point il représente et que même, dans une certaine mesure, il réalise.

Chaque homme en effet représente une société, et toujours même une autre société que celle où il s'encadre, une société de gens qui lui ressembleraient à certains égards et par leur idéal social, et qui s'adapteraient à lui, parce que sur d'autres points, ils différeraient de lui. Napoléon, Fourier, Louis XIV, Renan ont cherché, par des moyens bien différents, à réaliser un monde qui fût leur image ou leur écrin, un monde où se réaliseraient leurs conceptions des choses, où leurs désirs seraient exaucés, où leur volonté, ou des volontés d'accord avec la leur, dirigeraient tout. Et le plus humble de nous tous couve, sans s'en méfier, de pareilles ambitions. Chacun, selon ses moyens et, selon ses forces tend à transformer la société pour la conformer à ses idées et l'adapter à ses besoins. Mais tous les hommes agissant de même, chacun de son côté, la société réelle est toujours un compromis singulier, variable, et incohérent entre tous ces rêves confus, toutes ces idées précises, ces velléités hésitantes et ces dures volontés. Elle dépend de la force mentale et aussi de la situation sociale des individus, de l'accord ou de l'opposition de leurs désirs et de leurs idées avec les idées et les désirs de ceux qui les entraînent, elles dépend des circonstances qui rendent possible ou non, facile ou non, la réalisation de telle ou telle forme de société, elle dépend de la pression exercée sur chaque esprit par l'ensemble social, pression différente de la pression exercée par chaque individu sur ses voisins, puisqu'elle est non leur somme, mais leur synthèse ; elle dépend secondairement des qualités des organismes, puis encore des conditions physiques, et, à des degrés décroissants, de tous les faits de l'univers.

La socialisation active d'une tendance individuelle dépend donc du milieu dans lequel elle intervient autant que de cette tendance même et de l'individu en qui elle est née, en qui elle s'est déjà socialisée passivement. Sa nature, son sens, peuvent varier complètement selon les différents milieux qu'elle traversera successivement et qui combineront souvent ou opposeront leurs influences différentes ainsi que les produits de ces influences.

Une conception comme celle de la lutte pour l'existence et de la sélection naturelle va se socialiser en mille manières. Elle est née sous l'influence de certains faits sociaux, les pratiques de l'élevage, par exemple et l'état des sciences naturelles au temps de la jeunesse de Darwin. Elle s'est spiritualisée, chez celui-ci, en s'associant à des connaissances très variées, à des idées qui ont formé avec elle la doctrine darwiniste pure, à des croyances philosophiques et à des sentiments comme un déisme peut-être un peu vague et un optimisme un peu candide. Répandue dans des milieux différents, elle s'est socialisée par le développement et certaines rectifications de la théorie darwiniste, mais aussi par diverses conceptions d'ensemble de la vie mêlées de sentiments très différents. Ici, c'était l'apologie de la force, le sacrifice des faibles, le dédain de la pitié, une sorte d'optimisme joyeux et féroce. Ailleurs au contraire, le pessimisme naissait de l'idée que les qualités qui assurent la vie et la perpétuité de la race ne sont point, en beaucoup de cas, celles qui ennoblissent l'existence, créent le bonheur et procurent un développement harmonieux de l'humanité.

Ailleurs encore, on insistait plus volontiers sur la nécessité de s'unir pour se défendre et l'on arrivait à substituer, en partie, l'idée d'accord et de solidarité à l'idée de lutte et de massacre.

Voilà donc des socialisations actives différentes, contradictoires d'une même tendance. On pourrait en envisager d'autres, qu'eussent rendues possibles et réelles des milieux sociaux différents. Ainsi la tendance individuelle, en se socialisant, peut s'incarner en des systèmes d'idées, de sentiments, d'actes divers qui la rendent très différente de ce qu'elle était et l'opposent même, bien souvent, aux désirs et aux idées de celui qui l'a introduite dans le monde. Il n'est pas du tout impossible qu'une idée de liberté, en se développant dans un milieu social donné, aboutisse à un despotisme rigoureux et c'est ce qui arrive en effet. Il est même normal, il est nécessaire qu'une tendance, en se socialisant, comme à un degré moindre, en se spiritualisant, arrive à se restreindre, à se rectifier, à se contredire elle-même à certains égards.

Aussi serait-il d'une extrême importance pour les sociétés de régulariser la socialisation des tendances, d'en prévoir les éventualités, de les provoquer ou de les prévenir. Malheureusement, c'est ce qu'elles ne peuvent guère faire, parce qu'elles y sont maladroites et qu'il est réellement difficile de déterminer les virtualités, que leurs complications ou leur nouveauté cachent très souvent. Il est cependant permis de rêver un état de choses où cette opération serait moins livrée que dans le nôtre à tous les hasards de l'improvisation et de la vie au jour le jour, et aussi moins malheureusement réalisée quand on la tente.

Il est des tendances ou des éléments de tendances

très aptes à la socialisation et qui n'arrivent jamais à la déterminer. Ils sont tombés sur un sol ingrat. D'autres n'y arrivent que péniblement, après un temps très long et de nombreuses vicissitudes. Il y a certainement de ce fait un immense gaspillage de forces sociales virtuelles, d'inventions, dont la fécondité s'est endormie dans le royaume infini du possible. Quelquefois il leur faut renaitre, s'incarner à nouveau dans un esprit humain pour parvenir à la vie pleine et débordante, sans qu'on puisse toujours distinguer jusqu'à quel point cet esprit a été influencé par ses prédécesseurs. La tendance à se servir de la vapeur comme d'une force utilisable ne s'est socialisée qu'avec assez de peine au début. Les idées, les désirs que nous voyons aboutir à des changements sociaux importants ont été précédés par des idées et des désirs semblables, restés ou peu s'en faut, à l'état de tendances individuelles, ou même de fantaisies capricieuses. Sans doute ces premières ébauches étaient imparfaites en elles-mêmes, mais l'interprétation sociale leur a souvent fait défaut. Il est assez clair que l'énorme développement de l'industrie, et les conditions de vie qui en ont résulté pour les ouvriers, devaient, surtout dans les conditions politiques qu'avaient amenées l'importance croissante de la bourgeoisie et ses luttes pour l'influence, favoriser singulièrement des croyances, des désirs, des pratiques sociales qui ne pouvaient être que vaguement rêvées dans les âges précédents. Des exemples curieux et significatifs sont données par les religions. L'enseignement du Christ, par exemple, s'est socialisé de manières singulièrement différentes, selon qu'il a été développé, interprété par les peuples à mentalité formée jadis par l'empire romain ou par ceux qui étaient restés en dehors de cette influence. A le considérer de l'extérieur, le catholicisme est le plus beau cas de socialisation d'une tendance. Son développement a certainement dépassé toutes les prévisions humaines, tant elle s'est enrichie, transformée, tant elle a grandi, et débordé de partout. Le catholicisme organisé ressemble à la société de Jésus et de ses disciples comme un chêne immense ressemble à un gland avec cette différence que dans la vie religieuse et sociale, le même germe pouvait produire et a produit en effet des êtres extrêmement différents et de caractères opposés.

Aussi, si l'on est frappé de voir quelles pertes continuelles dérivent des maladresses de notre vie sociale, on ne l'est guère moins de constater comment une société peut tourner à son bien ce qui lui est foncièrement hostile, ce qui est, par nature, antisocial. Un poison est aussi parfois un remède. On peut dire que lorsqu'une personnalité puissante crée une œuvre originale, cette œuvre fût-elle dangereuse, et parût-elle d'emblée antisociale ou extrasociale, la société peut toujours, par quelque moyen, la transformer en la socialisant, et en tirer profit. Evidemment, la misanthropie, le goût de l'isolement, la haine de la société heurtent vivement les préjugés et même la raison de l'homme social. Pourtant, ce sont des forces précieuses pour tonifier, si je puis dire, l'esprit social, pour en faire saillir aussi les défauts et lui donner l'occasion de se corriger, pour lui montrer des écueils menaçants, pour lui rappeler sa valeur relative et la possibilité de se transformer. Il n'y a pas que le moi qui soit haïssable, le « nous » l'est tout aussi bien. La « tour d'ivoire » est un refuge pour quelques âmes, elle doit être un avertissement pour les autres. Au lieu d'en parler avec dédain ou avec haine, il serait plus sage d'en comprendre la nécessité et de s'y retirer quelquefois. Vigny, qui ne l'inventa point, mais à propos de qui Sainte-Beuve la nomma, n'a pas été moins utile à l'humanité que tel fondateur de grands magasins. C'est de la tour d'ivoire qu'on peut apercevoir au loin et de haut ce que ne découvrent point les combattants qui ne regardent que tout près devant eux.

De même, rien n'est plus antisocial que l'esprit d'anarchie et d'indépendance absolue. Ici, le danger est incomparablement plus menaçant. Et pourtant cet esprit intervient parfois avec efficacité lorsque quelque réforme importante est devenue nécessaire au régime social, politique, à l'idéal artistique ou littéraire. Car, en la plupart des cas, lorsqu'une autorité est devenue dangereuse, oppressive, en quelque domaine que ce soit, on la combat quelquefois en avouant qu'on veut lui en substituer une autre, mais souvent aussi en faisant appel à la haine de toute autorité, de toute convention, de toute formule, et au moins en s'appuyant sur elle. En littérature, le romantisme, le naturalisme ont pu croire qu'ils allaient renverser tout ce qui s'opposait au libre essor de l'esprit; en art on entend souvent exprimer non point tant le dégoût de telle formule tournée en routine ennuyeuse et banale que la haine de toute convention, comme si un art n'était pas forcément et essentiellement conventionnel, dès qu'il se traduit par des œuvres écrites, peintes, ou jouées par un orchestre. En politique, on a pu remarquer l'association de doctrines aussi directement opposées que le socialisme et l'anarchie, unies simplement par un besoin commun de destruction des pouvoirs actuels. Sans doute, d'ailleurs, l'esprit d'anarchie, l'esprit d'indépendance absolue qui tend à nier toute solidarité et toute société reste toujours infiniment dangereux. Quand la société est forte, il s'élimine peu à peu, ou se voit mis hors d'état d'agir dès que son œuvre utile est faite. Une scission se fait aussitôt que la partie négative de l'entreprise est menée à sa fin. Les organisateurs établissent les lois, les habitudes, les formules, les routines nouvelles, les anarchistes se convertissent, ou retournent à une opposition plus ou moins efficace et s'associent à ceux qui rêvent déjà une autre organisation.

Les périls de toute innovation, la socialisation des sentiments, des idées qui mettent en question l'état de choses actuel, ou qui simplement suggèrent certaines formes mentales nouvelles, se constatent continuellement. Le génie de Tolstoï nous a peut-être coûté bien cher. La socialisation du Werther de Gœthe se traduisit en partie par quelques suicides et par quelques ridicules. Voltaire, Rousseau, les encyclopédistes n'ont pas été toujours et pour tous les esprits une nourriture saine. Le développement des grands magasins a causé en diverses façons bien des souffrances. Les chemins de fer ont provoqué bien des accidents et des catastrophes.

Mais si Tolstoï, si Voltaire, Rousseau et les chemins de fer ont leurs dangers, c'est leur faute, sans doute, en un sens, et le signe de quelque défaut, encore qu'il n'en soit pas toujours ainsi. Mais c'est aussi, sans aucun doute, et c'est bien souvent surtout la faute de la société. Si quelques lecteurs ont pâti de leurs lectures, que n'étaient-ils faits pour profiter de ce qu'elles leur offraient de bon et pour faire tourner à bien ce qu'il y avait en elles de douteux ou de suspect ? C'est ce que nous voyons que d'autres ont su faire. De ce qui est un danger, un esprit mûr et bien orienté, doit souvent faire sortir un secours — et tout le monde convient que certaines lectures, certaines occupations, certaines distractions ne conviennent ni aux enfants, ni aux esprits faibles ou déjà gâtés.

En effet, la socialisation défigure parfois une œuvre au point d'en tirer le contraire de ce qu'a voulu l'auteur. Celui qui a écrit un roman ou fondé une industrie n'est pas le seul auteur de leurs conséquences. Tous ceux qui lisent un roman ou se servent de ses produits collaborent avec lui. Le savant qui a découvert l'arsenic, le chimiste qui prépare l'acide cyanhydrique ne sont certainement pas entièrement responsables des crimes et des bienfaits auxquels participeront ces corps, de la socialisation qui va happer leur invention et la préparer à des fins diverses. Le corps médical y cherchera un remède (dangereux peut-être pour certains malades), les assassins mettront à la mode un crime nouveau. Supposons même que ceux qui ont découvert ou préparé un corps comme l'arsenic aient éprouvé un autre désir que celui de l'invention ou du travail professionnel, je veux dire qu'ils aient voulu servir la science, ou qu'une naturelle bonté aient dirigé leur travail en leur donnant l'espoir de servir par lui l'humanité, ou qu'au contraire une perversité native leur ait fait entrevoir les crimes qu'ils allaient rendre plus faciles et qu'ils en aient eu quelque plaisir, la question n'en sera guère changée, c'est la socialisation, l'interprétation sociale qui va déterminer le sens dans lequel s'exercera leur influence, et décidera, pour une part importante, de la qualité de leur œuvre.

Ainsi souvent une œuvre quelconque, par sa socialisation, tourne contre le gré de son auteur, dépasse ses prévisions, le contredit, le pervertit ou le rectifie. Michelet note quelque part que, lorsque le protestantisme affirmait le serf-arbitre ou la prédestination, cela sonnait comme un appel à liberté. Il serait permis de remarquer de graves oppositions entre la doctrine des Evangiles et les magnifiques édifices élevés sur elle. D'ailleurs, c'est de remarques semblables que sont sorties de nombreuses et quelquefois puissantes hérésies. Auguste Comte, fondateur d'une religion nouvelle et d'une philosophie qui excluait tout surnaturel, fut vivement combattu par les partisans de vieilles croyances. Nous avons pu voir récemment encore son œuvre, son esprit, ses tendances appelés de divers côtés à la défense du christianisme, et Brunetière, converti, a écrit tout un livre sur l'utilisation du positivisme. Auguste Comte, de son côté, avait admiré et utilisé l'œuvre et l'esprit de Joseph de Maistre, ardent défenseur de la foi chrétienne. Tout cela est légitime et d'un excellent exemple. Il faut utiliser ses adversaires, et les partis politiques nous ont trop souvent montré un manque fâcheux d'habileté à cet égard.

Quand une doctrine ou une pratique quelconque ne serviraient pas autrement leurs adversaires, elles pourraient être utilisées par eux à la façon des ilotes de Sparte, pour montrer ce qu'il faut éviter, et les erreurs, les malheurs, l'abjection auxquelles elles aboutissent. Souvent aussi, pour lutter contre elles, on leur emprunte certaines qualités, ou l'on rectifie certaines erreurs, ou l'on est amené à proclamer avec plus de précision certaines vérités. En différentes façons, par exemple, les hérésies ont servi l'Eglise catholique. On peut tirer un autre parti de ses adversaires, mais ces manières-là même sont autant de socialisations, sinon des socialisations d'une tendance, au moins des socialisations provoquées par cette tendance et par réaction contre elle.

L'influence d'une œuvre quelconque, sa socialisation possible dépend donc à la fois de la nature de l'œuvre et de l'esprit qui l'a créée, d'une part, et, d'autre part, des esprits, du milieu social où elle se répand. Il n'est point d'œuvre quelconque qui ne puisse être heureusement utilisée, il n'en est point qui ne soit capable de nuire. Une œuvre qu'on peut juger malsaine et morbide comme *les Fleurs du mal*, peut malgré ses dangers élever certaines âmes, par l'exaltation du sens du beau, par le raffinement du sentiment et de l'image, et il s'est formé en ce sens une sorte de tradition, de socialisation partielle. Un livre d'édification n'est pas sans danger, et l'on ne saurait blâmer l'Eglise catholique de ne pas recommander, sans discernement, la lecture de la Bible. Il est très facile d'en faire dériver des théories peu saines comme cela s'est vu, et d'autre part, ce ne sont pas toujours les passages édifiants ou simplement narratifs que les enfants y recherchent et se communiquent l'un à l'autre.

Cela ne saurait signifier que toutes les œuvres soient susceptibles de la même socialisation, pas plus que tous les corps ne peuvent être pareillement assimilés par l'organisme. L'acide cyanhydrique peut parfumer agréablement une crème, à dose très faible, introduit par une feuille de laurier-cerise, il ne saurait remplacer un pain ou un gigot. De même certaines œuvres littéraires pourraient orner, parfumer l'esprit, non devenir une nourriture pour tous. Je ne parle donc nullement ici en faveur d'une liberté absolue et de l'indifférence en matière de facteurs sociaux. Au contraire il est bon d'encourager les uns, de réprimer ceux dont le danger serait trop grand, de rectifier, de diriger, de canaliser les autres, de les surveiller tous, même les meilleurs, et de les soumettre à quelque discipline. Quelle doit être la part de l'Etat, du gouvernement dans cette tâche sociale, quelle est la part de la famille, des écrivains et des critiques, de groupes divers, de l'opinion publique plus ou moins organisée, c'est ce qu'on ne saurait examiner ici. Les collaborateurs sont forcément nombreux et divers. Pour prendre un exemple, l'influence de l'œuvre d'Auguste Comte, prise dans son ensemble, parait avoir été étendue, assez profonde et assez heureuse. Si elle n'avait pas été socialisée en mille manières différentes, combattue, discutée, rectifiée, approuvée sous condition, si, par hypothèse, elle n'avait rencontré dans une société comme la nôtre que des adeptes, elle aurait inévitablement abouti à de graves erreurs dans la philosophie et dans la science, elle aurait empêché des progrès incontestables, elle aurait conduit à des fautes irréparables dans la pratique, à des luttes d'où serait sorti un triste état social et finalement à des impossibilités absolues. La socialisation du positivisme sous les formes multiples qu'elle a prises depuis le positivisme orthodoxe jusqu'au positivisme catholique, en y comprenant la part que le posivitisme a pu avoir dans diverses autres socialisations esthétiques (naturalisme de l'école de Zola, etc.), morales ou politiques, n'en a certainement pas épuisé les possibilités, mais elles en a réalisé quelques-unes, parfois très opposées entre elles.

Une grande œuvre personnelle est en somme une source d'énergie que la société emploiera à divers ouvrages, comme on fait servir à des travaux, à des usages bien différents l'électricité ou la chaleur. Elle est comparable à une mine qui pendant de longues suites d'années va fournir une force utilisable selon nos désirs et nos idées. Seulement l'œuvre psychique, quelle que soit sa plasticité, est toujours plus spécialisée que la chaleur ou l'électricité, moins indifférente à l'œuvre à laquelle on l'applique. D'autre part, elle doit être aidée, transformée par des forces semblables à elles, qui l'accueillent, la dirigent, l'assimilent et se soumettent à elles ou se la subordonnent. Il est vrai que la chaleur par exemple n'agit que par sa rencontre avec d'autres faits physiques. Mais la force psychique enfermée dans certaines œuvres est plus durable que celle d'une mine de charbon. Elle peut s'affaiblir, s'épuiser en apparence, elle peut être oubliée, négligée, elle garde toujours quelque vertu. Les poèmes homériques n'ont pas perdu toute influence sur l'humanité, ni les livres sacrés de plusieurs religions. Une formule mathématique garde indéfiniment son pouvoir directeur. Elle influencera sans cesse dans le même sens les socialisations auxquelles elle sera mêlée, et les vérités de la géométrie dirigeront toujours nos actes, si on les considère abstraitement, de la même manière. Dans la pratique du commerce, il est à croire que, tant que l'humanité vivra, deux et deux ne cesseront pas de faire quatre, et tant qu'on mesurera des champs rectangulaires, leur surface s'obtiendra en multipliant la base par la hauteur. Voilà des socialisations d'idées qui resteront sans doute immuables, si l'on n'en considère que l'essentiel.

§ 3.

La socialisation des tendances reconnaît des causes individuelles et des causes sociales. Elle produit aussi des transformations de l'individu et des transformations de la société. Ainsi l'individuel et le social constamment se mêlent, se fondent, s'influencent, se corrigent et se combattent pour créer, pour reformer l'individu d'une part et la société de l'autre qui n'arrivent ni à s'unifier très bien, ni à se disjoindre. Ainsi se forment les esprits et les caractères, tous frappés d'une marque individuelle qui fait de chacun d'eux une œuvre unique, un monde clos et distinct, mais où ne vivent que des idées, des sentiments, des tendances cultivées, développées, enrichies et déformées par la société qui les entoure. Ainsi se forment également les groupements d'hommes, les sociétés de toute nature, Eglises, nations, armées, familles, qui représentent autant de socialisations spéciales d'un certain nombre de tendances individuelles.

La société naît du froissement des désirs individuels qui arrivent à sacrifier quelques-uns d'entre eux pour en satisfaire plus ou moins quelques autres en les développant, en les transformant plus ou moins. Nous ne pouvons absolument considérer ni l'âme comme un produit de la cité, ni la cité comme un produit de l'âme. Et sans doute il convient de préciser un peu ici les vues générales qui sortent de cette étude et qui la dominent. On connaît les théories de E. de Roberty et de M. Izoulet, de Durkheim et de Tarde. Elles ne me paraissent toutes que partiellement vraies. Il est vrai que la société n'est qu'une organisation d'individus, qu'elle est, comme Spencer l'avait dit jadis, ce que la font les éléments qui la composent, mais il est vrai aussi que ces individus qui créent la société sont créés, pétris, sculptés par elle. Dans cette prodigieuse quantité de réactions incessantes où la vie sociale et la vie individuelle sont toujours et réciproquement à la fois conditions et fonctions l'une de l'autre, il est difficile de démêler exactement la part de chacune, inextricablement mêlée à celle de l'autre. Il n'est rien dans l'individu qui ne soit social, si ce n'est l'individu en tant que synthèse unique au monde, irréductible à toute autre, rien, pas même les sentiments, les idées et les actes par lesquels il s'oppose à l'ensemble social et se révolte parfois contre lui. Il n'est rien non plus chez lui qui ne soit individuel, ne porte la marque plus ou moins effacée, plus ou moins fière de la personnalité. Nos perceptions aussi sont plus ou moins socialisées, mais nos actes les plus conformes aux rites sociaux gardent encore l'empreinte distinctive de notre personnalité. Et de même, il n'est rien dans la société qui ne se résolve en pensées, en désirs, en actes des individus, rien si ce n'est la société, la synthèse qui unit et dirige tous les individus, ses éléments, qui en façonne, qui en dirige et en transforme les idées, les désirs et les actes. Il n'y a rien non plus dans l'eau qui ne soit de l'oxygène ou de l'hydrogène, si ce n'est la synthèse qui en transforme les propriétés, et qui prend des qualités que ne montre aucun de ses éléments.

Une synthèse, en effet, est toujours autre chose que la somme de ses éléments, elle est leur systématisation. De là résulte à la fois la naissance de nouvelles propriétés, de facultés particulières, et aussi l'inhibition de certaines tendances qui pouvaient antérieurement se satisfaire. Une pendule indique les heures, ce qui n'est pas une propriété des métaux et des corps différents qui la composent, mais ces corps ne peuvent être à la fois arrangés en mécanisme de pendule, et faire partie d'une locomotive.

L'action créatrice de la synthèse, du système, se révèle en des formes très différentes. En certains cas l'action des éléments demeure appréciable et l'on y retrouve aisément leurs qualités. Cela se voit même dans les phénomènes chimiques, où certaines combinaisons peuvent ressembler à des mélanges. Cela est encore plus évident dans la vie des sociétés. Depuis les travaux de Tarde, de Gustave Le Bon, de Sighele, c'est une vérité admise qu'une foule n'a pas les mêmes sentiments, les mêmes idées, les mêmes façons d'agir que les individus dont elle est composée, mais cependant on y retrouve des qualités individuelles assez connues. Etant une synthèse grossière, imparfaite, momentanée, mal systématisée, elle annule certaines qualités des individus, les plus rares, et, à certains égards, les plus précieuses, tandis qu'elle en exalte d'autres, plus communes, plus apparemment et plus immédiatement efficaces. Les foules représentent une socialisation de tendances capables de puissance, d'impétuosité, non de subtilité, rarement de délicatesse. Aussi Tarde a-t-il fort judicieusement distingué la foule amorphe, inorganique, du public et de la collectivité organisée, hiérarchisée qui est souvent supérieure à ses éléments. Les gendarmes, disait-il, sont généralement intelligents, mais la gendarmerie est plus intelligente que les gendarmes. Seulement il a, je crois, trop méconnu la force et le rôle des grandes synthèses sociales que Durkheim, au contraire, était porté à considérer trop uniquement.

En certaines synthèses sociales, en certaines socialisations de tendances, la part des éléments, l'influence des individus, et, en bien des cas, l'influence surtout de certains d'entre eux restent très reconnaissables. Il y a des familles, des groupes divers (industriels, artistiques, etc.), des partis politiques, des gouvernements où l'influence d'une personnalité s'affirme, domine, caractérise l'activité de tout ce groupe qui parait en être un simple grossissement. Cette personnalité disparue, l'activité se ralentit, le groupe se dissout, l'entreprise périclite, l'esprit de l'association se transforme. La tendance socialisée était une tendance individuelle qui conservait sa forme, son sens et sa direction. Evidemment les autres éléments tiennent aussi leur place dans la synthèse, mais cette place est subordonnée. Ils acceptent à peu près pleinement les suggestions de celui qui les domine, et la socialisation de la tendance se borne presque à fournir à la tendance individuelle un groupe d'instruments. Entre la France du Directoire et celle du Consulat les différences, qui sont énormes, s'expliquent légitimement, pour une très grande partie au moins, par la personnalité du Premier Consul. Il y a toujours, certes, des modifications plus ou moins graves de la tendance initiatrice, elle n'en reste pas moins apparente. Entre la pratique médicale et l'activité de l'ensemble des chirurgiens d'il y a cinquante ans et celles d'aujourd'hui, il existe une différence qu'explique en grande partie l'existence de Pasteur et la socialisation progressive de ses conceptions. Entre la facture des vers au XVIII$^e$ siècle, et celle qui fut en faveur dans la seconde moitié du XIX^e^, l'influence du génie de Hugo, et la socialisation des procédés inaugurés par lui et des goûts qui, dans le public, correspondent à ces procédés, ont introduit des différences qui sautent aux yeux. Et assurément ni Napoléon, ni Pasteur, ni Hugo, pas plus que Watteau, Beethoven ou César n'auraient pu être ce qu'ils ont été s'ils avaient vécu, comme on l'a dit, dans une tribu de sauvages, mais sans eux aussi ni leur patrie, ni la science, ni la poésie ou l'art, ni le reste de la civilisation n'auraient été tels que nous les connaissons.

Dans d'autres synthèses sociales, il semble plutôt que domine et que s'incarne une sorte d'esprit anonyme et moyen. Aucune des individualités qui les composent n'a la force et le génie de lui imposer une forme personnelle, mais différents membres innovent plus ou moins, influent plus ou moins, l'un sur un point, l'autre sur un autre; leurs idées, leurs désirs s'associent, se combinent, se fondent en une sorte d'esprit général qui représente la socialisation de l'ensemble de désirs, d'idées, de tendances que le groupe est appelé à faire prospérer. On voit alors les individus se soumettre à une sorte de force anonyme, à une pensée collective qui les dépasse tous et qu'on ne peut rapporter en particulier à l'un d'eux, ni même à quelques-uns particulièrement désignés. S'il en est qui ont eu, à un certain moment et pour quelques détails, un rôle prépondérant, leur souvenir s'est effacé, leur marque individuelle a disparu. Il ne reste plus qu'une sorte d'esprit social collectif qui englobe et dirige de nombreux éléments, et qui semble et qui est réellement distinct des esprits individuels, bien que, assurément, il ne puisse pas plus exister sans eux que le gaz ammoniac sans azote et sans hydrogène.

La Révolution française a pu apparaître ainsi comme un mouvement immense, coordonnant tant bien que mal des forces multiples, passablement aveugles, à peu près inconscientes en bien des cas, un océan de tourmente où l'effort individuel se perd. Mais si nous prenons simplement nos habitudes de politesse, nos conventions mondaines, nous voyons bien qu'elles sont anonymes, souvent assez peu justifiées par la raison; nous ne savons pas toujours d'où elles viennent et quelles personnalités s'y sont particulièrement traduites. Elles n'en dominent pas moins une partie assez superficielle mais considérable de la vie, elles créent une synthèse d'actions sociales où les gestes d'innombrables individus entrent comme éléments. Elles sont une socialisation de quelques désirs assez simples qui auraient pu se traduire aussi bien ou mieux de mille manières différentes, comme l'indiquent du reste en bien des cas des variations imposées par différents groupes sociaux, par divers milieux ou les formes variées de la politesse chez des peuples différents. Vous pouvez considérer encore de ce point de vue les nations, les Eglises, les grands mouvements intellectuels. Des remarques générales à peu près semblables sortiront de cet examen. Il y a d'ailleurs toutes les formes de transition entre les synthèses où l'individu paraît peu et celles où l'influence d'un individu ou de quelques individus se fait aisément apprécier. (Qu'on pense dans un ordre de faits différents au rôle attribué au carbone dans la série de ses composés.)

Acceptons les faits tels que l'observation nous les montre et dans leur ensemble complexe.

L'homme primitif paraît engagé déjà dans quelque société primitive, déjà ses croyances et ses désirs sont au moins quelque peu socialisés. L'individu d'une part, le groupe de l'autre se sont ensuite développés en fonction l'un de l'autre, à la fois en harmonie l'un avec l'autre et en lutte l'un contre l'autre. Peut-être, à vrai dire, l'individu a-t-il changé, *au fond*, moins que le groupe. Les facultés, si l'on préfère, ont moins varié que leurs produits ; la socialisation et la spiritualisation des tendances sont donc irréductiblement enchevêtrées l'une dans l'autre, encore qu'elles diffèrent dans leur nature et dans leurs effets, à cause précisément de l'opposition, jusqu'ici et peut-être pour toujours irréductible, de l'individu et du groupe social[1]. Et la société s'est transformée indirectement en transformant l'individu, comme l'individu se transformait indirectement en transformant la société qui allait réagir sur lui.

Ainsi les tendances, tout en restant au fond, et dans leur valeur abstraite, semblables à elles-mêmes au moins pendant bien longtemps, se transforment à beaucoup d'égards. Elles ne sont point, dans l'individu, ce qu'elles seraient si l'état social était différent, ce qu'elles sont chez les êtres pour qui l'état social n'existe pas, ou reste très rudimentaire. Un civilisé d'Europe, dans les circonstances normales, ne ressent pas l'amour, la faim, l'ambition exactement comme une brute, ni comme un sauvage, ni comme un civilisé d'Extrême-Orient. Les ressemblances sont profondes, mais elles sont masquées par certaines associations des éléments essentiels de la tendance à des faits inconscients, à des idées, à des sentiments, à des actes plus ou

1. Voir à ce propos ma *Morale de l'Ironie*.

moins différents selon les cas. En se socialisant la tendance se transforme dans l'individu.

Ces tendances diffèrent aussi d'un temps à l'autre, d'un lieu à un autre lieu, par leurs manifestations sociales. Elle ne sont en des groupes divers, ni satisfaites, ni encouragées, ni réprimées de la même façon, elles n'engendrent pas les mêmes habitudes, les mêmes rites. L'amour, en son fond essentiel, ne diffère pas d'un pays à l'autre. Mais que de socialisations différentes a provoquées l'instinct sexuel dans différentes sociétés! Que le mari doive en certains lieux ou à certaines époques, enlever sa femme ou en simuler le rapt, tandis qu'ailleurs il faut qu'on la lui accorde expressément, que la polygamie ou la polyandrie soient permises ici, et là sévèrement défendues, que l'inceste soit plus ou moins encouragé ou prohibé, voilà autant de socialisations différentes de l'instinct sexuel. Et que le père soit le chef absolu de la famille, qu'il ait droit de vie de mort sur ses enfants, que la famille soit groupée et serrée autour de lui, ou bien que chaque enfant se détache à son tour du foyer lorsqu'il arrive à l'âge d'homme et même avant, que la majorité le rende à peu près complètement indépendant, que jusqu'à sa majorité même, le père ne le domine que d'une autorité restreinte et surveillée, voilà encore autant de modifications des sentiments de famille, et pour aller plus loin, de ce lien qui rattache les parents aux enfants chez les vertébrés supérieurs dont les petits ne pourraient s'élever sans aide. Et si elles impliquent des différences dans la mentalité des individus, elles signalent aussi les différences caractéristiques des groupements et des civilisations.

### § 4. — La socialisation de l'esprit et de la société.

La spiritualisation des tendances en se généralisant et en se systématisant mène vers la spiritualisation de l'esprit. De même la socialisation des tendances, dans les mêmes conditions, tend à la socialisation de l'esprit et aussi de la société.

Un esprit socialisé, c'est celui en qui les tendances, à côté de la marque individuelle qui ne s'efface jamais, montrent de plus en plus visible, nette, envahissante l'empreinte de la société, si bien que les deux empreintes arrivent parfois à se confondre partiellement. Un Français à l'étranger, peut sentir assez vivement à quel point il est socialisé dans et par sa patrie. Ses tendances, ses habitudes, en tant que modelées par un milieu social, sont souvent surprises, un peu heurtées. Selon son humeur et selon les cas, selon la nature personnelle sur laquelle se sont greffées les habitudes sociales, il sera charmé, amusé, intéressé, ou choqué plus ou moins profondément. Il admirera, il haïra, il méprisera, il enviera parfois. Tous ces sentiments mesurent, avec une exactitude et une précision imparfaite, le degré de socialisation spéciale, de nationalisation de ses tendances. Mais il suffit de changer de ville, de passer, dans la même ville, d'un milieu à un autre, de sortir de sa famille pour éprouver des impressions de même genre, qui vérifient l'empreinte du groupe restreint sur l'individu. De même un protestant en éprouvera d'analogues à la messe, ou un catholique au prêche, un ouvrier chez des bourgeois, un bourgeois dans ses rapports avec ses ouvriers. Toute une série de socialisations se combine en nous, inégalement.

Chaque association dont nous faisons partie nous forme et nous déforme à son image, famille, réunions d'amis, syndicat, Eglise, patrie, et tous les groupes, innombrables, où notre vie se développe. Et les rapports de ces influences diverses s'établissent différemment en chacun de nous; il est des hommes qui sont surtout l'image de leur famille, d'autres qu'influence surtout le type national, d'autres encore qui sont avant tout les représentants de leur religion et d'autres en qui s'établit une harmonie plus large et plus générale. Mais, de quelque façon que se groupent ces socialisations diverses, et quelque figure que prennent leur incoordination ou leur union, il faut qu'elles vivent ensemble, et que, malgré leur lutte, parfois tragique, elles s'accordent à peu près dans la vie normale. Ainsi se poursuit en nous, sans relâche, un travail de socialisation de 'esprit, qu'organise, que modifie à sa façon l'inévitable personnalité.

Cette socialisation progressive de l'individu ne va pas, bien entendu sans heurts, sans crises, sans retours. Elle recule parfois, parfois demeure à peu près stationnaire. Elle suppose la socialisation de diverses tendances et la réaction de ces tendances les unes sur les autres selon les lois de l'association et de l'inhibition systématiques. A côté d'elle se poursuit également une socialisation de la société. Il est des sociétés relativement peu socialisées, où les individus, les groupes secondaires sont encore assez libres, assez peu mêlés les uns aux autres, relativement indépendants. Il en est d'autres où les éléments, les groupes sont étroitement mêlés, coordonnés, rigoureusement subordonnés. Il ne faut pas croire que les sociétés de cette dernière catégorie soient forcément inférieures ou supérieures aux autres. La supériorité sociale dépend de bien d'autres facteurs.

La socialisation peut s'observer dans des groupes de toute nature et de toute importance, dans une nation, dans une Eglise, dans une famille. La foule, ce groupe sans cohésion durable et grossièrement formé, comporte une socialisation passagère très restreinte et très forte à la fois. La famille antique — dans son état idéal, car j'imagine qu'elle devait admettre en pratique bien des tempéraments — est un groupe de socialisation très avancée, forte et généralisée, où les liens de dépendance sont rigoureux et enserrent une bonne part de l'individu. La famille actuelle est moins strictement socialisée, les tendances individuelles y jouent plus librement et sans avoir un besoin aussi grand de revêtir l'uniforme familial. Mais dans les familles d'aujourd'hui il en est de beaucoup plus socialisées que d'autres en tant que familles, où le respect des parents, la soumission des enfants, s'affirment avec plus de force, où les traditions sont plus strictement suivies, où les croyances, les idées, les sentiments portent plus nettement l'empreinte du groupe familial, où des rites sociaux, des célébrations d'anniversaires, des fêtes ou des repas, des habitudes cérémonielles témoignent de l'esprit collectif et en entretiennent longuement la vigueur.

De même il est des peuples, comme l'Angleterre, où la socialisation rigoureuse paraît devoir se borner au strict nécessaire, aux tendances indispensables pour faire vivre et durer l'association. Ceci d'ailleurs paraît surtout vrai en ce qui concerne la socialisation d'Etat représentée par le gouvernement. Mais l'esprit social s'arrange généralement s'il cède sur un point et accepte de relâcher son influence, pour se dédommager par ailleurs : l'Angleterre est un pays de traditions vivaces et où les conventions sociales, morales, religieuses, ont été puissantes et prospères. Il est d'autres pays où tout tend à se socialiser de façon plus systématique, où l'influence sociale de l'Etat s'avance jusque dans la vie privée. En France nous avons quelque penchant vers une socialisation d'Etat peut-être trop généralisée, et il semble bien que telle a été notre orientation, déjà sous l'ancien régime, où la centralisation gagnait de plus en plus et surtout depuis les institutions napoléoniennes. Mais l'esprit individuel, s'il cède sur certains points et se résigne à l'emprise sociale, cherche, lui aussi, ses revanches, et elles sont aussi curieuses à remarquer que celles de l'esprit social. A Venise, par exemple, il était entendu jadis que chacun se devait à l'Etat, un noble ne pouvait refuser les fonctions que lui imposait la République, chacun y était étroitement surveillé. En revanche, une grande liberté s'offrait en tout ce qui ne concernait pas le gouvernement, et même la licence que chacun désirait. En France notre tendance à recourir constamment à l'Etat, à le charger de tout et à lui laisser la responsabilité de tout, s'accompagne d'un esprit de défiance, de fronde, de désobéissance toujours en éveil, d'une assez grande indépendance de pensée et de mœurs.

Les religions, pareillement, sont plus ou moins socialisées. L'antique religion de Rome est un beau cas de socialisation. L'individu était de toute part enserré par elle, dirigé dans tous ses actes; où qu'il allât et quoi qu'il voulût faire, il rencontrait quelque divinité. Toutefois cette socialisation n'était peut-être pas très rigoureusement construite, et Rome prédestinée par son organisation même à la socialisation des tendances religieuses, Rome a fait mieux depuis. Le catholicisme, héritier bien moins de la religion de Rome que de l'organisation politique de l'Empire, est le plus admirable exemple de ce que peut donner la socialisation d'une tendance. Le protestantisme a visé plutôt à la spiritualisation. Et pourtant on trouve encore ici des compensations singulières. Le protestantisme paraît laisser plus de liberté à la pensée, et vouloir faire de la croyance une acquisition individuelle plutôt qu'un don social. Il en est ainsi, en effet, dans une certaine mesure. Cependant il impose aussi son point d'arrivée, point d'arrivée qui varie selon les branches du protestantisme. Il ne peut faire autrement sans cesser d'être une religion positive. S'il laisse plus de liberté dans le choix du chemin qui doit conduire à la vérité, comme il cherche à pénétrer l'âme entière, il tend aussi bien à diriger ses moindres démarches, à soumettre à une socialisation moins compliquée, et peut-être en fait plus rigide, une tendance que sa spiritualisation même doit rendre capable de soumettre l'esprit tout entier. En fait il n'est point très rare de trouver plus de soupiesse, et plus de liberté d'esprit chez un catholique qu'il n'en existe chez bien des protestants. Naturellement, il faudrait ici des distinctions et des précisions que je ne puis rechercher. J'indique simplement quelques réalités qui ne doivent pas être — pas plus que les réalités différentes que l'on rencontre aussi — généralisées en formules rigides.

§ 5

Souvent plusieurs systèmes sociaux, et aussi plusieurs tendances individuelles, tendent à socialiser, chacun à sa manière, un désir ou une idée. Qu'il s'agisse de croyances religieuses ou de doctrines sociales, qu'il faille satisfaire l'instinct sexuel ou le sens esthétique, il arrive que la famille nous pousse dans un sens, que l'Etat nous tire dans un autre, que l'influence de nos amis nous indique une troisième direction. et que nous sentions en nous une opposition intime à toutes ces forces. Chaque groupe cherche à nous socialiser selon les besoins qu'il en a, et l'âme humaine finit par réunir en un singulier mélange des inclinations originales et des tendances plus ou moins compliquées, socialisées différemment et sous des influences parfois opposées, différemment ornées, contrariées, rectifiées par ici et déviées par là. Et comme l'âme ainsi formée est un élément social et influence à son tour les autres, des socialisations ondoyantes ou stables, apparaissent sans cesse, et vont se compliquant, se développant, s'atténuant ou disparaissant selon les conditions de vie qui les accueillent.

Ainsi le besoin religieux, par exemple, en s'accordant à des idées, à des connaissances, à des états politiques et sociaux, à des civilisations différentes a produit une immense quantité de doctrines, de mythes, de pratiques. Pour ne prendre même que le christianisme, nous voyons encore des socialisations très différentes, opposées à certains égards, naître du rapprochement d'une même doctrine fondamentale avec les âmes et les sociétés influencées par la culture et l'organisation romaines et celles qui étaient restées en dehors de leur influence. A ne prendre que le catholicisme, nous voyons encore différents systèmes sociaux extérieurs déterminer des variations sensibles sinon dans les dogmes essentiels, au moins dans les opinions encore libres qui les accompagnent, dans la discipline, dans les pratiques et créer des groupements sensiblement divers. Le gallicanisme, par exemple, est une variété de catholicisme produite par l'influence du sentiment national, et surtout de l'ambition des rois de France. Le Jansénisme est la socialisation du catholicisme conformément aux tendances d'un groupe d'esprits fervents, sévères et plus rigoureux peut-être que ne le comportent les conditions de la vie humaine. Mais différents ordres religieux, les dominicains, les jésuites, représentent encore des socialisations différentes, diverses adaptations d'un même corps de doctrines, d'un même ensemble de pratiques à des buts convergents peut-être mais quelque peu différents, par des procédés divers aussi. De même le patriotisme est socialisé en des systèmes bien divers. S'il a pu imprimer sa marque parfois à la religion, celle-ci a contribué aussi à lui achever sa physionomie. De nos jours encore on a pu examiner et distinguer pour leur attitude devant la guerre les « différentes familles intellectuelles de la France ». Un catholique n'est pas patriote exactement comme un protestant, ni un socialiste à la façon d'un conservateur, ni même telle famille à la façon de telle autre et, au fond, il y a autant de patriotismes divers qu'il y a d'individus, mais des socialisations analogues permettent d'en rapprocher un grand nombre en quelques groupes. Le son fondamental est le même partout, mais les harmoniques diffèrent ; la hauteur du son est la même, son intensité peut être pareille, le timbre donne à chacun sa nuance et sa caractéristique. Une société suppose toujours ainsi des socialisations différentes, qui s'entr'aident et se combinent, qui, à certains moments aussi et dans certains cas luttent et se combattent. Que la société soit quelque peu incohérente, dans les conditions actuelles, et on peut dire dans toutes les conditions où l'expérience nous a montré des sociétés, cela est nécessaire à leur vie. Mais si un certain degré de contradiction, sous certaines formes, est utile, la variété des socialisations n'en est pas moins une cause continuelle de discordes, de troubles, parfois de mort des sociétés si elle n'est pas contenue, réprimée et utilisée par quelque solide principe d'unité, prédominance d'un sentiment commun très puissant, autorité reconnue d'un chef, ou vieille organisation traditionnelle.

On peut dire qu'une société se socialise de plus en plus, qu'elle devient de plus en plus une société quand ses éléments, individus ou groupements divers, entrent en relations plus intimes, plus suivies, mieux systématisées. C'est là une évolution tout à fait analogue à la spiritualisation de l'esprit précédemment examinée. Les avantages, et aussi les inconvénients possibles y prennent des valeurs et des apparences analogues. Il faut remarquer d'ailleurs qu'une société n'est jamais un organisme clos et fermé, elle comprend toujours, à moins d'exister dans une île ignorée, des éléments qui font partie d'autres sociétés. Une nation comprend des croyants unis dans une même Eglise, des commerçants en relations d'affaires avec des commerçants étrangers et formant avec eux une sorte d'association ayant des habitudes analogues, des préoccupations semblables et quelques intérêts communs. Bien des liens sociaux plus ou moins définis unissent toujours ainsi les membres des groupes les plus serrés à des membres d'autres groupes analogues et différents, en les reliant dans des groupes plus ou moins précis, allant des religions jusqu'au commerce, à l'art, à la science, à l'industrie, jusqu'aux simples relations particulières. On trouve du reste quelque chose d'analogue dans la vie mentale. Quelques-uns de nos sentiments sont étroitement liés avec les sentiments d'autres êtres que nous, on peut dire qu'ils ne nous appartiennent pas pleinement, ils sont à nous et en nous, mais ils nous sortent de nous-mêmes et nous unissent à d'autres hommes; l'être psychophysiologique est néanmoins mieux défini, plus clos, plus séparé des êtres semblables à lui que ne l'est le corps social.

Une seule société serait à peu près close et rigoureusement délimitée, ce serait celle qui comprendrait l'humanité entière, mais elle n'existe pas actuellement, ou si peu qu'on ne la saurait prendre en sérieuse considération. Même réalisée, il faudrait tenir compte encore des relations de l'homme avec les vivants inférieurs, et avec le monde matériel, mais ici la distinction serait tout de même plus assurée et la coupure plus nette.

### 6. — Socialisation et perversion.

La diversité, l'opposition des groupes sociaux sont une des causes qui font qu'une tendance, lorsqu'elle se socialise, comme lorsqu'elle se spiritualise s'expose toujours à quelque déviation, à quelque perversion.

Que la société ait perverti le goût de l'homme par exemple, cela ressort de faits trop généraux, comme l'alcoolisme. En se civilisant, en se socialisant, l'homme est parfois descendu, à certains égards, bien au-dessous de la brute. La sûreté des instincts a perdu à la vie sociale, autant peut-être qu'y ont gagné la souplesse et la variété de l'intelligence. L'instinct sexuel par exemple a été perverti, comme je l'ai déjà indiqué, et sa socialisation n'y a pas moins contribué que sa spiritualisation.

Chaque groupe social, chaque système interindividuel, tend à fausser les désirs qui représentent la vie d'un groupe différent. Par cela seul que leurs tendances sont en lutte et qu'elles doivent cependant vivre et subsister ensemble, elles se poussent réciproquement à la déviation et au mensonge. Les hypocrisies dont la vie sociale est tissée sont, en grande partie, des déviations de tendances correspondant à la vie d'un groupe social et dont le jeu se trouve, en bien des cas, non sans quelque utilité, faussé, dévié, perverti par une socialisation plus large, plus compréhensive, par la nécessité d'accorder des tendances naturellement divergentes. Ainsi la politique peut dévier et fausser les sentiments de famille et réciproquement. On a la preuve continuelle dans l'histoire que les considérations politiques, l'ambition et tout le cortège de sentiments qui s'y associent ont souvent affaibli ou même transformé les sentiments de famille au point de faire considérer comme ennemi un père ou un frère, résultats que d'autres passions aussi amènent assez fréquemment en d'autres milieux. Et quelquefois aussi l'esprit de famille a nui à la sûreté du sens politique et l'a fait dévier. Napoléon nous suffira comme exemple. Le développement intense et peut-être excessif de l'industrie a pu nuire assez souvent aux tendances familiales, et aussi faire dévier les relations des patrons et des ouvriers, empêcher le développement d'un équilibre régulier entre les gouvernants et les gouvernés. Une socialisation générale des tendances comporte forcément, dans l'espèce humaine, si imparfaitement adaptée à la vie collective, des déviations nombreuses et parfois graves des erreurs, des perversions et des sacrifices.

En un sens on peut dire que toute transformation d'une tendance, que tout compromis entre tendances différentes — qui implique nécessairement quelque sacrifice et quelque perte — implique forcément aussi quelque déviation et quelque perversion sinon par rapport à l'ensemble de l'esprit (qui peut au contraire en sortir mieux harmonisé) mais au moins par rapport à l'état précédent de la tendance prise en elle-même. Un changement comporte toujours une renonciation, la mort, l'étouffement de quelque désir. Et chez l'homme et dans les sociétés humaines un progrès s'achète toujours au prix de quelques souffrances, de quelques perversions, de quelques deuils. L'éloge du « bon vieux temps » suppose beaucoup de préjugés, de nombreuses illusions et aussi quelques impressions justes. Il n'est probablement pas une socialisation, si heureuse, si utile, si louable qu'on la veuille, qui n'ait gâté et corrompu quelque chose.

## CHAPITRE V

## Les rapports de la spiritualisation et de la socialisation.

---

### § 1

La spiritualisation et la socialisation, en se déterminant réciproquement, se complètent, s'entr'aident et se combattent.

Souvent elles concourent au même but ainsi que nous l'avons entrevu. Il n'est guère facile de dire quelle est celle qui a commencé l'œuvre. Il est assez vraisemblable que la société soit, en un sens, antérieure à l'individu, dans l'espèce humaine, comme la phrase est peut-être antérieure au mot, comme la tendance est antérieure à l'idée, à l'impression, à l'émotion qui ne sont des éléments quelque peu dissociés et n'acquièrent qu'après elle une existence relativement indépendante. D'ailleurs la question de priorité ne prend pas ici un grand intérêt.

Ce qui est réel, c'est que chaque socialisation produit ou rend possibles de nouvelles spiritualisations, c'est aussi que chaque spiritualisation tend à créer des socialisations inconnues jusqu'à elle. Une tendance qui se spiritualise peut être utilisée et dirigée autrement par la synthèse sociale et par là même elle transforme superficiellement ou profondément cette synthèse, elle la contraint à prendre des formes nouvelles. De même une tendance transformée par la synthèse sociale se prête à une spiritualisation différente. La spiritualisation de l'instinct sexuel a pu rendre possibles et provoquer les formes les plus civilisées du mariage. L'association au désir sensuel de sentiments d'affection, de préoccupations intellectuelles et esthétiques, a dû favoriser l'union durable. D'autre part, l'amour réglé, lié par les sentiments et les institutions sociales est rendu plus capable de s'unir à des sentiments variés qui, sans cela, auraient vécu loin de lui. Il est à croire que si les nécessités de la vie sociale ne rendaient plus difficile la satisfaction précoce et régulière de l'instinct sexuel, l'amour avec toutes ses complications psychiques et sous toutes ses formes diversement spiritualisées n'aurait jamais animé l'homme. De même si cette spiritualisation ne s'était produite, toutes les complications sociales et mondaines qui précèdent, provoquent, accompagnent ou suivent le développement et la satisfaction du désir, toutes ces modes amoureuses qui varient continuellement et donnent à chaque époque une forme d'amour plus ou moins caractéristique n'auraient pu naître. La coquetterie féminine en eût été transformée, la poésie et l'art, les livres et les musées ne se fussent point faits les serviteurs de l'amour, n'eussent point provoqué ou facilité les flirts, les mariages et les adultères.

Ainsi la socialisation et la spiritualisation conspirent universellement à la transformation des tendances en les liant de plus en plus étroitement à la vie individuelle et à la vie sociale, en les enfonçant plus profondément dans l'intimité des faits psychiques et des faits sociaux auxquels elles adhèrent de plus en plus. Et elles se mêlent de façon qu'on peut les confondre et qu'en fait elles se confondent souvent. Elles ne laissent point d'être différentes et leur diversité éclate dans leurs discordes.

## § 2. — Les luttes de la spiritualisation et de la socialisation.

Tout individu limite d'autres individus, il s'oppose à eux et à la société qu'ils forment tous ensemble, en même temps qu'il dépend d'eux et profite d'eux. Il est à la fois en accord avec le milieu qui l'a formé et en lutte avec ce milieu. En se spiritualisant, en étant de plus en plus assimilée par l'esprit, une tendance se conforme souvent à l'ordre social, et souvent aussi elle lui devient plus hostile.

La conscience morale et l'amour nous serviront à vérifier cela. La conscience morale, certes, est un produit social, et l'est si bien qu'on ne peut guère la comprendre ailleurs que dans une société. Il est superflu de montrer ici une fois de plus qu'elle est influencée dans sa nature, dans son développement, dans sa force, dans ses prescriptions et dans ses jugements par la société, par les groupes sociaux en qui elle vit. Et il est assez clair, d'ailleurs, que l'existence même de la conscience, ses ordres, ses verdicts sont ordonnés par rapport à une vie sociale et s'y rapportent étroitement.

Il n'est pas moins vrai qu'en se spiritualisant, la tendance morale que symbolise la « conscience » devient plus apte à son rôle social. Plus elle s'attachera à intervenir partout dans la vie mentale, à tout y juger, à y régler tout, plus elle fera bloc, pour ainsi dire, avec l'esprit entier, et mieux elle pourra remplir sa tâche sociale, plus grande sera son efficacité pour régler avec précision les rapports des hommes et leur activité, plus elle pourra donc ordonner la vie sociale, et plus elle pourra se socialiser. Inversement, qu'elle se socialise par l'enseignement, la prédication, les règlements acceptés, les habitudes collectives, les rites, les cérémonies, les lois et les contraintes, les châtiments et les récompenses, et elle devient en même temps plus capable de pénétrer l'esprit et d'en discipliner plus d'éléments, elle se spiritualise. Une injonction sociale soumet à la conscience morale des désirs et des actes dont elle aurait pu ne pas se soucier, dont la considération lui est maintenant imposée. L'éducation s'emploie ainsi à convaincre l'enfant qu'il faut accomplir certains actes, qu'il faut s'abstenir de certains actes, alors que tout naturellement il s'abstenait de ceux-là et s'amusait à ceux-ci sans songer à bien ni à mal. Tout le long de la vie, l'éducation peut continuer, et la spiritualisation du sens moral se développer. La prohibition du mariage entre parents à un certain degré, par exemple, fait un cas de conscience d'un désir qui sans l'intervention sociale, ne soulèverait aucun problème de morale et qui, en effet, n'en soulève aucun dans les temps et dans les pays où la socialisation de l'instinct sexuel s'est faite sur un autre plan.

Mais tous ces accords et toutes ces combinaisons n'empêchent nullement que la spiritualisation et la socialisation aillent aussi l'une contre l'autre. Elles se favorisent l'une l'autre, mais aussi elles s'entravent réciproquement.

Et en effet, rien n'est plus commun que de voir opposer aux droits de la société ceux de la conscience individuelle ou, inversement, les devoirs sociaux, les droits de la patrie, l'autorité du groupe et même l'intérêt général aux scrupules de la conscience. En se spiritualisant, la conscience s'est assimilée, partiellement identifiée à l'esprit individuel, elle s'est combinée avec ses passions dominantes, et s'est assez souvent laissé influencer par elles, elle a suivi sa logique, elle s'est développée conformément à l'idéal qu'il a accepté de la société sans doute, mais qu'il a retouché, refait, ennobli ou rabaissé selon sa nature propre. Et l'esprit individuel, réalité unique et irréductible est toujours plus ou moins en opposition avec le système social. D'autre part l'esprit social s'est fait, pour son profit et pour l'usage des autres, une morale de salut public, une conception de la supériorité de l'Etat, de l'Eglise, du Syndicat, du groupe quelconque sur l'individu, qui constitue une socialisation des idées morales et qui s'oppose directement, quand naît une occasion de conflit, à la conscience spiritualisée. Et de là peuvent s'élever des luttes tragiques, des discussions infinies, et parfois aussi bien des niaiseries. De grandes hérésies ont pu se fonder ainsi sur des conflits de ce genre, (par une socialisation progressive des protestations d'une âme individuelle). Ils provoquent encore des actes comme ceux du conscrit qui refuse le service militaire non par crainte mais par amour du devoir. Il n'est pas inutile sans doute de remarquer en passant que cette révolte individuelle ne va guère sans quelque socialisation qui la provoque et qui l'aide (enseignements, influences d'amis), ni sans quelque socialisation qui la prolonge et qui l'élargit (influence de l'acte commis sur ceux qui le voient ou qui en ont connaissance).

Assurément des compromis sont possibles entre la socialisation et la spiritualisation. Chacune d'elles cherche en général à ramener l'autre à son propre point de vue. La conscience individuelle spiritualisée voudra, par exemple, convaincre l'esprit social que le véritable salut de la société est dans l'observation des lois qu'elle, la conscience spiritualisée, lui impose, mais que d'ailleurs ces lois sont une réalité supérieure à tout intérêt humain et qu'il faut renoncer à la vie même plutôt que d'y manquer. Et la morale socialisée affirmera de son côté que l'esprit individuel n'a aucun droit d'opposer à la société une prétendue vérité morale, ou qu'il interprète mal ses propres principes, ou encore que le salut de la société doit passer avant tout.

De même la tendance sexuelle spiritualisée aboutit à mêler l'amour à la vie entière, mais cet amour est généralement contrarié par les nécessités de la vie sociale, les conventions, les usages, parfois même par la loi ou par la religion. Alors l'individu se révolte, il proclame les droits de la passion, ou même son devoir de « vivre sa vie ». Le romantisme s'est plu à étaler cet amour soulevé contre les entraves de la vie sociale, à le grandir et à le glorifier. Mais chaque jour en voit éclore de nouveaux cas, tragiques ou ridicules, bruyants ou discrets, qui, pour être moins littéraires, n'en sont que plus réels.

Et inversement toute la socialisation de l'amour, je veux dire toutes les conditions imposées ou suggérées par la société à la satisfaction de la tendance sexuelle (développée pourtant et spiritualisée en grande partie sous son influence) exerce fréquemment une puissante inhibition sur le développement de l'amour spiritualisé chez l'individu. Si l'amour s'oppose si violemment aux conventions sociales, c'est que celles-ci gênent et combattent cet amour. Et en somme cette lutte de la société contre un sentiment dont elle a provoqué la formation, c'est le fond commun de presque toute la littérature, des tragédies comme des romans, comme de la poésie. Ayant créé l'amour, la société n'entend pas le laisser libre, mais s'en servir à sa convenance, et en prévenir ou en réprimer les écarts, et lorsqu'elle se voit obligée de les supporter, elle les voile hypocritement. Et constamment elle doit lutter contre les formes spiritualisées de l'amour, contre celles qui tendent précisément à envahir la vie mentale. Tout en tâchant de faire servir à ses desseins l'instinct sexuel, elle gêne beaucoup plus la passion envahissante et développée, elle la condamne même plus sévèrement que la simple satisfaction brutale, non spiritualisée et non socialisée du désir. Elle tolère fort bien la débauche, et même, pour la rendre moins dangereuse, elle la facilite en détournant modestement les yeux. L'adultère même, s'il est simplement un caprice sensuel, une « affaire de canapé » comme disait Napoléon, la gêne moins qu'une passion suivie et, tout en le punissant en principe, elle s'en accommode en fait assez aisément. Et, en effet, une grande passion spiritualisée peut bien passer pour plus antisociale, plus nettement hostile à la vie collective, qu'une satisfaction passagère et simple de l'instinct.

Du reste les choses se compliquent étrangement dans la réalité quotidienne. L'esprit individuel y prend constamment des revanches, furtives ou éclatantes, graves ou légères sur l'esprit social qui, de son côté, ne demeure pas en reste. L'adultère, par exemple peut, dans une société qui le proscrit officiellement et où la religion le condamne, arriver à se socialiser, plus ou moins ouvertement. Songez seulement au XVIII^e siècle français, et à l'institution du « cavalier servant » en Italie. Inversement l'esprit social peut arriver à spiritualiser ses prescriptions, à suggérer avec le mariage légal un idéal d'amour en harmonie au moins apparente avec les désirs, les idées, les fantaisies mêmes de l'individu. Il est des gens qui se marient par caprice. Mais nous n'avons pas à pénétrer, pour le moment, dans ces complications.

§ 3.

Si nous généralisons un peu ces données de l'expérience, la spiritualisation et la socialisation apparaissent comme deux procédés qui dépendent l'un de l'autre, qui se combinent, qui s'entr'aident et se complètent, mais qui doivent fatalement aussi en venir à se combattre.

C'est cet accord et cette lutte des deux procédés qui ont créé l'homme moderne, incohérent et riche, composé discordant de tendances spiritualisées et socialisées en mille manières différentes et contradictoires, en qui l'esprit individuel et l'esprit social se contredisent l'un l'autre et se contredisent aussi eux-mêmes, et qui, parmi toutes ces contradictions et toutes ces absurdités, continue pourtant à vivre, et même, à certains égards, évolue et se développe, sans changer beaucoup sa nature foncière. C'est la preuve d'une harmonie forte et profonde, en partie apparente, en partie cachée sous le désordre et la contradiction, et qui sait se servir même utilement de cette contradiction et de ce désordre. L'homme ne peut s'en dégager. Un être incohérent comme lui, enveloppé dans un milieu incohérent comme la société, exposé à un univers épars et divers comme le nôtre, ne peut vivre, ne peut grandir qu'au prix d'une incohérence marquée, au milieu des contradictions et des maux. Son harmonie est forcément troublée, mêlée de discordances sans cesse renaissantes, — quelque chose comme une marche de septièmes qui n'aboutirait jamais à l'accord parfait.

Dans l'individu même, la spiritualisation n'est pas fixe et immuable. Sans doute, dans les moments calmes de la vie, des tendances relativement simples, comme les besoins nutritifs, se satisfont assez régulièrement, ils semblent peu impérieux, dociles, convenablement spiritualisés et socialisés. Mais tout cet édifice psycho-social s'effrite vite, se disjoint, menace ruine et tombe si les circonstances deviennent menaçantes, et la tendance retourne à son état de simplicité primitive et de brutalité. Il y suffit souvent d'une privation un peu longue, d'une difficulté à pourvoir à des besoins dont la bestialité ne disparaît guère que tant qu'elle reste inutile. Qu'on se rappelle seulement les histoires des naufragés errant sur la mer. Sans doute il y a des exceptions, et qui mesurent la différence des natures et de leur aptitude à la spiritualisation et à la socialisation. Mais ce sont des exceptions. Et le simple désir de vivre, lorsque la vie est directement menacée, a souvent vite dépouillé un homme du monde de tous ses ornements de civilisation, de vertu, de politesse, de délicatesse et de sympathie pour son prochain. Cependant le sacrifice volontaire de la vie n'est pas une chose très rare, mais il semble qu'il doive se produire dans certaines conditions réglées d'avance, prévues dans leurs grandes lignes, et auxquelles la spiritualisation et la socialisation ont pu s'adapter. Et puis les différences individuelles éclatent ici. Mais elles entretiennent, peut-être aussi, à certains égards, l'incohérence sociale.

L'amour est bien plus riche en variations que le besoin nutritif, et bien plus riche aussi en incohérences individuelles et sociales. Deux hommes n'aiment pas exactement de la même façon une même femme. Mais le même homme n'aimera pas non plus, simultanément ou successivement, tout à fait de même deux femmes différentes. Musset n'aimait pas George Sand comme une autre de ses maîtresses. Sans doute même un même homme n'aime pas toujours une même femme de la même manière et pour les mêmes raisons, et l'on a pu dire qu'une longue constance n'était qu'une inconstance déguisée. Il est naturel d'être différent par rapport à deux réalités différentes, mais qu'il y ait là quelque germe d'incohérence et de contradiction, souvent très développé d'ailleurs, c'est ce que montrent les cas extrêmes, qui sont le mensonge, l'hypocrisie ou la contradiction inconsciente et profonde.

La socialisation de l'amour varie pareillement d'un individu à l'autre dans une même société et aussi chez un même individu selon les circonstances. Mille contradictions, mille discordes naissent de là que l'on remarque souvent et que c'est un lieu commun de reprocher à l'homme. Et l'on n'a pas tort en ce reproche, mais il faut reconnaître aussi que l'homme ne peut guère ne pas le mériter dans l'incohérence des conditions où il vit. Il est certainement des gens plutôt portés aux affections régulières, à la soumission aux lois civiles et religieuses, au respect des convenances mondaines, chez qui l'amour se socialise volontiers sous la forme du mariage. Cela n'empêchera pas toujours chez eux, non seulement les caprices de l'instinct mais l'abandon à ces caprices selon les suggestions d'autres influences sociales : maximes de morale relâchées d'un cercle d'amis, impressions d'art et de littérature, etc.

Ces discordances frappent naturellement bien davantage si l'on envisage le milieu social lui-même et toutes ces forces si diverses et souvent opposées qui agissent de toute part sur l'homme pour le former et le déformer, pour le socialiser en différentes façons et lui donner sur le même point, des idées contradictoires et des sentiments opposés. La nature différente des individus mêmes, mais celle aussi des positions sociales différentes, des devoirs professionnels, des habitudes de classe, de milieu, la diversité des opinions politiques et des religions, toutes les mille variétés des aptitudes et de la vie des individus et des groupes, qui ne s'accordent jamais absolument entre eux ni même avec eux-mêmes, tout cela détermine continuellement des contradictions entre les socialisations d'une part, entre les spiritualisations de l'autre, et aussi des oppositions entre les socialisations et les spiritualisations.

Toutes les inclinations que nous interrogerions sur les mêmes points nous donneraient les mêmes réponses. L'amitié, l'ambition, la cupidité, les passions intellectuelles ne témoigneraient pas autrement que la tendance nutritive, l'amour, le sens moral et l'instinct religieux. Dans de telles conditions l'incohérence et la contradiction ne peuvent que se perpétuer indéfiniment, elles adhèrent à l'humanité, elles deviennent les conditions de sa vie, elles seules peuvent lui permettre de subsister et de se développer tant bien que mal. La vraie logique pratique, la vraie morale pratique ne sont pas celles qui éviteraient toute contradiction, qui écarteraient de l'homme toute erreur ou tout mal, mais celles qui sauraient choisir et recommander au besoin, présenter au moins comme des vérités relatives et des biens relatifs, les contradictions profitables, les incohérences nécessaires et qui peuvent le mieux, en un cas donné, en un lieu donné, en un temps donné, servir à préparer une harmonie un peu plus haute, un accord un peu plus riche. On peut déplorer une pareille nécessité, mais qu'on accepte ou non de la reconnaître — et il peut y avoir parfois intérêt à la nier, — ce n'est qu'en s'y conformant par instinct ou par raison que l'homme pourra peut-être en rendre l'empire un peu moins vaste et le poids un peu moins lourd. Si l'on objecte d'ailleurs qu'il n'est peut-être pas nécessaire que l'homme continue à vivre pour un pareil résultat, je n'affirme pas qu'on puisse répondre de manière bien décisive, mais c'est une tout autre question que je n'ai pas à résoudre ici.

§ 4.

Tous ces accords et toutes ces contradictions se rencontrent et se combinent en chaque individu et en chaque groupe, et cette union achève ou constitue même leur nature propre. Un homme est caractérisé par sa mesure propre de spiritualisation, par l'association plus ou moins intime, profonde et systématique que forment ses idées, ses désirs et ses tendances, conscients, subconscients et inconscients, il est caractérisé aussi par les socialisations que son esprit a dû subir ou qu'il a volontairement acceptées ou recherchées, et aussi par celles qu'il provoque, dont il est l'initiateur ou le transformateur. Un groupe quelconque, syndicat ou patrie, religion ou cercle d'amis est une sorte d'ensemble de socialisation objective. Il représente une possibilité permanente de faits sociaux semblables et systématisés plus ou moins rigoureusement où les oppositions mêmes sont plus ou moins habilement utilisées. Mais si du groupe et de l'individu nous descendons aux éléments psychiques, idées ou désirs, nous les trouvons tous aussi transformés par les deux procédés que nous avons étudiés, engagés par eux en des combinaisons nouvelles où leur nature primitive est tantôt conservée profondément, tantôt modifiée au point qu'elle ne peut plus, autant qu'on en peut juger, reparaître sous sa forme primitive, et portant éternellement la trace des accords et des conflits de la socialisation et de la spiritualisation.

Il n'est peut-être pas sans intérêt d'examiner ces procédés en les rapportant à la classification des types telle que j'ai essayé de l'établir ailleurs[1]. La spiritualisation est évidemment un mode d'association et de groupement des éléments psychiques et des tendances, la socialisation aussi, et elles comportent dans les différents esprits divers degrés de systématisation. Elles intéressent aussi plus ou moins certaines qualités de l'esprit, la plasticité par exemple, sa finesse, la puissance ou la faiblesse de la personnalité. Par elles-mêmes et par leurs qualités, leurs combinaisons et leur orientation propres, elles sont déjà des caractéristiques souvent assez nettes et importantes, et peuvent servir à définir partiellement, et synthétiquement les individus et

1. Voir *Les Caractères*.

les groupes. Il y a des « spiritualisés » et des « socialisés », il existe aussi des personnes qui ne sont ni l'un ni l'autre. Il est des groupes très socialisés en eux-mêmes, d'autres qui le sont bien moins. Le régime des castes, par exemple, témoigne d'une socialisation générale peu avancée, de même celui des classes très séparées dans une nation, de même des institutions comme l'esclavage, le harem clos. Et l'on en peut conclure qu'une socialisation restreinte dans sa forme générale est compatible avec une civilisation avancée et même brillante, comme un degré très peu élevé de spiritualisation n'empêche pas le génie. On pourrait soutenir même que, sauf en des cas exceptionnels, la spiritualisation et la socialisation *poussées très loin* favorisent plutôt une certaine médiocrité de l'esprit ou du groupe.

La forme de la spiritualisation et de la socialisation et la hiérarchie des éléments qui s'y établit permet ainsi d'apprécier et de classer à certains égards les individus, les peuples, les groupes. Certains individus se distinguent par une spiritualisation extrême de l'intelligence, ou de certains de ses procédés en particulier (l'analyse par exemple) qui se mêlent à tout et interviennent dans toute la vie mentale. Chez d'autres ce sera une tendance affectueuse qu'on verra se manifester dans des occasions mêmes où on ne l'attendait pas. Certaines personnes éprouvent un désir actif de sympathiser même avec celles qu'elles rencontrent par hasard et avec qui elles n'ont que des relations fugitives et insignifiantes. Chez d'autres, au contraire, l'intelligence et l'affection ont des compartiments réservés d'où elles ne sortent pas. Stuart Mill, Renan, Jules Lemaitre sont à des niveaux différents, et dans des genres différents aussi, des intelligences spiritualisées. Il est assez fréquent que les grands poètes relèvent d'un autre type et que la fonction d'analyse par exemple, ne soit pas intimement appliquée chez eux aux émotions et aux passions, ou le soit d'une manière très différente.

Quelques formes caractérisent à la fois des individus et des époques, en tant qu'un individu est toujours à quelque degré l'image de la société de son temps. Certaines époques, certains peuples sont plus ou moins spiritualisés ou socialisés que d'autres, ils le sont aussi différemment et à d'autres égards, par rapport à d'autres qualités. L'intelligence, par exemple, en tant que tendance active, est autrement spiritualisée et socialisée au XVII^e siècle et au XVIII^e en France. Elle est aussi profonde, au moins, aussi intense, au XVII^e siècle, mais elle aborde moins de domaines, elle s'arrête devant plus de clôtures, elle se diffuse moins largement, tandis que le respect de la hiérarchie des questions pour ainsi dire et le sens de la différence de valeur des opinions et des doctrines y domine, une critique libre et parfois impertinente pénètre de toute part les esprits du XVIII^e siècle [1]. Il est intéressant de comparer de ce point de vue Pascal et Diderot, Bossuet et Voltaire, l'Hôtel de Rambouillet et le monde des encyclopédistes. Une des grandes caractéristiques du XIX^e siècle a été la socialisation et la spiritualisation de l'esprit scientifique. Par où il ne faut pas entendre seulement que les connaissances, et les

1. Ceci comporte naturellement certaines réserves. La « socialisation » littéraire, par exemple était plus raide, moins souple au XVII^e siècle, les formes classiques moins vivantes, plus strictement imposées en général malgré certaines innovations — pas toujours heureuses — comme le drame de Diderot.

procédés généraux de la science ont été mis à la portée de plus de gens et se sont largement répandus, mais aussi que l'esprit scientifique s'est appliqué à un nombre bien plus considérable de questions, qu'il a prétendu présider à l'histoire par exemple, et même à l'appréciation des religions, à la constitution des sociétés, qu'il a inspiré de plus en plus des règlements, des lois, des habitudes individuelles et sociales, qu'il a tendu à s'associer activement à toute la vie humaine. Ce n'est pas ici le lieu de rechercher les avantages en même temps que les défauts et les illusions que procure un pareil événement. Nous pouvons encore remarquer en France une tendance toujours croissante à la socialisation générale. Notre égalitarisme, les progrès du socialisme, le reccurs continuel à l'Etat, la centralisation croissante en sont des symptômes favorables ou malheureux. L'Angleterre, au contraire, a offert un bien intéressant exemple d'une sorte de socialisation de l'individualisme, je veux dire d'une tendance à fonder une société de plus en plus étendue, et de plus en plus unie en accordant le plus de droits possibles à l'individu et de la rendre de plus en plus unie par l'exercice même de ces droits. C'est l'application de la théorie libérale, fondée sur l'harmonie trop facilement supposée des intérêts de l'individu, de ceux des autres et de ceux du groupe. Il est vrai que de nouvelles tendances semblent devoir remplacer les anciennes.

Et l'on pourrait continuer ainsi à rechercher, de notre point de vue, quelques traits caractéristiques des esprits et des groupes sociaux.

## CHAPITRE VI

### La déspiritualisation et la désocialisation.

§ 1.

La spiritualisation et la socialisation ne se fixent guère. Sans doute, pour un temps elles se maintiennent à peu près semblables à elles-mêmes, mais elles se transforment cependant. Les esprits sont toujours frémissants et vivants, et jusqu'à ce qu'ils meurent même s'ils s'ankylosent partiellement dans quelque attitude définitive, s'ils se figent dans un système d'instincts, la spiritualisation et la socialisation y varient toujours de manière plus ou moins perceptible. Elles grandissent, elles s'étendent, elles s'élargissent, ou bien au contraire elles diminuent et se réduisent, s'effacent, elles passent d'une tendance à l'autre, d'un groupe d'idées et de désirs à un autre groupe, avançant ici, reculant ailleurs, comme l'Océan sur les grèves, modifiant en même temps leur sens et leur caractère.

Elles cèdent du terrain sur certains points. Des tendances envahies par la marée montante de l'esprit ou des influences sociales, émergent de nouveau un peu plus tard, se dégagent, échappent à l'emprise qui en avait changé l'aspect et transformé le fonctionnement. Sans doute certaines conquêtes sont, en un sens définitives, au moins dans les limites de la vie de l'homme, de la vie des peuples et de notre brève expérience. Il est possible aussi que lorsqu'une tendance a été spiritualisée ou socialisée, il lui en reste une marque, qu'elle ne revienne jamais absolument à son état primitif.

Mais les cas de recul de la socialisation et de la spiritualisation sont très différents par leur nature et par leur signification. Ils se rangent, sans beaucoup de rigueur, en plusieurs classes dont les limites ne sont pas toujours très exactement définies et qui peuvent parfois par certains points se toucher et se confondre.

§ 2.

D'abord, le retour simple, apparent et plus ou moins réel, d'une tendance spiritualisée ou socialisée à un état brut, tout au moins à un état de moindre spiritualisation ou de moindre socialisation.

Cela se produit assez souvent, quand, par le changement des circonstances l'individu et la société y trouvent leur profit.

Nous avons pu constater déjà qu'en des circonstances exceptionnelles, qui sortent l'homme de sa vie ordinaire et de son milieu habituel, les besoins organiques se dépouillent assez vite de leur parure empruntée. La satisfaction animale reparaît, simple et grossière. Tout le cortège d'émotions sympathiques, d'impressions esthétiques ou sentimentales, la délicatesse, la pudeur qui l'accompagnaient se dispersent, s'évanouissent, et laissent seule la tendance animale. Sous la couche des alluvions psychiques dispersées et leur élégante végétation reparaît la dure et solide roche primitive. Le radeau de la Méduse et diverses catastrophes ont écaillé et fait tomber les couleurs brillantes dont se paraient le désir de vivre et le besoin de manger. Les conquêtes de l'esprit et de la société restent ainsi chez bien des gens douteuses et précaires. On peut rappeler encore ici l'effet de certaines maladies nerveuses et mentales. Les changements de caractère qu'amène la paralysie générale montrent des exemples de désocialisation et de déspiritualisation.

Ce que les variations brusques de la vie et les altérations pathologiques opèrent brutalement, rapidement, crûment, les mille incidents de la vie de chaque jour, les changements dans la situation sociale, les modifications naturelles de certaines tendances le produisent aussi d'une façon moins apparente et souvent tout aussi sûre. Chacun sait combien les habitudes se modifient quand on change de milieu, les rites sociaux ne sont plus absolument dans le nouveau ce qu'ils étaient dans l'ancien. Une manière d'être qui n'est plus utile ou qui devient nuisible, tend généralement à être corrigée, à disparaître. Des régressions plus ou moins franches s'opèrent continuellement chez l'homme.

Il en est d'accidentelles, il en est de normales. Les premières suivent des événements particuliers accidentels eux-mêmes. Une déception imprévue, par exemple, détruira la spiritualisation ou la socialisation des tendances déçues. Un amour spiritualisé, s'il est repoussé ou trompé, peut faire place au désir de la débauche, à la satisfaction animale et relativement simple de la tendance sexuelle, l'amour séparé des sentiments d'affection, de sympathie, de dévouement, des préoccupations intellectuelles ou familiales auxquels il s'était attaché redevient la tendance brute au rapprochement sexuel. Une générosité dupée, une amitié exploitée peuvent ramener l'homme à l'égoïsme, le séparer des autres hommes, donc désocialiser ses tendances. L'amour-propre blessé, la crainte d'être dupe, sont encore des facteurs fréquents de désocialisation, et de déspiritualisation aussi.

Les régressions normales dérivent de changements normaux dans les conditions d'existence qui accompagnent communément le cours de l'âge et le développement de la vie. Il est des plaisirs, des idées, des inclinations, des travaux et des jeux qui, dans l'enfance, pénètrent profondément dans l'intimité de l'âme, s'associent à ses principales tendances et qui, ensuite, se retirent peu à peu, rompent leurs associations, survivent encore par habitude et finissent par disparaître, n'éveillant plus les émotions fortes et diverses qu'ils excitaient si aisément jadis.

De même les socialisations primitives disparaissent et relâchent les tendances qu'elles avaient conquises. Et ce n'est là qu'une façon d'exprimer ce fait bien connu qu'un changement de milieu soumet l'individu à des influences différentes, et l'engage en des rites sociaux, en des pratiques nouvelles, entoure ses sentiments personnels d'une couche nouvelle d'apports sociaux qui les transforme plus ou moins. L'entrée dans une carrière quelconque, administration, enseignement, commerce, fonctions ecclésiastiques, socialise aussi d'une nouvelle manière les tendances du caractère personnel et les marque d'une empreinte spéciale.

Une spiritualisation, une socialisation particulières naissent et prospèrent en fonction de l'âge, puis pâlissent, s'altèrent, disparaissent. L'amour en fournit de fréquents exemples. Ni physiologiquement, ni psychologiquement, ni socialement on n'aime sur le déclin de l'âge mûr de même façon qu'au temps de la jeunesse. Certains changements tiennent peut-être moins directement à l'âge même qu'aux modifications qu'il introduit communément dans les conditions de la vie. L'exercice de l'intelligence se généralise et se spiritualise à un certain âge, chez les jeunes gens qui font des études suivies, puis quand la carrière est choisie, il se restreint, se spécialise, se déspiritualise et se réduit presque à la routine nécessaire. La poésie est particulièrement envahissante de 15 à 25 ans. Et cela aboutit généralement, par bonheur, au « poète mort jeune à qui l'homme survit ». La poésie cesse d'occuper réellement l'esprit pour n'être plus qu'une distraction éventuelle. L'esprit professionnel, l'ambition, le désir de la fortune, le souci de la famille, parfois l'amour de la bonne chère ou quelque goût de collectionneur, viennent à leur tour se spiritualiser et se socialiser en attendant qu'ils se retirent à leur tour et que d'autres les remplacent.

Ainsi la spiritualisation et la socialisation ne paraissent jamais définitivement fixées et après s'être faites, elles se défont. Pourtant ici encore les différences sont nombreuses et considérables. Il est en chacun de nous des tendances, variables avec chaque individu, qui sont particulièrement tenaces et gardent longtemps, et parfois toute la vie, la forme qu'elles ont prise. D'autre part il est des gens chez qui la spiritualisation et la socialisation avancent et reculent rapidement, qui se donnent vite tout entiers en apparence et se déprennent aussi aisément qu'ils se sont pris. Il en est aussi de plus constants, et parfois ils le sont trop, comme les vieillards chez qui l'amour reste la grande affaire de la vie.

### § 3. — Évanescence et spiritualisation.

Le recul de la spiritualisation et de la socialisation est souvent une forme de l'évanescence, de la marche vers l'inconscience, de la disparition des faits psychiques ou sociaux qui, ayant accompli leur tâche, doivent s'effacer. Il indique alors qu'une tendance, pour arriver à remplir la fonction assignée par sa nature, a dû envahir l'esprit, ne pas se contenter d'agir seule, mais se mêler intimement à une grande part de la vie mentale. Une fois sa fonction remplie, ou une fois atteint le degré de perfection qui lui permet de s'accomplir automatiquement et sans trouble, la spiritualisation, devenue superflue, recule et s'efface.

La spiritualisation, en pareil cas, suit d'assez près la conscience ou l'attention, mais à une distance variable qui en marque à peu près les limites. Elle arrive avec elle, et disparaît avec elle. L'exemple classique de l'élève qui, apprenant à jouer du piano, doit d'abord apporter la plus grande attention au mouvement de ses doigts, à la lecture des notes et à la coordination de tous les éléments donnés, nous servira fort bien ici. L'exercice se spiritualise à peu près dans la mesure où il devient conscient. Puis, peu à peu, l'habitude intervenant, l'attention diminue, la conscience s'efface, l'esprit se dégage et peut s'occuper ailleurs, la tendance s'exerce indépendamment de ses voisines, et laisse beaucoup plus libres les autres éléments de l'esprit. La déspiritualisation est évidente.

Toutes les habitudes qui aboutissent à un certain automatisme prêteraient aux mêmes remarques. La tendance envahit un moment l'esprit pour l'intéresser à elle, puis, quand elle peut se passer de lui, se retire et, pour ainsi dire, rentre chez elle. Elle laisse une trace de son passage, une disposition organique, une sorte de routine systématisée qui reste d'ailleurs en général à la disposition de l'esprit. Celui-ci s'en sert alors selon son caprice ou sa volonté. Et une nouvelle spiritualisation peut se développer alors, non plus comme jadis sur les éléments de la tendance, mais sur la tendance même prise dans son ensemble. Après avoir momentanément spiritualisé la lecture des notes et le maniement des doigts, on peut spiritualiser à son tour et plus définitivement l'habitude acquise, faire de la musique la grande affaire de sa vie, mais l'on ne pensera plus guère expressément, sauf en des circonstances spéciales, aux éléments de la tendance dominante, aux notes et aux mouvements partiels.

La passion amoureuse satisfaite montre aussi bien clairement des procédés analogues. Elle envahit peu à peu l'esprit, elle se mêle à tous les sentiments, à toutes les idées, elle contribue largement à les diriger, mais elle gagne aussi à ces associations des teintes plus raffinées et plus complexes. Elle triomphe, puis au bout d'un temps plus ou moins long, elle peut commencer — et cela est assez habituel — à se transformer, à se dissocier de bien des idées, de bien des désirs qui s'attachaient à elles. La vie s'en dégage peu à peu. Autrefois on mêlait l'image de la personne aimée à ses occupations, on travaillait pour elle, on en retrouvait la présence dans l'art, dans la poésie. Maintenant on travaille pour soi, on joue ou on lit pour soi, ou même pour une autre. La passion amoureuse reflue, abandonne les territoires psychiques envahis, se transforme en une affection agrémentée de réveils de la sensualité. La passion s'est transformée en habitude, moins violente, moins forte en apparence, plus sûre et plus solide au fond (dans les cas favorables, dans les cas d'évanescence que je considère ici). Lorsque par l'effet de l'âge, de l'affaiblissement, de la maladie, l'élément sensuel disparaît à son tour, il ne reste plus de la triomphatrice envahissante de jadis qu'une sorte de routine du cœur presque inconsciente, tenace et persistante. Tout le reste a disparu peu à peu, à mesure que la tendance pouvait s'en passer et la déspiritualisation par évanescence est très nette.

Mêmes remarques sur l'ambition. Une fois le rêve ambitieux réalisé, quelque place qu'il ait tenue dans l'esprit jadis, son importance diminue et, devenue inutile, la spiritualisation du désir ambitieux tend à s'effacer. Corneille a donné à Auguste des réflexions fort justes et qu'on peut généraliser assez largement.

Cependant il est des goûts qui ne changent guère, des passions qui continuent à tenir une place immense dans l'esprit. C'est qu'elles ne sont jamais pleinement satisfaites. Les intermittences que la vie impose toujours à l'exercice d'une tendance leur suffisent pour revenir, sinon aussi violentes qu'avant, du moins aussi puissantes.

Il faut voir aussi que si la passion qui se retire de l'esprit laisse, comme résidu, une habitude, une routine, il se peut que cette routine soit, elle, très spiritualisée encore, qu'elle occupe dans l'esprit une place très importante, qu'elle influence l'ensemble de la vie mentale. Cela n'arrive pas toujours, mais on en sait des exemples. Nous en avons cité un tout à l'heure, celui du musicien qui ne porte plus son attention sur les détails qui l'occupèrent jadis pendant l'apprentissage, mais qui continue à être passionné pour son art. Un amour conjugal qui s'achève en affection calme peut laisser à l'esprit une teinte qui colore toute la vie. Une ambition satisfaite peut aussi avoir déposé dans l'esprit un ensemble de tendances et d'habitudes qui vont continuer à diriger l'essentiel de la vie et l'exercice des fonctions convoitées et conquises.

Dans des faits semblables la spiritualisation ne se confond plus avec la conscience. L'habitude spiritualisée peut être forte et la conscience faible, sensiblement nulle. Cela est fort ordinaire, et les tendances inconscientes se mêlent souvent, sans que nous nous en apercevions, à toute ou presque toute notre vie mentale.

### § 4. — Évanescence et socialisation.

La désocialisation peut être aussi la compagne de l'évanescence dans la vie individuelle et dans la vie sociale.

Dans la vie individuelle elle se comporte à peu près comme la déspiritualisation. Une tendance qui aurait envahi l'esprit et qui se retire peu à peu cesse d'être socialisée en même temps que d'être spiritualisée. Elle dépouille les marques de la société comme celles de l'individu, elle en quitte les servitudes. Si elle disparaît, il est trop clair qu'elle ne peut plus se mêler à la vie sociale ni être influencée par elle. Mais si elle laisse après elle une habitude acquise, une routine organisée, celle-ci peut au contraire marquer un degré de socialisation plus élevé comme elle marquait un degré plus élevé de spiritualisation. C'est ce qui arrive, par exemple, lorsque, après bien des luttes et des conflits, un homme finit par s'adapter à la société, à son milieu, à sa fonction, au point d'agir spontanément et de son plein gré comme la société désire qu'il agisse.

Il est assez curieux de voir souvent la socialisation, ce qu'on pourrait appeler l'objectivation sociale d'une tendance, persister alors que la tendance est à peu près disparue et, pour survivre, se raccrocher plus ou moins heureusement à d'autres tendances. Souvent des cérémonies, des rites sociaux continuent à s'accomplir après que les croyances dont ils procèdent se sont évanouies. Une bonne part des faits que Tylor étudia sous le nom de survivances vérifie cela. Rappelons par exemple les salutations et les vœux adressés à une personne qui éternue et qui paraissent se rapporter à des croyances animistes. Mais les faits de ce genre, s'ils ne révèlent plus une croyance, gardent une importance sociale comme rites de politesse, ils maintiennent entre les hommes une harmonie superficielle, au moins ils affirment la sympathie et une certaine solidarité. Je signalerai encore la persistance des pratiques religieuses après la disparition de la foi. Les mariages à l'église, les cérémonies religieuses après la mort, les baptêmes, n'indiquent pas forcément une croyance religieuse. Pour beaucoup, ils sont simplement des usages mondains, des manifestations de solidarité sociale. Quand surtout une opposition s'accentue entre deux religions dans un même pays, on peut constater que les plus zélés, les plus actifs des fidèles ne sont pas toujours les plus croyants. Il est des protestants plus « huguenots » que vraiment chrétiens, et tous les catholiques qui s'élevaient contre les inventaires n'étaient peut-être pas convaincus de la transsubstantiation. La religion cesse souvent d'être une foi intime pour être une pratique sociale, un rattachement plus ou moins étroit à un groupe large et puissant où le sort nous a placés, ou dont les tendances nous agréent pour une raison ou pour une autre, ou dont la vie nous paraît souhaitable pour des raisons de patriotisme, d'ordre social et d'intérêt personnel.

Dans la vie sociale aussi, une coutume, une loi, une organisation sociale qui ont produit l'effet attendu d'elles doivent tendre à disparaître. Seulement il est assez ordinaire qu'elles n'aient jamais fini de le produire. L'homme mange pour apaiser sa faim et la faim disparaît, mais elle revient bientôt et l'évanescence est relative et n'a qu'une durée limitée. Si les applications du code pénal réprimaient complètement le crime, la loi pénale n'aurait plus qu'à disparaître comme disparaissent les remèdes quand le malade est guéri. Si les exhortations, les prédications et les autres actes moraux de même tendance rendaient les hommes tels qu'ils les voudraient, il n'y aurait bientôt plus lieu de les continuer, et la désocialisation suivrait l'évanescence, en laissant vivre et durer les dispositions acquises par les tendances évanouies. On sait assez que l'efficacité des remèdes sociaux n'est pas souvent aussi grande. Mais il est assez fréquent que des ordonnances de police, des règlements destinés à prévenir l'extension d'une épidémie ou les ravages des avions soient rapportés ou tombent en désuétude une fois le danger passé, qu'ils aient ou non contribué à l'amoindrir ou à l'écarter.

On peut observer même des formes plus larges et plus importantes de désocialisation. A une époque de trouble, par exemple, l'Etat est amené à se charger de certaines fonctions qui, en temps ordinaire, sont laissées au libre jeu des intérêts particuliers, et qui, certes, restent sociales à bien des égards, mais d'une socialisation moins stricte, moins étendue à la fois et moins complexe. Et, par exemple, pendant la guerre l'Etat fixe le prix de certaines denrées, intervient plus directement dans l'organisation des chemins de fer, réglemente plus minutieusement la vie des individus, impose des restrictions variées. La crise passée et l'effet obtenu, la désocialisation peut se produire, tandis que sur d'autres points de nouvelles socialisations vont naître et grandir.

# CONCLUSION

Les procédés que nous venons d'étudier apparaissent comme une sorte de civilisation et d'éducation des tendances. Celles-ci arrivent par eux à vivre ensemble sans s'ignorer, et, au contraire, en se mêlant beaucoup plus intimement les unes aux autres. Ils accroissent ainsi, précisent, détaillent leur solidarité. Et de ces rapprochements il résulte bien les heurts, mais aussi des harmonies plus raffinées et plus fortes. Nos tendances s'élèvent dans notre esprit comme un enfant parmi les enfants et les hommes. Il se heurte à eux et s'associe avec eux, il apprend peu à peu les nécessités de la vie, il étend le cercle de ses relations et se transforme par tous les rapports nouveaux qu'il inaugure successivement, et qu'il établit avec des individus, avec des groupes, avec l'Etat et de grandes Eglises.

Le rôle de la spiritualisation et de la socialisation est, à certains égards, essentiellement transitoire. Une fois leur œuvre accomplie et les tendances transformées, elles peuvent diminuer en laissant à leur place une harmonie automatique et routinière que leur fonction était de préparer. Souvent elles doivent se prolonger indéfiniment parce que leur but n'est jamais définitivement atteint. Mais alors elles se transforment toujours plus ou moins. Ils ne faut pas les considérer comme des formes fixes et immuables. Elles ont d'abord des variations parfois rythmiques, périodiques, lorsqu'elles se rapportent à des besoins périodiques aussi. On les regarde en ce cas comme permanentes quand elles renaissent chaque fois sous une forme sensiblement identique. Elles ont des variations accidentelles dues au changement des circonstances, elles ont des variations qu'on peut appeler logiques en ce sens qu'elles dépendent les unes des autres et s'enchaînent dans une évolution à peu près régulière. Nous sommes obligés de fixer plus ou moins l'esprit, pour l'étudier, pour le décrire, pour l'analyser, mais il est un frémissement continuel comme une symphonie, et nous en altérons la vie pour la comprendre. En fait la spiritualisation et la socialisation ne se fixent jamais complètement dans l'esprit ni dans la vie sociale. Elles sont toujours en progrès ou en recul, en avance sur un point, en régression sur l'autre, elles passent d'une tendance à l'autre, d'un ensemble de tendances à un détail, d'un élément à un groupe, elles prennent des formes variées qu'amènent des combinaisons continuellement changeantes, et elles modifient ainsi plus ou moins, directement ou indirectement, l'ensemble de l'esprit et les groupes sociaux.

# DEUXIÈME PARTIE

## LA SPIRITUALISATION ET LA SOCIALISATION DE LA TENDANCE SEXUELLE

---

### § 1.

Pour mieux préciser le caractère de la spiritualisation et de la socialisation, nous allons examiner plus en détail leur œuvre, et voir ce qu'elles ont fait de la tendance sexuelle.

L'amour, au sens particulier du mot, est une organisation psychique et sociale de l'instinct sexuel.

Qu'il soit essentiellement fondé sur l'impulsion qui pousse les sexes l'un vers l'autre, sur l'instinct génital, que sa fin normale soit la procréation, il ne me paraît pas utile de le démontrer. Mais l'amour est tout autre chose que cet instinct, que ce besoin physiologique qui en est la cause et la raison. Il se crée et se développe en le compliquant, en l'enrichissant, en le restreignant aussi. Il le transforme et il le transfigure si bien qu'en certains cas, il en vient à s'opposer à lui, à le nier ouvertement.

Il arrive, dans des formes spéciales, extrêmes, déviées ou perverties, à se séparer de lui, à le combattre, et aussi à en dissocier les éléments, et par exemple à séparer le désir de la volupté de l'instinct de la génération.

Mais il l'enrichit d'autre part, il le complique si magnifiquement que la tendance sexuelle qui ne tient qu'un rôle épisodique et restreint dans l'existence de bien des animaux et d'un assez grand nombre d'individus humains peut, chez d'autres, envahir la vie entière, la diriger, la dominer, lui faire porter ses fleurs les plus rares et ses fruits les plus exquis. L'art et la littérature en témoignent.

Cependant, si l'on ne conçoit pas de société durable sans génération, si l'instinct sexuel a dû, comme le besoin de nourriture, s'adapter à la vie sociale, cet instinct, et l'amour qu'il crée et qu'il inspire sont des forces puissantes, redoutables, difficiles à discipliner. La vie sociale, en les transformant, n'a pu arriver à se les soumettre tout à fait. Elle a manifestement échoué à les utiliser avec régularité, selon la raison, et d'une manière satisfaisante. La lutte incessante de l'individu contre l'ensemble social qui le façonne, qui le fait vivre mais qui l'opprime et qui le blesse parfois mortellement n'a jamais provoqué plus de violences, plus de ruses, soulevé plus d'illusions, étalé plus de ruines et fait jaillir plus de larmes que dans les circonstances où l'instinct sexuel, mué en amour, a dressé l'homme contre les forces sociales. Il est fort possible, et les conditions dans lesquelles se développe l'amour peuvent l'expliquer, que le problème de l'accord soit ici à peu près insoluble.

§ 2.

Sur la tendance de l'être animé à se nourrir la vie psychique et la vie sociale ont profondément enfoncé leur empreinte.

Mais l'instinct sexuel a connu un sort autrement éclatant et tumultueux. Des raisons évidentes l'appelaient à un rôle beaucoup plus bruyant. Il n'est pas plus nécessaire à la vie de l'espèce, il l'est bien moins à la vie de l'individu, mais sa violence spéciale, son activité, surtout les obstacles qui s'opposent presque fatalement à sa satisfaction, le fait qu'il ne peut être normalement satisfait que par la rencontre de deux êtres de sexe différent le désignaient pour la spiritualisation et la socialisation. Les obstacles particuliers que la vie civilisée lui oppose, en même temps que le soin qu'elle prend de le surexciter sans cesse, rendaient inévitable le développement d'une tendance tourmentée, impérieuse et diverse.

Si la tendance sexuelle avait pu se satisfaire sans peine et régulièrement comme le fait assez communément le besoin de respirer, comme le fait aussi, à un bien moindre degré déjà, le besoin de se nourrir, l'homme n'aurait jamais connu l' « amour ». Ce sont des vérités banales que les obstacles ajoutent à la force de la passion (en certains cas au moins, car il leur arrive aussi de la faire vaciller, de l'affaiblir et de l'éteindre) que la passion satisfaite tend à diminuer ou à disparaître, que l'amour « vit d'inanition et meurt de nourriture. »

Ce trait est d'ailleurs commun à tous nos sentiments. Le fait affectif décèle une tendance arrêtée ou contrariée, qui n'arrive pas à se satisfaire pleinement ou même à se constituer dans une forme bien définie[1]. La tendance, le besoin, l'instinct qui aboutissent à peu près parfaitement et régulièrement à l'acte demeurent inconscients ou sont à peine aperçus par nous. Légèrement contrariés et tendant vers leur satisfaction sans obstacle trop redoutable, ils provoquent une impression de plaisir. Plus fortement contrariés, et tendant vers un fonctionnement moins harmonieux, c'est la douleur qu'ils amènent. Telle est la loi générale, abstraction faite des circonstances particulières et des facteurs secondaires dont je n'ai pas à faire état ici. En même temps, soit dans le plaisir, soit dans la douleur, des idées naissent pour accompagner, diriger, constater les faits, pour en favoriser l'accomplissement ou en préparer la transformation. Elles se multiplient, s'enchaînent, luttent ou s'associent, et avec elles, surtout si la crise se prolonge, des faits affectifs subordonnés, des émotions, des regrets ou des espoirs. Les fonctions de respiration, de circulation, de nutrition en donnent à tout moment la preuve, mais aussi diverses fonctions psychiques et sociales, ainsi que la formation et le trouble des habitudes. Toute la vie de l'esprit témoigne dans le même sens.

De ce point de vue, il est aisé de reconnaître que le désir sexuel était, chez l'homme, prédestiné aux crises fréquentes, aux souffrances et aux joies, au développement merveilleux et aux aberrations. Il lui est arrivé ce qui est arrivé au sens du goût, mais ses transformations ont été incomparablement plus grandes et les raisons en étaient beaucoup plus impérieuses.

1. Cf. *Les phénomènes affectifs et les lois de leur apparition*, et aussi mes articles sur *l'Echange économique et l'échange affectif*. (*Revue philosophique*).

L'instinct sexuel est très puissant, en effet, et la civilisation le gêne, le contrarie constamment, prétend en restreindre et en régler les manifestations. Des considérations plus ou moins heureuses et dont quelques-unes seraient fort critiquables, — mais elles existent et l'on en doit tenir compte, — des considérations de religion, de morale, d'hygiène, de convenance, d'utilité sociale, des habitudes, des traditions, des préjugés, des raisons très valables aussi, très puissants et très répandus dans la plupart des civilisations, restreignent l'expansion du désir, en arrêtent les manifestations, en suspendent même ou en refoulent l'aveu. Les sentiments, les impressions, les actes qui assurent la conservation de l'espèce sont même parvenus à passer pour honteux, bas ou répugnants. Sans doute de telles appréciations ont pu rendre service en empêchant un instinct impérieux de s'étaler trop largement et de devenir encombrant et gênant à son tour, elles n'en ont pas moins pris souvent un caractère d'exagération, de mesquinerie et de ridicule.

Il faut bien reconnaître pourtant les torts de l'instinct, qui justifient en partie cette réaction parfois maladroite. Aucun désir n'est plus violent peut-être que le désir sexuel, aucun, dans les circonstances ordinaires de la vie n'est resté, malgré tous les efforts, aussi indépendant, aussi sauvage, aussi réfractaire, aussi capable de s'affranchir des conventions et des lois, aucun n'a au même degré, besoin d'être surveillé, bridé, réprimé. Le désir sexuel paraît plus impérieux, plus aveugle, plus provocateur de crimes que la faim. Et les causes sociales qui le contiennent l'exaspèrent encore.

Il s'éveille de bonne heure, avant le temps où il peut servir utilement la société, il prolonge souvent sa vie assez tard alors qu'il n'a plus socialement de raison d'être. Il est en grave désaccord avec sa fin sociale essentielle. Le désir s'éveille bien souvent sans que la procréation soit possible ou désirable.

Il ne peut en être autrement et la génération ne saurait s'accorder avec le désir. Le nombre des hommes et le nombre des femmes paraissent à peu près égaux, séparés tout au plus par une faible différence. Or la femme ne peut guère avoir qu'un enfant par an, l'homme adulte de deux à quatre cents. La disproportion est énorme et fatalement l'instinct sexuel ne peut toujours se satisfaire par des actes féconds. L'homme doit choisir entre une restriction rigoureuse, difficile, pénible et à laquelle bien peu sauraient se résigner, et le libertinage, si l'on entend par « libertinage » les satisfactions sexuelles qui n'ont point pour résultat ou du moins pour but la naissance d'un enfant. Les animaux, mieux équilibrés que l'homme et de vie moins compliquée, paraissent assez communément n'éprouver de désirs que lorsque la fécondation est possible. Ce n'est point là une loi rigoureuse, les aberrations génésiques ne sont point inconnues chez eux, et leur instinct est parfois aussi contrarié et dévié. Toutefois la disproportion semble moins énorme chez eux que chez l'homme, lequel en est arrivé à ne pas satisfaire son instinct au moment même où d'autres êtres s'y livrent le plus volontiers, au moment où l'ovule mûrit, et où le rapprochement des sexes paraît particulièrement indiqué.

§ 3.

Par une contradiction singulière et pourtant explicable, en même temps qu'elle contrarie fortement l'instinct sexuel, la vie sociale l'excite sans arrêt, et semble savamment combinée pour en multiplier et pour en aviver les impulsions, bien plutôt que pour les discipliner et les régler.

Partout elle étale les provocations au plaisir pour le plaisir, à l'amour permis sans doute, mais aussi, peut-être mais surtout au libertinage et à la luxure, je veux dire aux satisfactions de l'instinct officiellement réprouvées, que la religion, que la morale, que l'éducation refusent à l'homme, que la loi ne protège pas et que parfois elle condamne, comme l'adultère. L'art, le théâtre, la poésie, le roman sont sans doute avant tout, pour la majorité des hommes et dans la majorité des cas, des incitations à l'amour, directes ou indirectes. Mais que dire des rapports sociaux, des bals, des réunions, de la danse, et, en général, de tous les divertissements, de la plupart des usages qui mettent l'homme et la femme en présence? Il est bien sûr que le rôle naturel de la femme est d'exciter le désir de l'homme. Les coutumes sociales l'y préparent aisément, et l'on peut estimer qu'elles prennent une peine exagérée. L'instinct sexuel est assez sensible pour se passer d'une profusion d'excitants. En fait l'éducation, l'instruction, les habitudes, les goûts de la femme ont été souvent, avec une conscience plus ou moins nette, dirigés dans le sens de sa fonction sexuelle, plus encore que de sa fonction familiale et sociale. L'habillement féminin, ses changements, ses recherches, ses modes ont une signification sexuelle évidente[1].

Nos mœurs autorisent, prescrivent même une liberté assez grande et qui paraît aller en croissant

1. Voir, à ce propos, le chapitre sur la mode dans le *Génie féminin français* de Mme Marthe Borély.

dans les rapports des deux sexes. Il est évident que par là le désir mutuel est multiplié. Et cela, comme tout ce que je viens de rappeler, serait très logique dans une société qui admettrait également ou recommanderait, comme la communauté d'Oneida, une complète liberté, et même un changement fréquent dans les relations intimes. Mais précisément chez nous la théorie admise et la pratique acceptée sont en complète contradiction. En organisant la provocation du désir, on lui défend de se manifester en dehors d'un ensemble de conditions — la recherche du mariage — qui ne peuvent être qu'une exception. Notre société repose sur la famille, elle y voit son fondement le plus solide, et cette famille est constituée par le mariage monogamique. Il semble donc que les mœurs ne devraient autoriser et faire naître le désir que lorsqu'il doit préparer le mariage, le maintenir et le consolider. Ce sont précisément les cas où elle s'en préoccupe le moins, où on le blâme, où on le trouve inconvenant ou bien un peu ridicule. Qu'un jeune homme laisse entendre à une jeune fille qu'il la désire, cela choquera bien des gens plus que s'il adresse le même compliment à une femme mariée. Quant aux désirs réciproques des époux, il ne semble pas qu'on s'y intéresse beaucoup, et ce serait plutôt un sujet de plaisanterie. On ne suppose guère d'ailleurs qu'une femme, revêtant une toilette attirante, songe uniquement à l'effet qu'elle produira sur son mari. Au point de vue de la morale européenne, on sera suffisamment indulgent si l'on admet qu'elle ne pense à rien de plus qu'à être jolie, à être admirée, ou mieux habillée que telle de ses amies. Mais pourquoi tient-elle à être jolie et à surpasser en éclat les autres femmes? Il est difficile de croire qu'il ne s'agit là que de préoccupations purement esthétiques ou de soucis jaloux. Et d'ailleurs le sens esthétique et la jalousie s'associent bien naturellement à l'instinct sexuel, et lui doivent souvent leur éclat ou leur force.

Les Orientaux ont été plus logiques en confinant les femmes au fond d'un harem où nul être d'un autre sexe ne peut les apercevoir, en les confiant à la surveillance d'hommes qui ne sont plus des hommes. Si l'on repousse ce moyen rigoureux, et pourtant imparfait, d'abriter la vertu féminine, si, en même temps, on reste attaché à la morale traditionnelle, tout au moins devrait-on proscrire, sauf dans la stricte intimité des époux, toute toilette provocante, toute coquetterie, tout rapprochement physique, la danse par exemple. Sans doute quelques personnes y sont conduites par la religion, ou par un sentiment moral rigoureux et puissant. Elles ne sont certainement pas très nombreuses et les mœurs sont nettement contraires à la morale, même chez des personnes d'une délicatesse fort au-dessus de la moyenne.

C'est que la poussée de l'instinct est plus forte dans l'humanité ordinaire que la religion et que la morale, c'est qu'à l'exemple des conventions mondaines beaucoup d'influences variées viennent la renforcer. Sans contredire ouvertement et franchement les enseignements qu'il a reçus, l'individu s'arrange pour amoindrir ou pour annuler leurs effets. Et c'est une des revanches du réel contre un idéal téméraire, du « moi » contre le « nous », de l'individu contre la règle collective. L'instinct sexuel, en effet, ne pousse nullement l'homme à la monogamie et sans doute la femme non plus. S'il est des espèces animales où la monogamie soit instinctive et « naturelle » ce n'est certes pas, sauf exceptions, le cas de l'espèce humaine. Il est des hommes et des femmes qui, volontairement, meurent vierges, non certainement dans la plupart des cas sans de rudes révoltes de l'instinct. Ils sont en assez petit nombre. Il est vraisemblablement des hommes qui n'ont connu qu'une femme, encore qu'il soit difficile de savoir au juste ce qu'il en est, et il est vraisemblablement aussi un plus grand nombre de femmes qui n'ont connu qu'un seul homme. Mais si « celui qui désire une femme a déjà commis dans son cœur adultère avec elle » combien d'hommes, et combien de femmes ont évité l'adultère et l'impureté? « Je crois que son mari s'est tiré d'affaire devant les hommes, disait Bussy-Rabutin en parlant de M^me^ de Sévigné, mais je le tiens c... devant Dieu. » Celles dont on peut parler ainsi sont certainement parmi les vertueuses. Et il en est, je l'admets volontiers, qui s'y élèvent à un rang supérieur. Mais combien sont-elles? La nature d'une part et la société de l'autre agissent puissamment pour qu'elles ne soient pas très nombreuses.

La contradiction est donc énorme entre l'instinct individuel et la volonté sociale, entre la société telle qu'elle veut se concevoir dans la pensée de ses guides acceptés et la société réelle où les mœurs sont influencées par les manœuvres de l'individu qui cherche à se libérer du joug, et à profiter des avantages de la collectivité tout en en rejetant les charges[1].

§ 4.

Comment la société remédie-t-elle à cela? Par le mensonge et l'hypocrisie.

1. On peut trouver là un cas social assez curieux du pouvoir d'illusion de l'homme et de ce que M. J. de Gaultier a étudié sous le nom de « bovarysme. »

Il ne faut pas trop se récrier. L'hypocrisie et le mensonge sont absolument nécessaires à toute société humaine (et, en un sens plus large et plus abstrait, à toute association.) Regrettons au moins qu'on n'ait pas su en rendre les manifestations moins nombreuses, moins touffues, moins énormes, moins grossières, moins laides et moins dangereuses. Elles s'épanouissent partout dans notre société et en particulier elles encombrent tout ce qui dans la vie sociale se rapporte aux relations des sexes. La franchise ici serait considérée comme du cynisme et l'hypocrisie n'est que décence, manières de bonne compagnie. Alors la société, dans son ensemble (car il y a des révoltes individuelles et de grandes différences selon les classes et les milieux) professe ouvertement une morale qu'elle affirme d'institution divine, qu'elle présente au moins comme vraie, ou comme utile et « convenable » et elle en pratique, de façon plus ou moins sournoise, une autre de nature opposée. Elle n'a pas pu, elle n'a pas su ou se déprendre de sa morale officielle, ou renoncer à ses pratiques. L'une lui était imposée par la tradition, par la crainte, par des préjugés, par un certain sens des conditions de la vie sociale telles qu'elles s'offrent, par une aspiration vers l'ordre, la beauté régulière, compliquée et subtile de la vie, par la méfiance des plaisirs sensuels en général et l'expérience de ce qu'ils peuvent entraîner, chez des êtres bien imparfaits, de troubles et de maux, mais les autres étaient imposées par la puissance d'un instinct insoumis et irréductible. Peut-être était-il difficile de faire mieux qu'on n'a fait. Notre pauvre humanité semble vouée à la fois à la platitude et à l'extravagance, au cynisme et au mensonge, à la brutalité comme aux vaines prétentions.

Ainsi donc un instinct existe, nécessaire, insoumis, violent, impérieux, à la fois continuellement exaspéré et continuellement comprimé par les forces sociales. On ne peut renoncer à lui, et on ne peut le laisser libre, on le flatte et on l'enchaîne, on l'excite et on le retient, on ne peut le discipliner. Qu'est-ce à dire.sinon que cet instinct va se manifester par une succession de caprices, par des alternances de soumissions et de révoltes, qu'il va grandir, selon les occasions, sous des formes infiniment variées, qu'il s'échappera en rameaux touffus et puissants, en floraisons suaves ou vénéneuses, qu'il s'associera le plus qu'il pourra à toutes les forces de l'être, aux désirs et aux idées les plus divers selon le moment, les plus opposés même, que, contrarié souvent par ces mêmes forces et par l'ensemble social, il aboutira tantôt à une exaltation splendide et périlleuse, tantôt à des formes rabougries, vagues et incertaines, et parfois aussi à des perversions, à des déviations singulières et infiniment variées? Il provoquera fatalement des joies délicieuses et de lamentables catastrophes, des plaisirs constamment troublés et des malheurs plus doux que bien des joies, des explosions et des folies, des dévouements et des crimes, des œuvres géniales et des suicides. Çà et là peut-être, grâce à un milieu complice et à une certaine simplicité de vie, il arrivera à se satisfaire à peu près d'une façon animale et presque régulière, mieux encore il pourra aboutir, il aboutira à une joie douce et qui ira s'apaisant encore, et qui pourra être coupée de caprices inquiétants à un « bonheur taciturne et toujours menacé » comme l'est le bonheur humain, à un état d'habitude paisible, sorte d'écorce solide figée à la surface d'une matière incandescente, où les fissures et les éruptions sont toujours à redouter. Et il soulèvera dans l'humanité des tourbillons de sanglots et de larmes, de cris de joie déchirante et de hurlements, de râles de brutes et de soupirs de poètes mêlés de quelques sourires attendris et de pleurs que ceux qui les ont versés n'échangeraient pour aucun plaisir.

Et c'est bien là, en effet, l'histoire de l'amour.

## CHAPITRE I

## Différentes formes de l'amour.

---

§ 1

Le verbe aimer est parvenu à un haut degré de généralisation. Il désigne des états d'âme extrêmement différents, que relie pourtant une même qualité abstraite. On « aime » Dieu, on « aime » sa patrie, on « aime » une femme, on « aime » la promenade ou le jeu d'échecs, on « aime » le madère ou le bœuf rôti. Même restreint à l'attraction des sexes le mot amour prend encore des nuances infiniment nombreuses et complexes, qui tiennent aux différents systèmes d'idées, d'impressions, de sentiments groupés autour de la tendance sexuelle, aux inhibitions qu'elle exerce ou qu'elle subit, à la forme propre qu'elle prend en chaque individu selon sa constitution, selon son esprit, selon son milieu.

Ces différentes formes, très complexes, dérivées d'une tendance relativement simple, ne sauraient être ordonnées en une seule série bien nette et allant d'un point de départ exact à un point d'arrivée précis en se compliquant graduellement.

La suite des transformations comporte des arrêts, des retours partiels, des bifurcations et des déviations.

La forme la plus simple de l'amour, qui ne mérite même guère ce nom, c'est le désir sexuel simple, qui ne se fixe pas, qui se satisfait au plus vite, sans choix, selon le hasard de la rencontre. « Oh! vous, disait-on à Duclos, il ne vous faut que du pain, du fromage et la première venue. » Encore, dans ces cas-là, certains esprits se laissent aller à enrichir par quelque illusion et quelque rêve une réalité un peu pauvre. Mais quand ce rudiment de poésie ne s'éveille pas, nous trouvons seulement plutôt encore qu'une forme très simple, le point de départ, la base, la condition principale de l'amour.

Il est évident que la volupté recherchée ainsi simplement pour elle-même, et comme satisfaction analogue à celle du besoin de se nourrir ou du besoin de respirer, peut se passer fort bien de toutes les complications psychologiques. Pourquoi serait-il nécessaire d'admirer, d'estimer une femme ou un homme, même d'éprouver envers elle ou pour lui une sympathie tendre, pour en obtenir la satisfaction cherchée? Il suffit évidemment qu'on n'éprouve aucune répugnance trop forte, encore la répugnance n'est pas toujours un obstacle. Quand la nourriture est trop rare, on avale avidement un mets douteux, chair avariée ou légume aigri. En fait l'homme se passe fort souvent, et la femme quelquefois, sans trop se lamenter, de complications amoureuses. Si cela paraît choquant, c'est que nous sommes habitués à juger les affaires sexuelles d'après des considérations de convenance, de morale, d'esthétique, qui ont certes leur raison d'être, et leur importance, mais qui tirent ces raisons d'être et cette importance d'ailleurs que de l'instinct sexuel lui-même.

A un degré un peu supérieur on a le caprice, la fantaisie passagère, sans retour et sans lendemain. Le choix apparaît ici, ou, sinon précisément le choix, une sorte d'attrait qui dépasse la satisfaction animale. C'est la femme qui est désirée et non plus simplement son sexe. Quelque raffinement s'insinue, affine l'instinct, en esquisse la spiritualisation, quelque impression d'aventure piquante, de grâce légère, de plaisir fuyant, quelque attrait aussi de fruit défendu ou, plus simplement, de vie libre et sauvage, quelque sentiment sinon du beau, du moins du joli. Les faits affectifs se multiplient ici, les idées s'éveillent, l'imagination s'ébat. Souvent tout cela reste encore assez simple, assez vulgaire et passablement grossier. Voyez, par exemple, un grand nombre des « bonnes fortunes » de Restif de la Bretonne, ou, dans un autre genre, celles de Casanova, plus prétentieuses pourtant ; songez aussi aux *Contes* de La Fontaine. Mais parfois aussi le rêve, la poésie viennent colorer le caprice, le parer légèrement. Cela se remarque fort bien chez Musset, et je rappellerai aussi, comme exemple curieux, un passage du *Journal des Goncourt*, le désir d'une femme inconnue qu'on trouverait dans un pavillon, la nuit, au fond d'un jardin, qu'on ne reverrait jamais plus.

Ajoutez au caprice un peu de constance, cette constance qui résulte d'une série de caprices éprouvés pour la même personne, vous aurez l'amour libertin et gracieux qui fut une des formes de l'idéal du XVIIIe siècle, l'amour qui ne se pique guère de fidélité, mais qui survit pourtant et qui revient après ses écarts, qui reste léger, élégant, séduisant, spirituel, nuancé parfois de tendresse, parfois ironique et tout près de devenir méchant — le personnage de Valmont dans les *Liaisons dangereuses* montre où peut aboutir cette voie — parfois simplement sec et frivole, l'amour chatoyant, brillant, instable comme la poussière de l'aile d'un papillon. Songez à Marivaux, ou bien à Lancret et à Pater. Ajoutez à cet amour un peu de tristesse, une mélancolie désabusée, fringante et peu sentimentale, qui n'est pas dupe d'elle-même, qui reste un peu sèche, sans espoir, sans apitoiement, vous avez à peu près l'amour illustré par Watteau.

§ 2

Mais la tendance sexuelle s'enrichit encore autrement, par d'autres côtés, avec d'autres éléments. Il ne saurait être question de montrer ici toutes les formes possibles de l'amour. Elles changent avec celui ou celle qui aime, elles changent aussi avec l'objet aimé, elles varient avec l'âge, avec les circonstances, avec les dispositions du moment, avec l'état des organes, peut-être avec le milieu physique, le temps qu'il fait et aussi avec le milieu moral et social. Il suffira d'indiquer ici en les groupant, du mieux qu'on pourra, quelques-unes des formes principales de l'amour et de faire entendre comment toutes ces variétés s'expliquent par des associations, des dissociations, des inhibitions successives, sous l'influence de l'esprit en qui s'éveille l'amour et de la société en qui vit cet esprit.

Une nouvelle forme de l'amour qui nous sollicite maintenant, c'est la sympathie amoureuse, l'amitié amoureuse, la tendresse. Elle appelle souvent l'estime, parfois une certaine admiration, à peu près et toujours le désir de plaire profondément, pour ses qualités morales, une certaine communion de goûts (ou la croyance à cette communion), surtout un sentiment de solidarité voulue, de protection, ou d'intimité, d'affection plus ou moins dévouée, de désir d'être heureux l'un par l'autre. Le sentiment de la beauté peut se joindre à ceux-là, il est moins essentiel, le charme, l'agrément suffisent fort bien ici.

Ce qui est essentiel à cette forme d'amour, c'est l'union de l'affection et du désir sexuel, et c'est ce qui lui donne son caractère. Les satisfactions de l'instinct sexuel peuvent assez naturellement contribuer à faire naître l'affection par l'habitude du plaisir, mais elles ne sont généralement pas seules à la susciter, et elles n'y suffiraient pas toujours. Il faut cependant remarquer qu'il ne s'agit point encore ici, à proprement parler, de la passion amoureuse. La passion est chose plus intense et plus violente, certes elle peut comporter l'affection, mais elle ne la suppose pas forcément, l'estime encore moins, l'amitié et la sympathie, pas beaucoup plus que l'estime. La sympathie amoureuse est un sentiment doux, plus délicat et plus profond que violent.

Certes, on peut « aimer » une femme, sans éprouver de la sympathie pour elle, ni la moindre estime. Mais si l'estime, si l'amitié viennent se combiner au désir, c'est une autre forme d'amour qui s'épanouit. Notons ici l'influence réciproque des éléments qui composent un sentiment complexe et le caractère propre de leur synthèse. La sympathie qu'un homme normal éprouve par une femme désirée, — et même en général pour une femme quelconque qui lui présente au moins les conditions essentielles, sinon les conditions suffisantes du désir — n'est point semblable à celle qu'il éprouvera pour un autre homme. D'autre part le désir que lui inspire la femme vers qui la sympathie l'attire ne sera point celui qu'il ressentirait pour une autre par caprice d'imagination, par simple entraînement sensuel. La synthèse est si étroite ici que les éléments paraissent s'y transfigurer et même s'y confondre. Chacun d'eux semble participer profondément à la nature des autres, en devenir inséparable. Le désir, l'amitié, la tendresse, l'affection ne font plus qu'un sentiment unique dont l'analyse seule peut démêler les composants.

Comme les sentiments qui dominent un esprit et en expriment la nature profonde sont ceux qui s'associent le plus volontiers à tous les autres, les dirigent et les marquent, chaque esprit aimera à sa manière et selon ses qualités propres. Et l'amitié amoureuse fait supposer dans une âme des qualités générales d'affection, de délicatesse, de douceur. L'on surprend ici bien nettement la spiritualisation d'un sentiment. Sa socialisation aussi, car ces qualités qui viennent se combiner à l'instinct sexuel sont en général des qualités sociales, qui adaptent l'homme à la vie collective. Sans doute on ne saurait prétendre rattacher chaque forme d'amour, et en particulier l'amitié amoureuse à une forme définie de civilisation. L'amitié amoureuse est compatible avec bien des états très divers de la société. Cependant certains de ces états lui sont plus favorables que d'autres et surtout peut-être, dans tous ces états, certains milieux. Une vie régulière et paisible, des préoccupations communes, un milieu calme, des relations à la fois assez libres, assez étendues et assez surveillées, des traditions morales et familiales suivies paraissent être de bonnes conditions pour la faire naître et la laisser développer. Mais on comprend qu'une grande rigueur et une exacte précision soient impossibles ici. Les dispositions individuelles peuvent suppléer aux conditions sociales.

§ 3.

J'insisterai sur deux caractères de l'amour affectueux. D'abord l'importance de la personne aimée s'accroît. Dans l'amour purement instinctif et sensuel, et qui n'est guère qu'une impérieuse tendance physiologique, la personne est presque indifférente. Dans le caprice, elle l'est bien moins, cependant la substitution est encore assez facile, assez fréquente. C'est le propre du caprice de changer d'objet volontiers. Mille êtres différents l'exciteront selon l'occasion. Il en va tout autrement de l'amitié amoureuse. Les personnes capables d'inspirer une véritable amitié sont rares. Et l'on comprend que lorsque l'affection amoureuse devient profonde, elle prend l'être presque entier, elle envahit toute la vie, tenace malgré sa douceur et puissante quoique calme. Elle peut alors organiser une existence entière, accompagner l'homme ou la femme jusqu'au tombeau.

Le cas ne saurait être bien fréquent. L'amitié, moins changeante que l'amour, n'est cependant pas immuable. Elle connaît aussi les crises, les affaiblissements, les inconstances et les ruptures. D'ailleurs elle aussi revêt des formes bien diverses. Depuis la camaraderie superficielle jusqu'à la liaison intime et profonde, jusqu'à une sorte de fusion des intelligences et des cœurs, bien des nuances s'échelonnent. A chacune d'elles peut correspondre une forme d'amour tendre, d'amoureuse amitié quand les amis sont de sexe différent et que le désir sexuel naît des rapprochements que la sympathie prépare. Dans ses formes les plus hautes, l'amour unit étroitement les joies des sens, de l'esprit et du cœur. Et l'intelligence et le sentiment y prennent un singulier caractère de caresse, de caresse amoureuse, tandis que la caresse amoureuse y garde le caractère de la caresse affectueuse et simplement tendre.

Il est naturel que, dans ce cas, et même dans les formes moins hautes l'amour devienne exclusif et relativement fidèle. Précisément parce que la personne entière avec l'ensemble de ses qualités intellectuelles et morales a pris, dans l'amour, une importance plus grande, elle a plus de chances de conserver cet amour, attaché plus étroitement à ce qui la caractérise en tant que personne et non plus à ce qu'il rencontrerait aussi bien chez beaucoup d'autres. Il ne faut pas compter cependant que l'amour affectueux préviendra toujours et complètement le caprice sexuel, l'infidélité passagère. Il la préviendra moins encore dans ses formes inférieures. Une certaine camaraderie amoureuse ne semble pas une bonne cuirasse contre les désirs épars dans le monde. Elle peut même faire accepter ou tolérer, un peu par affection, un peu par demi-indifférence ou par laisser-aller, des infidélités sans conséquences graves et sans grand sérieux. Et même dans les formes élevées, quelque indulgence de part et d'autre peut intervenir en pareille circonstance.

§ 4.

Les formes de l'amour-amitié, de la tendresse amoureuse sont extrêmement variées. En somme chacun aime à sa manière. Même si l'on considère les formes les plus hautes, on y relève une assez grande diversité. Elles se caractérisent toutes par une assez grande richesse et une remarquable variété d'impressions, d'idées, de sensations et de sentiments. Mais elles se distinguent par la nature et le rapport des éléments qui s'y combinent. Ces éléments varient selon la personne des amants, leurs sentiments et leurs idées, selon aussi que dominera plus ou moins, dans l'amour même, tel ou tel élément. Les synthèses psychiques n'ont pas la belle et étroite simplicité des synthèses de la chimie inorganique. Tantôt le désir sexuel dominera, et tantôt ce sera le besoin de donner ou de recevoir protection, tantôt ce sera la sympathie affectueuse et tantôt un goût intellectuel ou artistique commun, ou quelque tendance sociale ou supra-sociale, comme le sentiment religieux. Les amours-amitiés se distingueront encore les uns des autres par des qualités de sérieux ou d'enjouement, de profondeur ou de grâce, de charme, de vivacité qui dépendent non seulement de la nature des amants mais du mode d'association et de combinaison de leurs personnalités. Même les formes les plus hautes d'une sorte d'amour peuvent varier à l'infini.

Il en est deux que je signalerai ici pour préciser un peu et pour fixer les idées. Je les appellerai l'amour-Michelet et l'amour-Stuart Mill. L'amour tel que l'a compris Michelet est très sensuel. La tendance sexuelle y domine. Il s'en faut bien pourtant qu'elle y devienne exclusive. On la voit au contraire s'y associer à une part considérable de la personnalité. Tandis que dans les formes rudimentaires de l'amour elle n'intéresse à elle que quelques idées et quelques sentiments, et de façon passagère, ici elle se mêle à tout, s'unit à la vie morale et à la vie intellectuelle très étroitement. Ecoutons Michelet : « Le génie arrêté sur la voie de l'invention rencontrant un de ces nœuds qu'on ne sait résoudre, ayant tourné tout autour, désespéré, et jeté tout, tristement s'assoit au foyer. Elle voit bien sa tristesse : « Eh laisse-là ton idée; oublie, je t'en prie, sois heureux! » C'est justement ce moment d'oubli qui a tout changé. Sa vie en est renouvelée, sa puissance rafraîchie : une électricité nouvelle lui revient pour l'exécution. Aimanté de la femme, de cette grâce de nature et d'aimable facilité qu'elle a et donne à toutes choses, il sourit du léger obstacle qui l'avait arrêté la veille [1]. » Et lorsque l'amour a triomphé des malentendus, des caprices, des résistances : « Jusque-là le travail les séparait, et la femme avait ses heures, aujourd'hui toute heure est à elle, le jour et la nuit. En toute chose il la sent utile et charmante; il ne peut plus s'en passer : c'est le jeune compagnon chéri, en qui il trouve le sérieux, le plaisir, tout ce qu'il veut, qui se transforme pour lui. C'est Viola, c'est Rosalinde, un doux ami le matin, femme au soir, ange à toute heure ». Baudelaire disait plus brièvement à peu près la même chose quand il définissait la femme aimée « un ami avec des hanches ». Mais Michelet, plus lyrique ici, pousse jusqu'au mysticisme. « N'avons-nous pas obtenu ici ce que nous cherchions,

1. Michelet. *L'Amour*, p. 374.

l'échange absolu de l'être? L'amour n'a-t-il pas l'infini ?... ne semble-t-il pas que ce soit le miracle de l'unité ? Non, elle peut encore se resserrer d'un degré : c'est quand tous les deux se rencontrent dans une idée de bonté... c'est le moment de fusion où l'amour triomphe invincible, où l'âme renouvelle les sens, où, souvent plus vif qu'au jeune âge, revient l'aiguillon du désir... Il n'est pas rare qu'on désire une femme parce qu'elle est bonne et sans aucune autre raison. Profonde harmonie de notre être! Il va par les sens aux choses du cœur; il tend, par l'union physique, à atteindre, à posséder la suavité morale qui est là. On y sent Dieu. C'est pourquoi on veut s'unir[1]. »

Voilà une forme d'amour, belle et riche, en qui la tendance sexuelle domine encore à ce point que l'intelligence, si elle ne s'y subordonne pas, si elle s'arrange pour en profiter, semble pourtant en dépendre. La femme intervient dans la vie intellectuelle plutôt comme une sorte d'excitant que comme un aide éclairé et réfléchi. L'affection, la tendresse, très fortes, s'unissent étroitement au désir sexuel et en paraissent inséparables.

Supposons maintenant le rôle de l'idée agrandi, tandis que le désir sexuel diminue et se subordonne, l'intelligence plus froide et plus dominatrice, la tendresse aussi profonde certainement et peut-être aussi vive, mais moins impérieusement sensuelle, une autre forme d'amour apparaît assez différente, très caractéristique aussi, plus rare encore peut-être (quoique l'amour-Michelet ne soit nullement commun) et c'est le sentiment que nous avoue Stuart Mill dans ses *Mémoires*.

1. Michelet. *Ouvrage cité*, p. 431.

« Je n'en finirais pas, écrit-il à propos de celle qui devint sa femme après vingt ans d'amitié, si je voulais dire en détail tout ce que je lui dois, ne fût-ce qu'au point de vue de l'intelligence... j'avais accepté des solutions toutes faites, j'en avais trouvé moi-même en économie politique, en psychologie analytique, en logique, en philosophie de l'histoire comme sur d'autres sujets, et ce n'est pas la moindre des obligations que mon intelligence doit à cette noble femme, de m'avoir conduit à un scepticisme sage à l'égard de ces solutions. Bien plus, la même influence disposa mon esprit non seulement à accueillir, mais à embrasser et à rechercher avec ardeur tout ce qu'on pouvait trouver de plus clair en fait de vues, de plus fort en fait de preuves, même sur les questions qui avaient fait le plus l'objet de mes méditations. On m'a souvent adressé des éloges dont, à mon avis, je ne mérite qu'une partie, pour avoir mis dans mes écrits, à ce qu'on dit, un esprit plus pratique que celui qu'on rencontre chez la plupart des personnes qui se sont occupées des questions les plus générales. Les œuvres où l'on a observé cette qualité n'étaient pas les œuvres d'un esprit unique, mais la fusion de deux esprits dont l'un portait autant de sens pratique dans ses jugements des choses présentes, que d'élévation et d'audace dans ses prévisions relatives à un avenir éloigné[1]. » L'amour s'est, ici, singulièrement intellectualisé; l'étude de la philosophie, de l'histoire et de l'économie politiques est venue s'associer très étroitement à la tendance sexuelle, profiter d'elle et l'exalter aussi, la tendresse y

1. Stuart Mill. *Mes mémoires*, histoire de ma vie et de mes idées. Traduction française de Cazelles, p. 180.

abonde mais sous une forme relativement grave et comme voilée, la vie sentimentale et la vie de l'esprit se sont développées et enrichies. C'est là certainement des formes non point les plus passionnées, non pas les plus violentes, mais les plus amples, les plus délicates, les plus hautes et les plus belles de l'amour[1], et un cas merveilleux de la spiritualisation et de la socialisation de l'instinct sexuel. Il s'adapte à l'esprit entier, il sert à l'enrichir et à le développer, et, en même temps, il accepte l'influence de toute une civilisation qu'il contribue lui-même à développer par son influence sur l'intelligence et les sentiments.

Ce qui frappe encore ici, et c'est le second des caractères que j'indiquais tout à l'heure, c'est que l'instinct sexuel, dans cette forme de l'amour, tient moins de place et domine moins. Sans doute remarquera-t-on que Mill épousant Mrs Taylor après une irréprochable amitié de vingt ans n'était plus très jeune lors de son mariage. Mais ces vingt ans de patience sont déjà significatifs. Et d'ailleurs Michelet était bien loin de sa jeunesse quand il écrivit l'*Amour* et *la Femme* et Victor Hugo avait passé la soixantaine quand il publia les *Chansons des rues et des bois*, le plus bel animal de la lan-

1. Il faut bien dire que les amis de Mill jugèrent sa femme autrement que lui. Elle ne leur paraissait pas mériter, par son intelligence, tous les éloges du philosophe. Cela est intéressant, mais n'importe guère en somme. D'abord, c'est peut-être eux qui se sont trompés. Et puis, eussent-ils dit vrai, son action sur Mill n'en serait pas moins réelle. Mill profitait sans doute mieux des suggestions, des idées même imparfaites, de tous les mots ou des sourires ou de la présence même de sa femme que ceux qui n'étaient pas amoureux d'elle.

gue française, disait Veuillot. Cela marque la différence des individus et de leurs sentiments. Assurément l'instinct sexuel diminue de puissance avec l'âge, cependant la marque de la personnalité sur les sentiments, le mode de spiritualisation, et les tendances principales de l'esprit résistent bien souvent. « La punition de ceux qui ont trop aimé les femmes, a-t-on dit (ou à peu près) c'est qu'ils ne peuvent jamais cesser de les aimer[1]. »

Mais même dans l'amour à la façon de Michelet, si l'instinct, si le désir reste puissant, il s'en faut beaucoup qu'il soit exclusif. Il est assez loin déjà de sa simplicité primitive. Il s'est transformé au contact des sentiments différents, et déjà il sait jusqu'à un certain point s'effacer et se subordonner.

En effet, un élément psychique entrant dans une synthèse, comme un homme qui s'associe à d'autres hommes, ne saurait continuer à être tout à fait lui-même et à n'être que lui-même. Il n'est plus une fin en soi et ne peut pas s'imposer aux autres en chef absolu. Bon gré, malgré, il doit tenir compte de ses compagnons et régler sa conduite d'après ce qu'ils sont. Ils sont toujours à certains égards en réaction contre lui et s'ils se résignent à son influence ou même s'ils l'acceptent avec joie il doit aussi subir la leur plus ou moins. Si absolu que soit un despote, il lui faut tenir compte de la nature, des besoins, des désirs, des croyances de ses sujets et y conformer plus ou moins sa conduite. L'influence est toujours réciproque, si inégalement

1. Ajoutons pourtant qu'on pourrait prétendre également que c'est parfois la récompense de ceux qui s'en sont écartés dans leur jeunesse. Les généralités psychologiques de cet ordre n'ont rien d'absolu.

qu'elle puisse être répartie. La lune attire l'Océan et le soulève, mais l'Océan attire aussi la lune et modifie son mouvement et le modifie d'autant plus qu'en le soulevant elle l'a rapproché d'elle. L'instinct sexuel en se combinant à la sympathie, à la tendresse, à l'intellectualité, emprunte quelque chose à ces forces si différentes de lui. Il les soulève, il les rapproche de lui, mais il se rapproche d'elles. Il dépouille pour un temps au moins, et jusqu'à un certain point, sa brutalité, sa crudité, sa férocité primitives. Il s'adoucit, il sait, s'il le faut, s'éclipser, s'effacer, se mettre à la suite, rendre service à des sentiments amis et même à des sentiments rivaux, mais avec lesquels il a lié société. La tendresse, même très sensuelle, est tout autre chose que le rut bestial et impérieux. Ainsi se reflètent sur le cours de la vie de l'instinct les sentiments, les émotions, les idées les plus diverses et même toute la vie sociale qu'il traverse,

## § 5. — L'amour et la famille.

Il est assez remarquable que nous ayons pu examiner déjà plusieurs formes de l'amour et des combinaisons de l'instinct sexuel sans dire un mot de ce qui apparaît comme le but essentiel de l'amour et de l'instinct : la création d'un nouvel être et la fondation de la famille, la survivance de la race.

C'est que, chez l'homme, le sentiment de l'amour n'est pas toujours très étroitement relié au sentiment de la famille, ni même au désir de prolonger son être en des enfants, d'assurer la vie de sa famille, de sa patrie, de sa civilisation. Sans doute, on a pu voir, et l'on retrouverait encore des groupes sociaux où l'amour ne se comprend que dans le mariage, où le mariage n'est que le moyen nécessaire de fonder une famille. Mais il s'en faut que ce soit là une règle générale. Il suffit de songer aux relations sexuelles irrégulières, au nombre des enfants naturels, aux avortements, à la dépopulation, à la diminution de la natalité si marquée en France et qui s'annonce en d'autres pays, pour être renseigné. En fait, l'instinct sexuel et l'amour tendent à s'individualiser, à devenir une sorte de force indépendante, à trouver en eux-mêmes leur raison d'être et leur but. En devenant plus conscient, plus affiné parfois, l'amour est devenu moins fécond. Si en se spiritualisant et en se socialisant il a perdu parfois quelques fâcheuses apparences de brutalité, il a souvent aussi laissé s'amoindrir ou se disloquer l'équilibre de l'animal. La société a parfois influencé l'instinct et de façon à compromettre sa propre existence.

C'est une question fort grave qui se pose là et l'on ne saurait trop s'en préoccuper, si les préoccupations qu'on prend des problèmes sociaux ne tendaient trop souvent, par la maladresse de ceux qui les traitent, à en rendre la solution plus urgente et plus difficile à la fois. Notre pays surtout, et surtout en ce moment, peut éprouver de sérieuses inquiétudes en interrogeant l'avenir. Il va sans dire que je n'ai aucune prétention à offrir ici un remède efficace aux maux qu'on signale de partout. Il me suffirait bien de jeter quelque clarté sur quelques-unes des données du problème.

C'est un fait constant que tout moyen tend à s'ériger en fin, et ce fait est, dans la vie psychique et sociale, un cas de la vie relativement indépendante des éléments psychiques que j'ai tâché de mettre en lumière et dont j'ai dû parler bien souvent[1] et de la vie indépendante et égoïste des éléments sociaux que chacun n'a que trop d'occasion de remarquer. On peut le constater partout. Partout les moyens que nous employons pour assurer ou développer notre vie, tendent à s'imposer à nous pour eux-mêmes, et cet effet augmente la spiritualisation et la socialisation de nos tendances, il s'y lie étroitement.

L'homme, par exemple, et surtout la femme choisissent leurs vêtements par de tout autres considérations que celles du besoin de se défendre contre le froid et la pluie, ou même — une fois que le vêtement eut, avec d'autres causes, contribué, comme il est vraisemblable, à créer la pudeur — de la convenance de couvrir sa nudité. Et bien plutôt le vêtement serait-il parfois un prétexte à la montrer, à l'indiquer, ou à la faire imaginer, même au risque d'un rhume ou d'une bronchite. De même le gourmand, le gourmet, le glouton même ne mange pas avec la seule préoccupation de se nourrir, qu'il pourrait satisfaire à bien moins de frais et de soins. Mais le plaisir de la toilette et le plaisir de la bouche, en devenant plus conscients et se compliquant, en s'associant à des sentiments et à des idées qui n'avaient primitivement rien à faire avec eux, en devenant ainsi des manières de fonctions sociales, se sont revêtus d'une importance pour ainsi dire personnelle et ont relâché leur lien avec les besoins profonds auxquels ils doivent l'existence. Une coquette préférera une jolie toilette à un vêtement raisonnable et

1. En particulier dans l'*Activité mentale et les éléments de l'esprit*, Partie I. Voir aussi, pour l'opposition des éléments sociaux, la *Morale de l'ironie*.

un gourmet recherchera plutôt un fin morceau que le mets vulgaire qui le nourrissait plus sainement. C'est un exemple des déviations que la spiritualisation et la socialisation provoquent si naturellement.

Et l'homme, assez souvent glouton par nature, s'est fait aussi gourmand et gourmet en amour. Ce ne sont pas les couples les plus amoureux qui pensent le plus à la venue de l'enfant, qui se soucient le plus de le procréer et qui se préoccupent le plus volontiers d'en assurer la conception dans les conditions les plus favorables à la santé, à la vigueur physique et morale du nouvel être. Beaucoup certainement ne songent même pas au résultat possible de l'union, et ceux qui s'en préoccupent, c'est souvent pour en écarter la venue qu'ils pensent à l'enfant éventuel. J'imagine même que l'idée de préparer avec soin la conception d'un être normal paraîtrait à bien des gens légèrement comique, sinon incongrue. On s'est beaucoup égayé sur ce que des hygiénistes attribuaient quelques inconvénients aux baisers que nos habitudes prodiguent et l'on s'est indigné que l'on s'avisât de parer à la tuberculose. Les faits ne sont guère douteux, et il est permis de les déplorer, mais c'est une autre question. Voyez l'histoire des grands amoureux, lisez leurs lettres, il ne paraît pas que la paternité les ait beaucoup intéressés. La femme amoureuse, amoureuse par caprice ou par passion, aime parfois à mêler à l'amour un sentiment maternel, mais ce sentiment maternel, c'est à l'amant qu'il s'adresse. Voyez Mme de Warens et Rousseau, Julie et Lamartine, George Sand et Alfred de Musset. Même lorsque l'enfant est venu, l'amour de ses parents pour lui reste souvent assez en dehors de la tendresse amoureuse qui l'a créé et entre même en conflit avec elle. Il n'est pas rare qu'un mari reproche à sa femme d'être trop absorbée par ses enfants. Une jalousie spéciale peut fort bien se développer en ce cas, chez les amants, chez l'homme surtout peut-être, aussi chez les enfants jaloux parfois de leur père par rapport à leur mère ou de leur mère par rapport à leur père. Cela s'explique tout simplement d'ailleurs et sans qu'on ait à invoquer toujours ou presque toujours comme on a voulu le faire une jalousie sexuelle spécifique bien précoce. Toute tendance, tout désir d'un bien insuffisant à satisfaire tous ceux qui la recherchent peut produire la jalousie. Ce n'est pas à dire que la jalousie sexuelle précoce ne puisse se montrer chez quelques enfants, et cela fut sans doute le cas de Stendhal.

Aussi à mesure que l'instinct sexuel se transforme en s'associant avec les sentiments divers et de nouvelles idées, il se sépare d'autres éléments psychiques qui s'harmonisaient avec lui. L'amour d'une part, les sentiments de famille et la conduite envers les enfants d'autre part, sont associés et assez souvent entrent en conflit. Chacune de ces tendances s'est développée de son côté, et souvent pour elle seule, sans égard à l'équilibre psychique, sans égard à l'ensemble social. Et l'on arrive à ce résultat singulier que, en bien des cas, l'influence de l'âme s'exerce au détriment de l'âme et l'influence sociale au désavantage de la société.

Il faut bien reconnaître encore ici un effet de la singulière situation de l'homme, de ce qu'il a d'unique, de ce qui fait de lui, beaucoup plus que les différences d'intelligence ou d'organisation, un être à part dans l'ensemble des êtres vivants. C'est que l'homme est l'animal le moins adapté à ses conditions de vie. Il est jusqu'ici à peu près irréductiblement personnel, égoïste, et les circonstances l'ont amené à vivre en société. Il lui est impossible de vivre d'une vie indépendante, et impossible aussi de se soumettre avec loyauté, sans fraudes et sans restrictions, aux renoncements qu'exige de lui la vie sociale. Il n'est ni un individu libre, ni un élément social. Il est quelque chose de vague et d'indécis, de variable et de flottant qui s'approche tantôt d'une manière d'être et tantôt de l'autre. De là ses misères, ses haines, ses crimes. Il cherche fatalement un équilibre qui le fuit toujours. La contradiction inhérente à toute existence s'est accrue, s'est exaspérée en lui. Et l'on comprend qu'il ait cru sentir sur sa tête une malédiction divine, et qu'il se la soit expliquée par une faute originelle, un péché inexpiable dont les conséquences pèsent toujours lourdement sur sa destinée. Ce qui fait son mal fait aussi sa grandeur, puisque c'est pour y échapper d'une manière ou de l'autre, qu'il a développé, sinon ses facultés mêmes, moins transformées à travers les âges qu'il ne s'est plu à le croire, du moins leurs moyens d'action, qu'il a créé successivement des civilisations éphémères et impuissantes, dont les débris servent sans cesse à de nouvelles et plus ambitieuses constructions. Il faut que l'homme moins guidé que l'animal par des instincts sûrs et persistants dans une vie routinière, invente sans cesse sa vie. L'invention, la création de formes de vies nouvelles, ne peut aller, pas plus qu'une invention quelconque, sans heurts sans trouble, sans crises, sans erreurs, sans quelques déviations plus ou moins graves.

Du moment où l'instinct sexuel s'alliait à des sentiments comme l'affection, l'estime, la pitié, l'admiration, le goût des lettres, des arts, de la science et de la philosophie, on aurait pu prévoir qu'il laisserait faiblir quelques-unes de ses anciennes alliances, même les plus étroites et les plus anciennes. Quand on se fait de nouveaux amis, il est assez rare que les anciens n'aient pas à en pâtir, et quand un homme entre dans une association, on peut s'attendre à ce que plusieurs de celles dont il faisait partie soient un peu négligées par lui. Quand on se fait recevoir membre d'un cercle, on peut être amené à rester moins longtemps en famille et l'amour même, en créant de nouvelles familles, disloque un peu les anciennes et en sépare les membres. Il est très possible que l'admiration pour la beauté d'une femme fasse craindre d'amoindrir cette beauté par des accouchements répétés, que l'affection qu'on a pour elle en fasse redouter la souffrance, que l'amour satisfait d'une paisible vie à deux songe à éviter les complications, les gênes, les restrictions diverses que peut procurer une nombreuse famille. Et voilà quelques raisons entre mille qui peuvent expliquer comment la spiritualisation de l'amour peut nuire à sa fécondité.

La socialisation peut agir dans le même sens. Les soucis et les plaisirs du monde, les inquiétudes de la vie sociale, la nécessité de se nourrir, de se vêtir, le besoin d'avoir une vie honnête et le désir de l'avoir confortable sont autant de raisons qui peuvent nuire à la constitution d'une famille. Elles demeurent sans action tant que l'instinct reste brutal, isolé, sans rapport avec les désirs et les besoins de la vie, chez les âmes très simples, ou très grossières. Mais l'éducation, le milieu, l'instinct et l'expérience de la vie amènent forcément beaucoup d'individus à réfléchir, à combiner leurs sentiments, à prendre conscience de leurs rapports. de leurs oppositions, à chercher les moyens d'éviter les inconvénients qu'ils prévoient, et à employer ces moyens. L'infécondité volontaire, au moins relative, qui peut faire déchoir et périr une société n'en est pas moins liée à des progrès de la réflexion et de la maîtrise de soi. Et même de hautes raisons peuvent paraître l'excuser ou la recommander. On peut estimer que c'est une lourde responsabilité de mettre au monde des enfants exposés à tous les risques de la vie, voués presque fatalement aux déceptions et aux souffrances. A côté des motifs ignobles ou simplement égoïstes, l'infécondité volontaire en reconnaît aussi d'avouables et même d'élevés. C'est ce qu'il ne faut pas oublier quand on en parle. La société doit évidemment la combattre. Elle doit aussi pour cela même, tâcher de supprimer les excuses qu'elle peut avoir. Il faudrait arriver à ce que, si l'intérêt national est que la population du pays s'accroisse, nos sentiments d'humanité n'aient pas à souffrir de cet accroissement.

Mais il ne faut pas s'en tenir aux effets de désorganisation. Si l'amour et les sentiments de famille sont quelquefois en antagonisme, il ne faut pas oublier qu'ils sont naturellement unis en droit pour ainsi dire, et qu'ils le sont très souvent en fait dans une certaine mesure, et, en bien des cas, de façon à ce que l'accord soit plus fréquent et plus important que la lutte. C'est aussi par une socialisation de l'amour que ce sentiment de la famille, si puissant et souvent si étroit en France [1], est venu

1. Ce sentiment aussi se retourne parfois contre lui-même et va contre son but naturel. On en indiquerait beaucoup d'occasions si c'en était le lieu, il suffit ici de rappeler que

compléter l'instinct sexuel, se joindre à lui, le diriger, le dominer, lui imposer les restrictions utiles. En fait il n'est pas rare que le désir de la paternité ou de la maternité détermine le mariage et règle ainsi les satisfactions des sens.

Une nouvelle forme de l'amour s'est ainsi développée, par l'association de l'instinct sexuel et du sentiment de la famille. Il ne s'agit pas ici d'une association exclusive et d'autres éléments y peuvent intervenir. L'estime y est naturellement assidue, la sympathie et la tendresse s'y joignent heureusement aussi, parfois le sentiment de la beauté, assez fréquemment des considérations d'intérêt et de convenance, un certain ensemble de goûts bourgeois, d'autres fois des sentiments religieux, le sens de la conformité à l'ordre du monde, le sens du devoir, l'amour du groupe national ou un certain sens de l'humanité. Par la réaction les uns sur les autres des divers éléments qui le composent l'amour prend des aspects différents selon ces éléments et ces réactions, mais leur caractère général, dans les cas qui nous occupent maintenant, est donné par l'union de l'instinct sexuel et du sentiment de la famille, et par la subordination, au moins partielle de celui-là à celui-ci. L'amour même, l'amour conjugal peut se subordonner à l'amour paternel, et plus volontiers encore peut-être à l'amour maternel. Cette forme d'amour à fin familiale semble plus fréquente chez la femme. Elle est la plus recommandée par la morale ouvertement acceptée, et avec un instinct assez sûr, car ses avantages sociaux sont en effet considérables.

l'amour pour le premier-né et le désir de lui assurer une vie plus large paraît être une des causes de l'insuffisance de notre natalité.

M. Carlos Baires donne à l'amour conjugal, comme caractères fondamentaux et spécifiques : la fidélité, la solidarité et la chasteté[1]. La solidarité me paraît ici l'essentiel, en l'étendant aux enfants, quand il s'agit de l'amour conjugal fondé sur le désir de l'enfant. La chasteté et la fidélité peuvent faire bonne figure, et conviennent en ce genre d'affection.

Cependant la chasteté peut y être assez faible, et des infidélités passagères ne sont pas toujours incompatibles, surtout chez l'homme, avec le sentiment de la solidarité familiale et conjugale. Evidemment elles dénotent une forme moins pure du type conjugal.

Ce type, comme tous les types, se réalise en des cas de valeur très inégale. Cette valeur dépend, comme nous venons de le voir, de la nature des éléments qui viennent s'associer aux caractères généraux du type, de l'harmonie plus ou moins grande de ces éléments, de leur pureté, de leur force. Sous une forme un peu ordinaire et médiocre l'amour conjugal, l'amour familial sont assez répandus. Ils se solidifient peu à peu dans l'habitude, dans la routine quotidienne de la vie, et l'on est surpris, parfois, à la mort d'un des époux, de reconnaître la place qu'il occupait dans la vie de l'autre. On voit, par exemple, une veuve conserver, après

1. Je dois signaler ici *la Teoria del Amor* de M. Carlos Baires, dont l'auteur nous a donné lui-même un résumé en français. On y trouvera de bonnes et justes observations sur les différents sentiments sexuels et sur leurs associations. Je me suis placé d'ailleurs ici à un point de vue de psychologie et de sociologie générales différent du sien. Je rappellerai aussi que j'avais examiné la question de l'amour, il y a bien longtemps, dans l'*Activité mentale* pour montrer le rôle de l'association systématique et des différents éléments qui se combinent dans une tendance.

la mort de son mari, les idées, les habitudes, même les affections qu'il avait, alors même qu'elle aurait paru plutôt réagir avant cette mort contre certaines de ces affections et de ces habitudes. Une affection très forte, peu apparente parce qu'elle est tissée d'habitudes sans éclat et que rien d'imprévu ne relève, se forme ainsi peu à peu, se substituant soit à l'indifférence, soit à la tendresse sensuelle, soit à l'indécision sentimentale des premiers temps.

### § 6. — Vues générales.

Dans toutes les formes de l'amour que nous examinons on pourrait marquer des degrés et signaler des nuances à l'infini. Toutes ces formes les plus différentes se relient entre elles et à celles dont je parlerai par d'innombrables transitions. Des combinaisons s'établissent qui diffèrent par quelques éléments plus ou moins nombreux et par les proportions de ces éléments. Je tâche de donner un schéma général, aussi exact que possible, pour être clair, et dégager les lignes principales de la réalité. C'est une figure relativement précise, et même trop précise, mais sèche et morte, d'une réalité ondoyante et compliquée, vivante et mouvante, qui va se transformant sans cesse selon les époques, selon les lieux, selon les individus, selon les circonstances et selon les moments. L'amour sexuel éclate parfois chez un homme destiné à l'amour-tendresse mêlé de forte intellectualité, le caprice peut surgir à l'occasion dans l'esprit d'un affectueux relativement constant; la tendresse et le sentiment familial peuvent s'associer avec le caprice et l'intellectualité (sous forme de fantaisie, de poésie, de jeu de l'imagination).

Les associations d'idées et de sentiments les plus invraisemblables, les plus choquantes, si l'on veut, ne sont point impossibles. Plus souvent encore se produit la succession dans un même individu de sentiments, de désirs, d'idées qui contrastent violemment. L'homme est multiple et divers.

Les sociétés aussi. Au XVIII^e siècle, parmi les caprices et les galanteries légères s'élèvent de beaux exemples d'amour conjugal et de fidélité. Au XVII^e, à côté de l'Hôtel de Rambouillet, de l'amour digne, compliqué, noble, retenu que l'on y cultive, s'étalent la débauche crue et violente de quelques seigneurs et les singulières fantaisies de Monsieur. L'amour-caprice paraît être de tous les temps et de tous les lieux sous des apparences diverses. Il peut être spirituel et charmant, il peut être aussi emporté et sanguinaire, n'être qu'une fantaisie impulsive et cruelle de l'instinct sexuel pur, sans mélange d'intellectualité et de sentiment. D'autre part il est évident que les formes compliquées de l'amour, l'amour Stuart Mill par exemple, ne peuvent se développer pleinement que sur une civilisation très cultivée et chez quelques rares individus.

Il nous intéresse de remarquer maintenant le procédé de spiritualisation et de socialisation qui s'applique à la naissance et au développement de toutes ces formes diverses d'une même tendance. Nous avons vu un instinct à peu près purement biologique à ses débuts, s'associer peu à peu à des impressions, à des sentiments, à des idées qui lui étaient naturellement étrangers, à travers des civilisations diverses, sous la pression des autres tendances de l'individu, sous l'influence de l'exemple et de l'éducation, des nécessités, des commodités, des tentations variées de la vie sociale, par l'action des forces innombrables qui constituent cette vie. C'est ainsi que la tendance sexuelle, l'instinct qui pousse l'un vers l'autre le mâle et la femelle, le rut dû peut-être à quelque altération chimique des éléments de l'organisme, et dont la fonction est peu compliquée, la fin précise, étroite et simple, intervient peu à peu dans toute la vie de l'esprit, la transforme et s'y transforme, la dirige parfois et sait parfois s'y subordonner, entre en relations intimes avec les sentiments comme l'affection, l'estime, la tendresse, l'admiration, à des préoccupations intellectuelles de toute nature, à des considérations de beauté et de santé, à des sentiments moraux et religieux, et, d'instinct violent et simple, se transforme en une tendance extrêmement riche, compliquée, toujours puissante, adaptée non seulement à l'âme d'un individu, mais à la vie d'une société, qu'elle reflète et qu'elle reforme. L'amour Stuart Mill paraît réaliser la forme la plus riche de la spiritualisation. L'amour ici a pris l'esprit tout entier et s'y est fait sa place, non point en opprimant ou en détruisant les autres tendances, mais au contraire en les harmonisant et en les exaltant. La socialisation y est très haute aussi puisque l'amour en devenant l'occasion du développement des idées philosophiques et sociales de Mill, prépare et dirige pour une part non négligeable la vie et l'avenir de la société. Mais la socialisation directe et essentielle est sans doute à son plus haut degré dans l'amour familial et conjugal. La tendance sexuelle rencontre ici la forme qui l'unit étroitement aux formes essentielles de la vie sociale, qui lui fait même créer, prolonger et organiser cette vie. Ce n'est que par la génération qu'une société peut se maintenir, et, dans notre monde civilisé, et même presque partout en dehors de lui, c'est la famille qui a donné à la société son élément essentiel et sa base solide. Sans doute elle s'est beaucoup transformée dans l'ensemble de nos civilisations européennes, depuis la cité antique jusqu'aux mœurs actuelles, elle se transformera peut être encore, on ne peut même affirmer sans réserves qu'elle ne sera pas remplacée dans un avenir lointain par quelque autre combinaison provoquée par ses inconvénients et ses défauts. Il arrive aussi que la société admette légitimement d'autres formes d'amour que l'amour familial et conjugal, qu'elle puisse en profiter et y rencontrer des moyens d'expansion, de raffinement, d'enrichissement psychologique et esthétique. L'amour familial n'en est pas moins le plus étroitement lié aux conditions essentielles de la vie sociale du temps présent.

Il est deux grands faits dont je n'ai encore rien dit, ou presque, et qui pourtant, avec tous les sentiments qui s'y rattachent, influencent et compliquent l'amour. Mais comme ils peuvent intervenir dans toutes les formes de l'amour que j'ai déjà indiquées et aussi dans celles que j'examinerai plus tard, je n'ai pas eu et je n'aurai pas à m'en occuper à propos d'aucune d'entre elles en particulier. C'est la beauté, et c'est la santé.

La santé pourtant est spécialement importante pour l'amour familial, et dans la forme plus simple, qu'on peut appeler l'amour biologique et qui a pour but la continuation indéfinie de la vie de l'espèce. Aussi est-il normal que la santé attire le désir et puisse aider à le fixer. Elle est une condition importante de la formation d'une famille durable. Un instinct bien formé y serait certainement très sensible. Et c'est ce qui arrive en effet assez souvent dans l'espèce humaine. Si cela n'est pas plus général c'est que des déviations dont ni l'esprit ni la société ne sont innocents ont détourné l'instinct. Et nous constatons, comme nous l'avons fait déjà, comme nous aurons encore à le faire, que la spiritualisation et la socialisation en compliquant l'instinct tendent souvent à le pervertir. L'homme en est venu à trouver un charme à la faiblesse, à la langueur, à la maladie même. Une grâce attirante appelle le désir vers des êtres qui ne sont nullement aptes à fonder une famille vigoureuse. La pitié, en amour, est souvent mauvaise conseillère, et l'instinct brutal est un guide souvent plus sûr que les raffinements des civilisés. La société a sa responsabilité aussi en prêchant le dévouement et la compassion hors de propos. Elle a péché plus gravement encore en mettant, non plus dans ses théories morales, mais dans sa pratique courante, des convenances de fortune, de situation, dont on ne saurait nier l'importance, en contradiction fréquente avec des convenances de force et de santé plus essentielles encore. Ainsi bien des considérations esthétiques, sentimentales, morales même et sociales sont intervenues qui n'avaient rien à voir avec le but biologique et familial de l'instinct et ont pu détourner celui-ci de sa vraie fonction. C'est un mal qui peut n'être pas sans compensation.

Quant à la beauté, elle se rattache parfois à la santé même, elle en est la fleur et comme la réussite heureuse. Cela mis à part, son importance n'est pas primordiale. Elle peut attirer l'attention, et par suite le désir, elle peut être un lien de plus, introduire un agrément fort appréciable dans une liaison amoureuse passagère ou durable. On peut se passer d'elle. Les femmes les plus aimées ne semblent pas avoir toujours été les plus belles, et des hommes très désirés ont pu être franchement laids. Il ne faut pas oublier d'abord que l'amour influe sensiblement sur notre appréciation de la beauté. « Ce qui est beau, dit un proverbe patois de mon pays, ce n'est pas ce qui est beau, c'est ce que l'on aime ». Volontiers l'on rapporte à la beauté le plaisir qu'on éprouve à voir une personne, bien que les justes proportions du visage et du corps n'y interviennent guère. D'autre part il est vrai que l'amour peut créer une certaine beauté, transformer heureusement le port et l'attitude, les rapports, l'harmonie, l'expression des traits du visage.

## CHAPITRE II

# La passion amoureuse.

---

### § 1.

En étudiant la vraie passion amoureuse, l'amour des meurtres, des suicides, des fièvres, si nous n'abordons pas les phénomènes franchement pathologiques, du moins nous nous engageons assez avant sur le chemin qui y conduit. Jusqu'ici nous assistions plutôt à la spiritualisation harmonieuse d'un instinct, ici nous rencontrerions plutôt la déspiritualisation d'une âme qui se ramène toute à un seul sentiment, et va non point tout lui coordonner, mais tout lui subordonner, et, au besoin tout lui sacrifier, la paix et parfois l'honneur, la raison et les affections les plus fortes, la vie même et, si l'occasion le veut, aussi ou surtout la personne aimée. Si donc nous continuons à parler ici de la spiritualisation de l'instinct, il faut se rappeler quelle sorte de spiritualisation caractérise la passion amoureuse et qu'elle consiste à associer tout l'esprit à un instinct, mais à l'associer en le soumettant à la passion dans laquelle cet instinct s'est incarné.

La passion amoureuse se distingue par le caractère impérieux et dominateur du sentiment et du désir, par leur violence et l'impossibilité ou la difficulté extrême de les réprimer ou de les contenir, par le caractère absolu, par la qualité de fin suprême conférée d'une manière plus ou moins durable, à l'amour. Pour le grand passionné, dans les jours ou dans les heures de crise, rien n'est non seulement de la même valeur, mais du même ordre de valeur que sa passion. Elle trouble l'esprit en l'asservissant, lui impose un désordre profond des habitudes, des affections, des idées et des actes, si l'on a égard à l'ensemble de la personnalité et à ses relations avec le milieu social, mais souvent aussi une logique âpre, inflexible et féroce si l'on regarde la passion même, et la conduite et les sentiments dans leurs rapports avec elle.

§ 2.

La passion se rattache étroitement à d'autres formes de l'instinct sexuel et elle revêt bien des formes plus ou moins caractéristiques tout en restant à peu près identique en son fond, par ce caractère absolu dont elle glorifie le désir.

Elle est parfois très durable, parfois passagère, momentanée. Dans les manifestations simples et brutales de l'instinct sexuel, on aperçoit déjà parfois ce caractère absolu qui est la caractéristique des grandes passions les plus diverses. C'est une sorte d'impulsion sexuelle passionnée qui peut conduire un homme au viol et au meurtre irréfléchi. Si les circonstances l'enrayent, ne lui permettent pas d'aboutir, elle ne se reproduira peut être pas à l'égard de la même personne. Sans doute il y a fort loin de l'impulsion passionnée à la passion qui évolue largement, germe et grandit sans qu'on y prenne garde, s'épanouit dans les joies fiévreuses et inquiètes, se fane sous les pleurs et les colères, et s'effeuille ensuite lentement. Mais il ne faut pas méconnaître les analogies de ces états si différents dont les uns nous font mieux comprendre les autres.

Le caprice passionné apparaît aussi, lorsque l'instinct sexuel se complique, le caprice tyrannique et brutal, d'une fantaisie violente capable de recourir aux pires moyens, le caprice d'un despote sensuel et peu pitoyable mais qui peut être une manière d'artiste, le caprice d'un Néron. Il se distingue bien nettement du caprice élégant, de la fantaisie légère. Peut-être cette différence dépend-elle, en bien des cas, d'une différence de position sociale. Le pouvoir absolu favorise l'éruption du caprice passionné, les freins intérieurs ne suffisent pas toujours à modérer l'âme. Le caprice prend les qualités de cette âme, léger et gracieux dans une âme délicate, violent et désordonné chez l'impulsif. Mais les qualités de l'âme tiennent généralement, dans une mesure variable selon les cas et les personnes, à la pression exercée sur elles par le milieu, aux inhibitions et aux dynamogénies qu'il provoque.

Ce ne sont là que des formes peu développées, des ébauches de la passion amoureuse. Cependant le caprice passionné peut se répéter à l'égard de la même personne, il peut être plus ou moins durable, plus ou moins ardent, et des formes intermédiaires relient le caprice passionné à la passion vraie. On le voit même parfois subsister dans la grande passion. Musset, par exemple, paraît avoir aimé assez capricieusement George Sand. Et l'on comprend mieux par là comment les formes inférieures de la passion peuvent se rattacher aux formes les plus amples et les mieux caractérisées. Elles sont aussi rattachées les unes aux autres, et le caprice passionné, qu'une série d'intermédiaires relie à la passion vraie, une autre série le relie à l'impulsion simple et brutale.

§ 3.

Arrivons à la passion vraie, à cet amour dont on a fait tantôt une sorte de fureur admirable et sacrée, tantôt une sorte de vertu, tantôt une véritable folie. Il est rare, dans ses formes développées et complexes, sinon dans ses formes violentes, assez communes au contraire, à peu près comme est rare l'ambition de Napoléon, l'amour de Spinoza pour la spéculation philosophique ou la goinfrerie de certains polyphages.

Aucune passion n'est sans doute aussi envahissante que la passion amoureuse. C'est son destin d'être contrariée. Ou si l'on préfère, ce n'est guère que l'amour malheureux qui grandira jusqu'à la passion. Il y a d'ailleurs pour une tendance plusieurs façons de n'être pas satisfaite. Quand elle ne paraît pas positivement contrariée, elle peut être malheureuse si son intensité, sa force sont hors de proportion avec les satisfactions qu'on lui accorde. Même actuellement assouvie, une passion peut être menacée, ou s'imaginer qu'elle l'est, cela suffit pour qu'elle soit réellement contrariée dans l'âme et qu'elle provoque la crainte et la douleur.

§ 4.

L'amour est contrarié, dans la passion amoureuse, de l'une ou de l'autre manière.

C'est une vérité reconnue que les amours passionnées sont malheureuses, et si elles n'étaient point malheureuses, elles ne seraient pas passionnées. En général les passionnés ne sont point aimés, ou ils ne le sont pas assez, ou ils le sont mal, autrement qu'ils le voudraient. S'ils sont aimés, leurs amours sont contrariées par les circonstances, et ils s'aperçoivent moins qu'ils ne sont pas aimés comme il faudrait, mais ils souffrent tout de même. Le théâtre, le roman, la poésie, même la vie réelle nous en informent continuellement. C'est devenu un lieu commun qu'on ne voit pas bien Rodrigue et Chimène, Tristan et Iseult continuant leur passion à travers les vulgarités d'une vie d'époux, et tisonnant, paisibles, en devisant au coin du feu. Ceux qui sont destinés à la passion semblent également prédestinés au malheur, leur amour ne devient passionné que lorsqu'ils souffrent, et s'ils cessent de souffrir, c'est que la passion a disparu, et s'est muée en amour bourgeois, en habitude nonchalante.

L'envahissement de l'être par la passion peut être brusque ou progressif, il est étendu et profond. Il faut que l'âme y soit prédisposée. Chez la plupart des gens la tendance sexuelle n'a pas la force, la sensualité n'a pas la profondeur, l'affection n'a pas l'intensité qui déchaînent la passion, ou bien d'autres sentiments peuvent faire équilibre à l'amour, l'empêcher de trouver dans l'âme une proie facile.

L'analyse du mécanisme de la passion fait apparaître les raisons qui promettent au malheur le grand passionné. La passion vise deux buts dont l'un est ruineux pour l'esprit, dont l'autre est hors d'atteinte.

D'abord elle cherche à se soumettre tout l'organisme psychique. Elle exige que toutes les pensées, tous les sentiments convergent vers elle et s'emploient à la servir. Elle attire à elle-même les forces qui doivent lui être hostiles, et, ce qui ne peut se soumettre à elle, elle le supprime. Son action est si puissante et si aveugle à la fois qu'elle peut arrêter et supprimer ce qui lui est nécessaire pour vivre et se prolonger, si l'utilité n'en est pas éclatante et immédiate.

« Il n'est aucune de mes pensées qui n'aille vers toi », « tu es avec moi dans tout ce que je fais », banales formules d'amoureux. Qu'elles soient souvent exagérées, pures gentillesses, cela n'est pas douteux. Elles n'en traduisent pas moins assez exactement la mentalité du passionné sincère. Rapprochons-les du précepte chrétien « Quoi que vous fassiez, faites-le au nom du Seigneur » et il paraîtra que le nom de « divinité » dont l'amour a volontiers abusé correspond à quelque analogie. L'amoureux passionné est envahi tout entier par sa passion. Obsession, possession, ce sont ici les mots qui conviennent. La passion manœuvre et dirige tout. Naturellement l'ensemble de la vie en souffre.

> Depuis que je vous vois, je n'aime plus la chasse
> Ou si j'y vais, ce n'est que pour penser à vous,

dit un Hippolyte qui n'est pas celui de Racine, et celui-ci, de même : « mon arc, mes javelots, mon char, tout m'importune ». L'amoureux passionné se détourne de son travail, il ne mange guère, et ne s'intéresse que très peu et avec peine à ce qui n'intéresse pas directement son amour. Consultons un auteur qui a étudié avec beaucoup de soins les crises de l'amour, il nous montrera de très humbles personnages agissant exactement comme les princes de tragédie. « Absorbé dans ses pensées, l'amant malheureux perd le goût du travail ; s'il est ouvrier, il néglige son métier, s'il a l'esprit cultivé, il perd le goût de l'étude... Un père dont la fille, âgée de seize ans, avait quitté la maison pour suivre un jeune homme que ses parents refusaient de lui donner, disait à l'instruction : « Ma fille n'avait plus la tête à son ouvrage ; elle est bonne ouvrière, et cependant elle était obligée de recommencer son travail ... J'ai observé le cas d'un jeune amoureux qui, ne pouvant plus travailler par suite de l'idée fixe qui le paralysait, se vit refuser la jeune fille qu'il avait demandée en mariage : les parents de la jeune fille le prirent pour un paresseux incorrigible et le congédièrent alors que son seul tort était d'être trop amoureux. De désespoir il se suicida. « Je ne puis plus travailler, écrit un autre ouvrier qui avait des chagrins d'amour, j'ai la tête à moitié folle ; il me faut quitter mon travail. L'amour désire la mort quand il ne peut satisfaire son besoin d'union, de fusion complète, de vie commune. Je lis dans une lettre d'adieux écrite à son père, par un étudiant désespéré de l'infidélité de sa maîtresse, que la mort l'attirait, l'appelait, qu'elle avait pour lui un attrait invincible »[1].

1. Louis Proal. *Le Crime et le suicide passionnels*, 3-5.

Ces quelques faits dont on augmenterait aisément la liste, laissent bien apercevoir à quel point l'esprit en vient à s'identifier avec la passion dominante. L'association systématique et l'inhibition y sont évidentes et cette inhibition, portée sur tout ce qui ne se rapporte pas immédiatement à la tendance maîtresse, arrête même ce qui pourrait un peu indirectement en favoriser le succès. Ainsi l'amour en empêchant le travail régulier, condition du mariage, en s'opposant à la réflexion, à la prudence, gêne, retarde ou compromet définitivement sa propre satisfaction. Mais c'est le propre de la passion d'être souvent aveugle et maladroite, imprévoyante et brutale. C'est là une des expressions du désordre qui les accompagne, qui tiennent à leur nature même, et fait, pour ainsi dire, partie de leur définition.

Mais il n'est, pour imaginer la passion, que d'écouter les amoureux eux-mêmes. Ecoutons donc l'un des plus éloquents, l'un des plus sincères malgré sa littérature, l'un de ceux aussi qui ont le plus rudement expié leur enthousiasme, leur naïveté, leur maladresse et sans doute aussi leurs torts divers. Lisons la lettre que, le 1er août 1834, après la rupture, après la seconde séparation, Musset écrivait de Baden à George Sand : « Je voudrais te parler seulement de mon amour, ah ! George, quel amour ! Jamais homme n'a aimé comme je t'aime. Je suis perdu, vois-tu, je suis noyé, inondé d'amour ; je ne sais plus si je vis, si je mange, si je marche, si je respire, si je parle ; je sais que j'aime... Tu es aimée, dis-toi cela, autant que Dieu peut être aimé par ses lévites, par ses amants, par ses martyrs ! Je t'aime, ô ma chair et mon sang ! Je meurs d'amour, d'un amour sans fin, sans nom, insensé, désespéré, perdu! Tu es aimée, adorée, idolâtre jusqu'à en mourir! Et non! je ne guérirai pas. Et non, je n'essayerai pas de vivre, et j'aime mieux cela, et mourir en t'aimant vaut mieux que de vivre. Je me soucie bien de ce qu'ils en disent. Ils disent que tu as un autre amant. Je le sais bien, j'en meurs, mais j'aime, j'aime, j'aime. Qu'ils m'empêchent d'aimer... Maintenant c'est fini; je m'étais dit qu'il fallait revivre, qu'il fallait prendre un autre amour, oublier le tien, avoir du courage. J'essayais, je tentais du moins. Mais maintenant, écoute, j'aime mieux ma souffrance que la vie... Il y a entre nous je ne sais quelles phrases, je ne sais quels devoirs, je ne sais quels événements; il y a entre nous cent cinquante lieues. Et bien! tout cela est parfait, il n'y a pas si long à dire : je ne peux pas vivre sans toi, voilà tout... Mais que j'aie une lettre où il n'y ait rien que ton amour; et dis-moi que tu me donnes tes lèvres, tes dents, tes cheveux, tout cela, cette tête que j'ai eue et que tu m'embrasses, toi, moi! O Dieu, ô Dieu, quand j'y pense, ma gorge se serre, mes yeux se troublent, mes genoux chancellent; ah! il est horrible de mourir, il est horrible d'aimer ainsi. Quelle soif, mon George, ô quelle soif j'ai de toi! Je t'en prie, que j'aie cette lettre. Je me meurs, adieu! »[1]

Ecoutons encore une autre voix plus douce, plus résignée, plus humble, la voix d'Elvire, la voix de Julie Charles s'adressant à Lamartine. Avec moins d'éloquence, avec autant de sincérité, elle dit à peu près les mêmes choses, et révèle une possession

1. *Correspondance de George Sand et d'Alfred de Musset*, publiée par Félix Décori, pp. 179-187.

aussi pleine. Elle est aussi significative et, à vrai dire, c'est son seul mérite. « Est-ce que mes regards, écrit Elvire, ma main qui tremble, tout ne parle pas en moi ! Ah ! crois donc que je t'aime, ange adoré, et ne crains que l'excès d'une passion que je ne puis plus modérer. C'est ma vie que mon amour. Il ne dépend pas de toi-même de me séparer de lui, mais d'elle?... Ah ! quand tu voudras, dis-moi que je ne t'aime plus, dis-le pour cesser de m'aimer et pour le faire sans reproche, et tu verras ! » Et encore : « Mon amour à moi c'est ma vie, et si j'ai quelques vertus bonnes ou sensibles c'est à lui que je le dois... Mais il ne dépend, cher Alphonse, ni de vous, ni de Dieu lui-même de m'ôter l'amour que j'ai pour vous. Il est devenu l'essence de ma vie, et quand je quitterai la terre, je l'emporterai avec moi[1]. »

§ 5.

Ces quelques documents suffisent. Sans doute les phrases qui expriment la passion appellent toujours quelque réserve. On y peut soupçonner quelque simulation inconsciente, quelque exagération non voulue. Les paroles ne traduisent jamais un état de l'âme avec une parfaite exactitude, et les actes eux-mêmes n'y arrivent pas. Il n'en reste pas moins que la sincérité paraît ici évidente et que l'exactitude y est certainement suffisante pour nous renseigner sur la vraie passion.

Quel est le but de cette passion, et où tend-elle?

1. René Doumic. *Lettres d'Elvire à Lamartine*, p. 36-39.

Il serait bien étroit de ne penser ici qu'à la possession physique. La passion y tend assurément, mais elle vise aussi plus loin et plus haut. La possession ne saurait la satisfaire. On a pu discuter sur le degré d'intimité de Lamartine et de Mme Charles, et les avis diffèrent[1]. Mais George Sand et Musset ont été amants dans tout le sens du mot, et cela n'a pas suffi à les rendre heureux, et Musset ne parait même pas avoir, durant leur liaison, conservé sinon la passion, que la satisfaction des sens aurait pu épuiser, du moins un amour suffisamment fidèle et affectueux[2].

Assurément les formes inférieures de la passion amoureuse, l'impulsion sensuelle ou le caprice passionné, même quelquefois la passion vraie, peuvent être satisfaites par la possession brutale, et disparaître ensuite par évanescence. La passion satisfaite peut faire place alors à la satiété, à l'indifférence, à la haine, à l'infidélité, à l'habitude agréable et paisible. Le mécanisme psychique de ces transformations est assez compréhensible. La passion apaisée, si la vie en commun se prolonge, toutes les causes de désaccord, jusque-là contenues par la violence du désir, reprennent leur action et commencent à séparer plus ou moins les amants. Plus le rapprochement a été intime et profond, plus l'intimité se prolonge et plus aussi les froissements risquent de se multiplier. En rapprochant les êtres, l'amour multiplie entre eux les occasions d'accord, mais aussi les causes de division, les heurts, les occasions de discorde et de haine. Et selon les qualités des amants et l'accord naturel

1. Cf. Faguet. *Amours d'hommes de lettres*.

2. Voir *Correspondance de G. Sand et d'A. de Musset*, 208-209.

ou l'opposition de ces qualités, selon les circonstances aussi, la passion tournera à l'indifférence, à l'habitude affectueuse ou à l'aversion et à la haine. Les amants n'échappent guère à celle-ci qu'en desserrant un peu leurs liens. La haine est une conséquence naturelle de l'amour. Tout ce qui rapproche les êtres tend à les rendre ennemis, car ils sont toujours, à certains égards, naturellement opposés, et le rapprochement révèle, exalte et grandit cette opposition. Comment toutefois elle peut être amortie parfois, et, en certains cas exceptionnels pratiquement annulée, nous n'avons pas à le rechercher ici.

Mais un amour comme celui d'Alfred et de George n'était pas de ceux que la satisfaction des sens remplace par un apaisement amical. Elle ne fut peut-être jamais très vive ni chez l'un ni chez l'autre. Et il semble qu'auprès de Sand ce n'était pas ce genre de satisfaction qu'il fallait surtout rechercher.

Où allaient donc les amants? Non pas certes vers l'amitié bourgeoise et l'habitude régulière. Musset était trop sensitif, trop nerveux, trop inconstant, George Sand peu résignée. Ce n'était pas vers une affection stable et une sorte de camaraderie littéraire que l'opposition des natures aurait probablement rendue assez précaire. Ils voulaient quelque chose de plus complexe et de plus profond (et aussi de plus « romantique »), une union intime des sens, des esprits et des cœurs, une union qu'ils concevaient exaltée et complète, il leur fallait sans doute quelque chose encore au delà, quelque chose de magnifique et d'inexprimable. Et dans la poursuite de leur idéal ils échouèrent lamentablement, et ils ne pouvaient pas ne pas échouer.

### § 6. — Le désir d'union absolue dans la passion amoureuse.

C'est que la passion amoureuse, dans ses formes élevées, poursuit un but inaccessible, et qu'on ne peut même concevoir. Tout le monde l'a remarqué, l'amour entrevoit et appelle une sorte d'union mystique. Les métaphores, ici, sont plus proches de la réalité qu'on ne le croit. « Je suis toi », « tu es moi », « nos deux cœurs n'en font qu'un », « nous ne sommes qu'un seul être », voilà des banalités où l'on aurait tort de ne voir que des mots creux, du verbiage. Si elles n'expriment point absolument la réalité, elles résument au moins des illusions profondes et des aspirations aussi.

L'amour est peut-être la passion où s'affirme le plus fortement cette tendance à l'unité, qui vit au fond de l'être, qui en est une des caractéristiques essentielles. Et l'amour oublie trop cette caractéristique non moins essentielle de l'être qui est la différenciation. Sur le fait même, sur cette inextinguible soif d'unité qui anime les deux amants dans les cas extrêmes de la passion, tout le monde paraît d'accord. La souffrance de l'amour malheureux, dit Proal, « vient d'un impérieux besoin d'union qui n'est pas satisfait »[1]. Il rappelle à ce sujet Bossuet et saint Thomas qui ont exprimé le fait avec beaucoup de force, il mentionne aussi le mythe de l'androgyne. Cela ne soulève pas de difficultés.

Mais précisément ce fait explique la nécessaire souffrance de l'amour-passion. Cette aspiration à

1. Proal. *Ouv. cité*, p. 5-6.

l'unité, la vie ne peut que la décevoir, et la décevoir d'autant plus qu'elle sera plus profonde et plus forte. Ce que la vie peut satisfaire, c'est un amour qui, par faiblesse et par impuissance, ou au contraire par sagesse et par vertu, par naturelle adaptation aux conditions multiples, confuses et contradictoires de la vie, sait se contenter de peu, accepter une union très imparfaite, assez superficielle et réduite, compatible avec bien des dissentiments et des séparations. La médiocrité est une condition du succès. Cependant un esprit et un caractère supérieurs peuvent n'admettre que des passions à peu près disciplinées, et malgré le romantisme, malgré le prestige des passions indomptées, convenons que cela même est, à certains égards, une marque de leur supériorité. Et cela est aussi très rare.

Mais la grande passion, la passion Tristan-Isolde [1], même, dans la réalité concrète, la passion Musset-Sand (où Musset est de beaucoup le plus représentatif), ne peut être assouvie. Ceux qui ont bu le philtre doivent abandonner l'espérance et renoncer au bonheur. La passion est un magnifique sujet pour l'art; dans la vie elle peut exalter un moment toutes les forces de l'homme, elle peut l'enivrer d'émotions près desquelles toutes les autres pâliront, et surtout l'enchanter d'illusions incomparables, elle peut lui faire aimer ses souffrances, les lui faire préférer à toutes les joies de la vie commune, il paraît impossible qu'elle lui

1. Je dis ici Isolde et non Yseult, parce que la passion est bien plus violente, plus impérieuse, plus romantique si l'on veut, mais plus belle et plus symbolique dans le drame lyrique de Wagner, que dans le roman si ingénieusement et si savamment restauré par M. Bédier.

apporte le bonheur. L'union qu'il rêve est irréalisable. Deux êtres sont toujours au moins en hostilité latente. Plus leur amour les pressera l'un contre l'autre, plus il fera paraître au jour les oppositions cachées. Et s'ils s'obstinent, ils se heurteront et se déchireront de plus en plus, et la passion conduira plutôt à la rancune, à la haine, à la séparation ou au meurtre qu'à l'affection et à la sympathie, les deux êtres qui ne s'apercevraient pas qu'ils ne peuvent rester deux et ne faire absolument qu'un, s'unir sans réserve et garder chacun sa personnalité.

Et le pire est peut-être que l'amour survit parfois à ces froissements, qu'il survit aux dégoûts, qu'il survit à la haine et à la violence, que le mépris même ne parvient pas toujours à le tuer. Cette contradiction déchirante peut s'installer dans l'âme et la torturer indéfiniment. Il ne s'agit ici, bien entendu, que des cas extrêmes, de cet amour que Musset lui-même a bien caractérisé :

Amour, fléau du monde, exécrable folie,
Toi qu'un lien si frêle à la volupté lie,
Quand par tant d'autres nœuds tu tiens à la douleur.

§ 7.

Cette singulière recherche de l'absolu sur terre et par une passion aussi naturellement troublée que l'instinct sexuel, ne pouvait obtenir que le sort de toutes les tentatives analogues. Ce désir éperdu d'union parfaite mène l'homme à la discorde, à la souffrance et à l'amour de la souffrance, à la mort et à l'amour de la mort, à la cruauté et au crime.

Assurément il est des fins plus douces, même pour la passion, et nous les avons entrevues. Satisfaite, elle peut décroître paisiblement, comme un fleuve, grossi par les orages, inonde et ravage la plaine, puis retourne à son lit et se remet à couler doucement entre ses rives. C'est le dénouement heureux. Un éclair a brièvement illuminé la vie et laissé un souvenir vif et un peu inquiétant. Les illusions disparaissent peu à peu et l'amour se ramène à une affection routinière. Il y a là un mouvement inverse de celui que nous avons indiqué jusqu'ici. L'amour se dissocie d'avec un certain nombre de désirs, d'idées, d'impressions qui s'étaient étroitement unis à lui. Il abandonne peu à peu les conquêtes qu'il avait faites, il revient à un rôle modeste. C'est une déspiritualisation qui s'accomplit ainsi, la tendance amoureuse peut revenir à son état simple de besoin physiologique, s'en rapprocher au moins. En général, cependant, elle gagne d'un côté en perdant de l'autre, remplace le désir d'union absolue, les préoccupations esthétiques par des soucis familiaux ou financiers. Ainsi l'esprit passe d'une forme de spiritualisation à une autre. Il remplace le rêve par des considérations d'ordre plus réel sans que souvent la perte soit aussi grave qu'on aime à le supposer. Tout notaire, disait Flaubert, a rêvé des sultanes. Et peut-être n'est-il pas très difficile de rêver de sultanes et cette occupation n'est-elle pas fort supérieure à la rédaction d'un contrat de vente. La passion même n'est pas toujours aussi haute qu'on le croit, le grand amour est rare. Et les douleurs s'apaisent souvent plus vite qu'on ne l'espérait, et l'on n'en est peut-être pas toujours ravi. On peut soupçonner souvent dans la passion, un parti pris et une sorte d'entêtement, de l'orgueil, plus souvent encore de l'illusion, je ne dis pas ici sur la personne aimée, mais sur la profondeur et la force de l'amour qu'on a pour elle. Et il est assez naturel qu'on mette quelque vanité et même quelque complaisance à se croire éternellement malheureux.

L'abandon par la passion amoureuse de toute une grande région de l'esprit provoque l'invasion d'une passion d'ordre différent qui se substitue à elle. Même le désir amoureux encore latent, la simple possibilité du désir peut être remplacée par des sentiments d'un autre genre. La piété, l'abandon à Dieu peut être un des aboutissements de l'amour déçu. On fut très porté naguère à considérer le mysticisme religieux comme une sorte de déviation de la passion amoureuse déclarée ou latente. La vocation de sainte Thérèse, par exemple, fut interprétée en ce sens, sans preuves décisives. « Un mystique, me disait un psychologue qui forçait un peu sa pensée, un mystique est un érotomane qui a mal tourné. » Il paraît vraiment difficile de juger de cette « transformation » prétendue dont le sens n'est pas très net d'ailleurs. Tout ce qu'il faut en retenir peut-être, c'est que *quelques-unes* des qualités qui font le grand amoureux sont aussi celles qui conviennent au grand mystique. Il se peut aussi que des désirs sexuels très vifs soient l'indice d'une vigueur de constitution et d'une ardeur de tempérament qui pourra servir aussi bien, le moment venu, une vocation de fondateur de religion ou l'ambition d'un homme d'Etat. Mais cela est assez éloigné de ce qu'on avait cru pouvoir affirmer. On a pu dire aussi que l'amour exalté de Mme de Sévigné pour sa fille décelait un tempérament amoureux qui n'avait pas trouvé à s'employer, selon sa nature propre et se déversait en d'autres affections. Si l'on entend par là qu'il est rare ou même impossible de subir à la fois le joug de deux passions intenses et que les mêmes forces organico-psychiques peuvent servir successivement l'une et l'autre, cela est très admissible. Ce sont les mêmes muscles que nous employons si nous courons pour nous enfuir ou si nous courons pour attaquer. Il est difficile d'aller plus loin. Mme de Sévigné, si elle avait pris un amant et l'avait passionnément aimé, aurait probablement éprouvé pour sa fille une affection moins exaltée. Mais a-t-elle opéré une sorte de virement de fonds et affecté à son amour maternel des forces que sa constitution naturelle, son budget physiologique et psychologique, prédestinaient à d'autres emplois, c'est ce qu'il est assez difficile d'établir à moins de ne voir dans cette opération qu'un cas du fait précédent, et d'en préciser ainsi le sens en en restreignant peut-être la portée.

Il arrive encore qu'une passion à ses débuts ou à son déclin, à la phase où elle est surtout une espérance et à la phase où elle n'est plus guère qu'un souvenir, exerce sur l'esprit une influence féconde. On dirait, pour parler un peu métaphoriquement, qu'elle dégage des forces considérables, qu'elle ne peut les employer toutes utilement et directement et qu'elles sont alors utilisées par d'autres tendances plus ou moins unies à la passion amoureuse. L'amour suscite ainsi des entreprises d'ordres divers, artistiques ou industrielles. Suivant une légende discutée, il fit un peintre de Quentin Matsys d'abord forgeron, et on prétend qu'il donne de l'esprit aux sots. En tout cas il est hors de doute qu'il s'est employé à faire naître de beaux vers, et un bien plus grand nombre de médiocres et de pires, il a suscité bien des vocations poétiques heureusement passagères. Le génie de Musset fut certainement élargi et excité par la passion et brilla plus vivement avant de s'amortir et de s'éteindre. D'autre part les eunuques paraissent certainement inférieurs aux hommes normaux pour la vigueur de l'esprit et du caractère. Ce n'est pas une raison pour ne voir dans presque toutes les productions de l'âme humaine, comme on a parfois voulu le faire, une transformation de la force sexuelle. Si cette proposition a quelque valeur, ce n'est guère, semble-t-il, que dans le sens que j'ai indiqué.

§ 8.

L'amour-passion ne finit pas toujours par l'affection machinale ou l'oubli plus ou moins amer. Il connaît des dénouements plus tragiques.

Qu'il soit étroitement uni à la souffrance, nous l'avons vu. Mais il en arrive à faire aimer la souffrance. Au reste, toutes les passions fortes agissent de même, et c'est une forme singulière de leur spiritualisation. L'homme prend un étrange plaisir à souffrir pour ce qu'il aime, il s'en sait bon gré, il se trouve rapproché par la douleur de l'objet de sa passion, plus uni à lui, plus digne de lui, et il sent vaguement que sa souffrance l'élève et lui donne certains droits, il prend aussi conscience du sérieux, de la profondeur de sa passion. Plus simplement même il est possédé au point qu'une impression logiquement associée à sa passion lui est agréable, même si elle est pénible en elle-même, parce qu'elle évoque cette passion, parce qu'elle en accompagne la vie, et qu'elle en montre la force. La souffrance est encore pour la passion un moyen d'occuper l'esprit. Ce plaisir de la souffrance sous des formes différentes, avec des sens divers, nous frappe en des circonstances très variées. J'ai connu une jeune femme, admiratrice passionnée d'une actrice célèbre, qui, les soirs de représentation, allait patiemment attendre sa sortie du théâtre, seulement pour la voir sortir et regagner sa voiture. Elle rentrait ensuite chez elle. Comme ces pratiques assidûment suivies n'allaient point sans quelques désagréments, « je suis heureuse, disait la jeune femme, de souffrir cela pour elle. » Le patriotisme, le sentiment religieux, l'amour de la science et de l'art, le sens moral du devoir peuvent aussi provoquer des sacrifices plus ou moins graves et acceptés avec joie. Pareillement un joueur passionné affirmait qu'après le plaisir de gagner, rien ne valait le plaisir de perdre. Et certainement un amant passionné dirait aussi qu'après les joies de l'amour, rien n'égale les souffrances de l'amour; souffrir est un moyen de se donner à ce que l'on aime, et semble-t-il, de bien mériter de lui. Il y a de l'ascétisme et du sacrifice joyeux dans toute passion. Dans notre misérable condition humaine, celui qui ne désire pas souffrir pour ce qu'il aime, qui ne chérit pas ses souffrances, qui n'en sent pas son amour exalté, grandi et comme satisfait, celui-là peut être assez justement soupçonné de ne pas aimer vraiment. Il se peut qu'il soit un esprit équilibré, sain, raisonnable, supérieur, il y a beaucoup plus de chances pour qu'il soit un médiocre, un indifférent ou un égoïste, il n'est sûrement pas un passionné.

Et nous sommes bien obligés encore ici de remarquer combien la déviation est proche de la spiritualisation. L'ascétisme, ies mortifications ont certainement leur raison d'être et sont étroitement liés aux conditions de la vie humaine. L'amour de la souffrance pour la souffrance même, qui tend à se dégager de l'expérience des souffrances acceptées et subies avec joie, n'en est pas moins un sentiment peu sain, et il s'épanouit parfois en impressions et en désirs nettement pathologiques. On connaît assez cette étroite association du plaisir sexuel et de la souffrance physique auquel un écrivain célèbre a donné son nom.

Comme la souffrance, la mort est fréquemment acceptée avec joie, désirée, provoquée. Il n'est pas de vraie passion sur qui la mort ne plane. L'idée de la mort et l'idée de l'amour sont étroitement liées dans la passion[1]. L'amant appelle la mort parce qu'il n'est pas aimé, parce que le cours de la vie le sépare de celle qu'il aime, il veut mourir par dévouement, pour prouver son amour, il veut mourir aussi parce que sa passion est satisfaite et que plus rien ne l'intéresse dans la vie, il juge qu'il a touché le fond même de l'existence et que rien ne le retient plus en ce monde. Ainsi, quel que soit le sort de l'amour, déçu ou triomphant, la mort peut lui apparaître comme le suprême refuge. Elle offre à l'amant malheureux le terme de ses souffrances, et les plus

1. Cela peut évoquer l'idée des insectes chez qui l'amour termine la vie. (Cf. le suggestif et très intéressant ouvrage de Remy de Gourmont : *Physique de l'amour*). On dirait qu'il y a comme une obscure conviction, dans certains cas de passion, que l'homme, après l'amour, n'a de refuge que la mort, soit que la passion malheureuse ne laisse plus de raison à la vie, soit que la passion satisfaite la rende sans intérêt, et comme trop inférieure ensuite à elle-même, soit que l'être qui a transmis à d'autres le « flambeau de la vie » n'ait même plus le droit ou quelquefois la possibilité de retenir pour lui une parcelle de sa flamme.

obtus comprennent sa voix, elle offre une revanche hautaine des dédains, et les humiliés accourent, elle attire le désabusé qui, après de poignantes joies, croit sentir le néant de la vie, elle séduit le dédaigneux, l'orgueilleux qui juge son destin inégal à sa valeur, elle promet le repos à ceux qui ont été déçus, trompés, secoués de toutes les violentes agitations d'un amour indigne d'eux, et ceux-là aussi vont à elle. Elle a des baumes pour toutes les blessures de l'amour, et aucune passion ne détache l'homme de la vie avec plus de force, de douceur et de sûreté que la passion même dont la nature première est de continuer, de perpétuer la vie.

Je disais tout à l'heure combien l'amoureux passionné se dégoûte du travail, et j'en citais des exemples, ils se terminaient tous par le suicide. La mort des enfants, des parents, même des épouses ne détermine, nous dit M. Proal, qu'un petit nombre de suicides, l'amour les multiplie. « L'idée de la mort revient certainement dans les propos des amoureux déçus, et l'on sent qu'ils chérissent leur mal. « Et non je ne guérirai pas, écrit Musset. Et non je n'essaierai pas de vivre, et j'aime mieux cela, et mourir en t'aimant vaut mieux que de vivre [1]. » Et Sand : « Je sens que je meurs de tous ces orages, je suis tous les jours plus malade, plus dégoûtée de la vie... Ah ! sans mes enfants à moi, comme je me

1. « En 1890, par exemple, il n'y a eu en France que 67 suicides déterminés par la perte d'enfants, de conjoints et d'ascendants. Le nombre des suicides causés par l'amour contrarié et la jalousie est bien autrement considérable ; il est de 500 environ par an. » Proal. *Ouv. cité*, p. 1. Peut-être pourrait-on admettre que la mort des conjoints détermine aussi parfois un chagrin d'amour. Des statistiques citées par A. Legoyt dans son livre sur *Le Suicide* donnent une impression un peu différente, mais elles sont bien confuses.

jetterais dans la rivière avec plaisir ». Et encore Musset, vers la fin de l'aventure : « Le bonheur, le bonheur, et la mort après, la mort avec. » Et Sand : « Je sens que je vais t'aimer encore comme autrefois, si je ne fuis pas. Je te tuerai peut-être et moi avec toi, penses-y bien. Je voulais te dire d'avance tout ce qu'il y avait à craindre entre nous. » Et lui toujours : « Ne t'effraie pas, je ne suis de force à tuer personne ce matin[1] » Et Elvire à Lamartine : « Qu'importe la douleur ? Quand elle ne tue pas, elle n'est pas assez forte. Je ne fais plus de cas que de celle qui détruit l'existence. Que la mienne est affreuse, cher Alphonse, vous devriez m'en délivrer par pitié. Plus j'approfondis mes sombres réflexions, plus je sens que le bonheur n'est pas fait pour moi et que le plus grand bienfait que Dieu puisse m'envoyer, c'est de m'appeler à lui. Tant que j'ai pu croire qu'en me résignant à vivre je vous faisais du bien, j'ai pu aller jusqu'à aimer la vie, mais à présent, Alphonse, que vous ne croyez plus à l'amour de votre mère, elle n'a cessé de vous être nécessaire et alors son sort est tracé. Vous n'exigiez pas qu'elle demeure dans ce monde pour s'y nourrir de larmes[2]. »

Je sais bien que ni Musset, ni Sand, ni Elvire ne se sont tués ! Leur cas n'en est pas moins représentatif en nous montrant comment la pensée de la mort se mêle à l'amour. Et puis Elvire est morte bien vite, Alfred s'est lentement anéanti par le chagrin, la débauche et l'alcool. George... la littérature est une grande ressource comme aussi bien

1. *Correspondance*, etc., pp. 179, 180, 192, 194, 217, 219, 220.
2. *Lettres d'Elvire*, etc., p. 38.

tout travail quand on garde la force de s'y livrer régulièrement. Et ni la force ni la régularité ne manquèrent à George. Puis la passion de George n'était tout de même pas celle d'Alfred.

D'ailleurs, si ces trois fameux héros de la passion ne se sont pas tués (non plus que Gœthe à qui on l'a assez reproché), bien d'autres qui vraisemblablement avaient moins parlé et moins écrit sur la mort se sont réfugiés en elle, et, continuellement, de nouvelles victimes continuent la sanglante série. Il semble bien que penser beaucoup à la mort et surtout en parler abondamment soit un assez efficace dérivatif, et puisse dispenser d'y recourir. Puis ceux qui indiquent la voie ne sont pas toujours ceux qui la suivent jusqu'au bout. Il y a là aussi quelque chose comme une forme de la division du travail.

## § 9.

La passion amoureuse n'aboutit pas seulement à faire souffrir l'amant, à lui faire chérir sa douleur, à le traîner vers le suicide. Elle le décide aussi à faire souffrir et à s'y complaire, elle le pousse à la méchanceté, elle le pousse au meurtre.

Il n'en saurait être autrement, et nous en avons vu la cause. Tout ce qui rapproche les individus tend à les unir en augmentant leur solidarité réciproque et tend aussi à les rendre ennemis, en les forçant à se rendre compte de leur opposition, en irritant, par le contact et le frottement leurs susceptibilités froissées. Les individus de notre espèce ne peuvent arriver à se fondre en un seul être, ni même à s'associer en une assez étroite et assez riche harmonie pour que la passion amoureuse puisse en être paisiblement satisfaite.

Aucune tendance ne rapproche les êtres autant que celle-là, aucune n'exige un tel rapprochement, une pareille unité. C'est pourquoi aucune non plus ne provoque au même degré la mésintelligence, les querelles, la haine. La satisfaction d'une passion violente et complexe prend toujours un caractère âpre, désanchanté, incomplet. Plus elle est intense, c'est-à-dire plus l'union est voulue intime, absolue et profonde, plus la possession complète est désirée, plus aussi la déception risque d'être vive et d'entraîner les pires conséquences. La passion sensuelle est d'une violence particulière, mais qu'elle s'enrichisse et se pare d'autres sentiments variés, si la violence reste, elle n'en aura pas moins les mêmes effets.

On assure, et non sans apparence de raison, que les mariages d'amour passionné — je ne dis pas d'inclination — ne sont pas communément les plus heureux, et qu'ils aboutissent assez fréquemment aux infidélités et au divorce. Une statistique irréprochable n'est pas à espérer. Mais il est vraisemblable que les mêmes raisons qui vouent les passionnés à la souffrance les promettent aussi à la haine. La cause de leurs souffrances, si elle peut dépendre de faits comme l'opposition de parents, la jalousie de rivaux, ou les circonstances de la vie : la misère, par exemple, ou la maladie, est surtout en bien des cas dans l'objet même de l'amour, soit que l'amour ne soit pas réciproque — et il ne saurait guère l'être absolument, — soit que les circonstances de la vie et l'intimité surtout fassent saillir les oppositions des caractères, des sentiments, des idées, et dressent l'une contre l'autre deux volontés ennemies, soit que la jalousie intervienne.

Le cas Musset-Sand est encore ici fort instructif. Visiblement, Musset et Sand ne pouvaient, pendant une période de leur liaison, ni se passer l'un de l'autre (ceci est surtout vrai pour Musset), ni vivre ensemble sans se torturer. Musset était bon foncièrement, et d'une belle franchise qui n'était pas d'ailleurs pour atténuer ses défauts, mais nerveux, capricieux, d'une sensibilité un peu morbide, frémissante et subtile. D'humeur changeante, et à brusques contrastes, il était fort capable, dans ses mauvais moments, qui ne devaient pas être rares, de se délecter à blesser et à faire souffrir, quitte à revenir ensuite, à s'excuser et à s'exalter de nouveau. Sand, assez orgueilleuse, volontaire, peu capable de soumission, mais capable de rancune, avec beaucoup plus de suite que son amant, dans les sentiments et dans la volonté. Ils se sont torturés l'un l'autre en s'aimant, car ils n'ont pas cessé de s'aimer, chacun à sa manière, Musset avec plus de passion, d'exaltation et de retours, Sand avec une nuance de maternité protectrice qu'expliquait suffisamment la différence des caractères et des âges, plus de raison et sans doute plus de rancune froide.

Même l'amour de Lamartine et d'Elvire ne va pas sans frémissements et sans reproches. Elvire paraît douce et tendre, elle se plaint d'Alphonse cependant, elle souffre par lui. Et pourtant, s'ils ont été « amants », ce qu'on peut admettre sans trop de témérité, ils n'ont pas, comme Alfred et George, vécu côte à côte, exposés à tous les froissements de l'intimité familière. « Alphonse, Alphonse, écrit Elvire, plaignez-moi, vous me mettez au désespoir. Me dire que je vous ai donné la fièvre, persister dans ce reproche de négligence et m'en parler de ce ton de reproche, c'est me déchirer l'âme, et encore vous me refusez les moyens de me faire entendre, vous ne voulez plus que je vous écrive, vous allez partir pour un lieu que vous me cachez, où vous ne voulez pas trouver une lettre, où vous croyez sûrement que je ne vous en adresserais pas. O Alphonse, ô mon fils! Que vous a fait notre mère! Quelle idée en avez-vous? Si c'est ainsi que vous devez la traiter, il faut la laisser mourir, les forces lui manquent pour souffrir autant. Si vous pouviez la voir! Adieu, adieu, Alphonse chéri : Dieu me fait le bien de me suspendre mes maux par d'étranges faiblesses[1]. » Elvire ne va pas jusqu'à la méchanceté, mais elle dit ses souffrances et elle essaye bien un peu à son tour, de faire souffrir Alphonse par ses reproches, par l'étalage, doux et cruel, de ses propres douleurs et la menace de sa mort. Elle espère évidemment qu'il en gémira et deviendra meilleur, plus juste ou plus indulgent pour elle. Et tout cela est très affectueux, et tout cela laisse deviner ce qu'aurait pu être bientôt le ménage d'Alphonse et d'Elvire, un supplice sans violence et sans arrêt qui les aurait menés assez vite à l'aigreur, à la mésintelligence, à la rupture, malgré la douceur et la constance de celle-ci, malgré la générosité et la noblesse d'âme de celui-là, malgré leur amour à tous deux, à cause de cet amour.

§ 10.

La jalousie est à la fois une des principales causes et un des effets les plus communs des mésintelli-

1. *Lettres*, etc., p. 34.

gences amoureuses. C'est d'ailleurs un sentiment très général, et plus général qu'on ne le croit, qui peut survenir à propos d'un désir quelconque, et très profond. On l'observe aisément chez les animaux domestiques. Chez l'homme on peut affirmer qu'il est à peu près universel. Arrêté, marqué, atténué, comprimé par certaines qualités de l'âme ou par le concours des circonstances, il est une forme essentielle de l'égoïsme, même de l'égoïsme le plus légitime, de celui sans lequel nous ne pourrions subsister.

La jalousie est la souffrance que nous éprouvons à voir ou même à nous imaginer un autre possédant un bien dont nous sommes ou dont nous serions privés, complètement ou non. Ce sentiment est très naturel, presque inévitable pour un esprit sensible. Mais des sentiments antagonistes peuvent le réduire, l'empêcher de paraître et même de continuer à vivre.

L'orgueil et le dédain, par exemple (impassibilité voulue ou supériorité qui ne peut être offensée) le dégoût et le mépris aussi (on est dégoûté des femmes, disaient ou à peu près les Goncourt, par ceux qu'elles aiment), l'affection (sacrifices des parents pour leurs enfants), la bonté et la noblesse d'âme, le respect d'une autorité supérieure, et des apparences de l'ordre, des combinaisons diverses de ces motifs.

On peut être jaloux à propos de n'importe quoi : pour un héritage, comme pour une élection politique, pour l'achat d'un objet d'art, comme pour une camaraderie ou une affection de famille. On peut s'attendre, d'après les caractères de la passion amoureuse, à ce que la jalousie y sévisse violemment. L'amour passionné étant contrarié par nature, est essentiellement jaloux, d'une manière ou d'une autre. Où la jalousie manque, on peut douter que, sinon l'affection, du moins la passion existe. Différentes causes peuvent la dissimuler ou la refouler, mais un examen attentif en montre souvent les symptômes. C'est qu'en effet le désir de possession, de possession absolue et exclusive est porté à sa plus haute expression dans la passion amoureuse. Ne pas posséder la personne aimée, c'est le malheur, savoir, craindre, imaginer qu'un autre la possède, c'est l'exaspération du malheur, un véritable déchirement du moi. Le passionné se concentre tellement dans son désir d'union, que renoncer à cette union, c'est presque renoncer à son moi.

La jalousie est donc une puissante cause de discorde et de haine, de souffrance et de colère qui vient s'ajouter aux autres déjà bien nombreuses et bien fortes. Cela est spécialement vrai d'ailleurs de certaines formes de jalousie, car si la jalousie est toujours une souffrance, elle ne conduit pas toujours à la haine, ni même à la colère. La jalousie est fonction de la personnalité. Elle tient à l'égoïsme, mais aussi à la méfiance, parfois à la délicatesse, à l'affection, à la susceptibilité, à l'amour-propre et à la vanité, à bien d'autres traits encore du caractère et aussi de l'intelligence. Il y a autant de jalousies que de jaloux — mais on peut parler ainsi à propos de tous les sentiments.

Avec toutes ces causes de malheur et de haine que l'amour passionné traîne toujours avec lui, on ne s'étonnera pas que, s'il conduit assez souvent au suicide, il conduise aussi à la cruauté, aux coups, aux attentats et aux meurtres. La simple lecture des faits divers de nos journaux édifie sur leur fréquence. Le couteau, le vitriol, le revolver, le poison ont durement vengé l'amour déçu ou trahi. Le meurtre par jalousie est si naturel qu'il apparaît presque normal et qu'en certains cas la loi le déclare excusable. Et quand la loi ne l'excuse pas, c'est souvent le jury qui s'en charge.

En somme il semble bien que la passion amoureuse est un sentiment assez mal accommodé à la vie humaine. L'instinct sexuel a eu beau se spiritualiser, il est resté brutal, indiscipliné, impérieux. Sa place est large dans la passion, et c'est à lui, plus qu'aux sentiments associés qu'elle doit sa violence. Ces sentiments, qui peuvent être très complexes et très raffinés, n'ont pas transformé l'instinct, ils le masquent un peu, et ne corrigent pas toujours ses défauts. Souvent ils ne font qu'ajouter de nouvelles causes de souffrances à celles qu'il portait en lui, ils ont ennobli et rehaussé ces souffrances, ils les ont ainsi rendues plus aiguës peut-être, plus vives et plus aimables, ils les ont, pour ainsi dire, élevées à la portée des âmes hautes qui auraient rougi d'un instinct brutal mais qui s'enorgueillissent d'une passion. Ainsi d'une part la passion dépasse de beaucoup l'humanité, elle inspire à l'homme des rêves irréalisables et des aspirations disproportionnées à ses forces, d'autre part elle l'humilie et le ravale assez bas en faisant dépendre d'un instinct simple et assez brutal les désirs les plus hauts et les idées les plus nobles. Elle apparaît ainsi comme une des plus formidables, des plus décevantes, des plus meurtrières, des plus ambitieuses et des plus ridicules parmi les illusions humaines.

### § 11. — La valeur métaphysique et mystique de l'amour.

Et pourtant l'amour est honoré, respecté. Une grande passion paraît presque l'équivalent d'une grande vertu. Des esprits sévères, peu portés au relâchement et à l'indulgence[1] en parlent, je ne dirai pas même avec indulgence, mais avec respect et avec admiration. Cela ne prouve rien sans doute. On peut supposer que ce sentiment est erroné, on peut affirmer que dans la plupart des cas, il s'appuie sur des idées puériles, vaines ou un peu basses. Il se pourrait aussi qu'il fût la manifestation d'un instinct inconscient de son mécanisme, mais qui ne se trompe pas, au fond, et qui se règle sur une obscure et exacte conception des choses.

Et, en effet, la passion amoureuse est peut-être le plus violent, et l'un des plus puissants efforts de l'homme vers cette unité dont il s'enchante, que tout cherche et réalise à sa façon dans la nature, mais qui reste fatalement imparfaite et fragmentaire. Par là, la passion amoureuse dépasse de beaucoup non seulement l'instinct de reproduction qui lui a servi de base, mais la masse des sentiments humains qui se sont joints à lui. Il a fallu le singulier amalgame d'un instinct animal très puissant avec les plus hauts sentiments de l'âme et l'ensemble de toute une collection d'habitudes et de pensées sociales pour engager ainsi l'homme dans cette aventure. Il a fallu cette base solide pour porter cet immense édifice d'aspirations et de rêves, il a fallu ces aspirations et ces rêves pour relier aux plus hautes régions l'action de cette humble réalité, et en élever les effets au-dessus même de l'humanité, au-dessus de tout le réel et de tout le possible. Et par là, l'amour passionné, quels que soient les reproches que lui adressent, à juste titre, le bon sens et la raison utilitaire, prend

1. Brunetière, par exemple.

une valeur métaphysique et mystique qui en relève singulièrement le sens et le prix.

L'union à laquelle aspirent les grands amants, c'est quelque chose de plus encore que la fusion de leurs personnalités, et la fusion de deux individus est déjà d'un ordre plus haut que les individualités qui s'unissent[1]. Elle est une sorte de symbole et d'ébauche de l'unification générale de l'être. Quelque chose, dans les amants, les dépasse et dépasse leurs vœux. L'union qu'ils désirent, ils ne pourraient la réaliser que dans l'absolu, en dehors de toute réalité, plus haut même que l'illusion et que le rêve, au delà de tout ce qui est concevable.

Et si les amants n'analysent point leur passion, ils ont peut-être une obscure conscience de sa portée. Je ne voudrais pas donner trop de sens à ces mots d'ange et de paradis, de ciel et d'enfer (l'enfer, c'est l'absence, disait Verlaine), qui font partie du vocabulaire amoureux le plus vulgaire, des mots comme : adorer, divinité, infini et tant d'autres. Ils ont pourtant leur signification, et s'ils ne tiennent nulle part une plus grande place que dans la passion amoureuse si ce n'est dans la religion, c'est apparemment pour quelque raison. Et c'est que l'amour comme la religion recherche l'union absolue et surhumaine. Aussi se mêle-t-il volontiers à la religion, lorqu'il n'en devient pas lui-même une sorte de succédané et comme une forme spéciale. Dieu intervient continuellement dans les amours romantiques. Elvire n'est pas éloignée de croire que Dieu lui-même lui a envoyé Alphonse, ne fût-ce que comme une apparition. « C'est aux pieds de Dieu que j'ai retrouvé la force de lui parler à lui-même ! — Il me

1. On peut interpréter en ce sens un passage fameux de *On ne badine pas avec l'amour*.

permet de vous aimer, Alphonse! j'en suis sûre. S'il le défendait, augmenterait-il à chaque instant l'ardent amour qui me consume?[1] »

Il n'est pas non plus sans signification que la religion soit souvent le suprême refuge des amants qui continuent à vivre. Elvire mourante reçoit les derniers sacrements, elle renonce à l'amour terrestre, et le renoncement est tel que l'amour divin paraît comme le prolongement et en quelque sorte l'achèvement, la perfection de l'autre. « Je vivrai *pour expier*, écrit Elvire. C'est par là seulement que je puis devenir digne des grâces immenses que Dieu m'a faites. Je ne sais si vous savez qu'elles ont été sans bornes. J'ai été administrée, et après avoir reçu le sacrement que dans sa bonté il a institué pour soulager les mourants, Dieu lui-même s'est donné à moi! Vous comprenez quels devoirs m'imposent d'aussi grands bienfaits. Ils seront bien remplis. Ces sacrifices ne me coûteront rien, ils sont faits et je sens, à la paix de l'âme qui résulte de ma résolution, que le bonheur aussi pourrait bien se trouver dans cette route du devoir qu'on croit à tort si pénible[2] ».

Dans ce cas typique, la religion se substitue naturellement à l'amour. La maladie, la mort qui s'approche ont calmé les ardeurs des sens, apaisé ou transformé, transposé sur un autre plan même les élans du cœur. Il ne reste, semble-t-il, que la pure essence de l'amour, le désir d'harmonie et d'union qui se tourne maintenant vers l'éternel et l'infini de la religion, et y trouve une satisfaction nouvelle que ne troublent plus les soucis de la vie.

1. *Lettres*, etc., p. 22.
2. *Id.*, p. 22.

Ainsi la religion et l'élan vers Dieu paraissent se substituer assez naturellement à l'amour, en être l'épanouissement complet et la pureté parfaite, aussi l'acceptation en semble douce et facilement résignée.

Et revenons encore à Sand et à Musset. « Tu l'as dit cent fois, écrit George, et tu as eu beau t'en dédire, rien n'a effacé cette sentence-là. Il n'y a au monde que l'amour qui soit quelque chose. Peut-être est-ce une faculté divine qui se perd et se retrouve, qu'il faut cultiver ou qu'il faut acheter par des souffrances cruelles, par des expériences douloureuses[1] ».

Et Musset. « Il n'en faut pas douter, George, il y a des *révélations.* Saint-Augustin est, à mes yeux, l'homme le plus vrai qui ait existé. J'ai nié et je crois « voilà tout le mystère » ; la foi en quelque chose, un but, un triangle lumineux placé à la voûte de ce temple qu'on appelle le monde..... Exercer les nobles facultés de l'homme est un grand bien, voilà pourquoi la poésie est une belle chose. Mais doubler ses facultés, avoir deux ailes pour monter au ciel, presser un cœur et une intelligence sur son intelligence et sur son cœur, c'est le bonheur suprême. Dieu n'en a pas fait plus pour l'homme, voilà pourquoi l'amour est plus beau que la patrie[2]. »

Il n'est pas besoin d'avoir la vocation littéraire pour mêler ainsi l'amour et la religion, c'est un fait commun. Faisons donc la part du romantisme des uns et de la niaiserie, du psittacisme, de la prétention des autres. Il n'en reste pas moins légitime de rapprocher du sens religieux, en tant qu'il est l'aspi-

1. *Correspondance*, etc., p. 80.
2. *Correspondance*, etc., p. 115-116.

ration vers l'unité du monde, certaines formes de l'amour-passion. Il semble que l'amour est la passion humaine où se révèle non pas avec le plus de pureté — au sens psychologique du mot — ni toujours avec le plus d'élévation, mais avec le plus d'intensité exaspérée, de la manière la plus poignante et la plus hardie, cette tendance à l'unité qui se retrouve partout dans notre vie, mais qui n'en exprime qu'une moitié et qui, par elle-même et poussée à bout, devient une tendance au néant.

Et nous admirons donc, dans certaines formes de l'amour, leur valeur métaphysique et même mystique et religieuse, instinctivement sentie bien souvent, par les amants, mais dénaturée souvent, exagérée et mal comprise, tournant par là au ridicule. Il y a souvent quelque chose de grotesque dans la complaisance avec laquelle on parle de l'amour comme d'une passion sainte, d'un sentiment qui met ceux qui l'éprouvent au-dessus de toutes les lois humaines et les revêt d'une sorte de caractère sacré. Je ne puis penser que l'amour trouve dans sa violence même et dans les crimes qu'il inspire une excuse et comme une étincelante parure, ni que la faiblesse qui fait qu'on s'y abandonne le rende sacré. La santé sociale exige une autre attitude, vis-à-vis des crimes passionnels, que cette admiration complice. Mais nous ne devons pas oublier que sous les erreurs, sous les sophismes, sous les phrases variées, vit et agit un sentiment déformé mais réel de la portée métaphysique de l'amour comme aspiration à l'harmonie parfaite et à l'unité absolue.

Au reste, si la façon dont il incarne cette tendance assez communément donne à l'amour une place à part parmi les sentiments de l'homme, elle ne l'en sépare pas complètement. Toutes les tendances humaines, à des degrés divers, sont aussi susceptibles de prendre à certains égards, une valeur absolue, mystique et quasi religieuse. Des phrases consacrées et prétentieuses, comme « l'art est un sacerdoce » en témoignent déjà. L'amour de la science ou de l'art, la passion pour une profession, pour un métier, même pour un sport, la ferveur politique, le zèle humanitaire, l'amitié, bien d'autres sentiments encore, même une manie de collectionneur, quand ils s'emparent de l'âme, l'occupent presque entière, la pétrissent, lui donnent sa forme et lui imposent sa destinée, deviennent eux aussi d'éminents représentants de cette tendance à l'unité qui existe dans tous les phénomènes et que j'ai étudiée ailleurs, sous le nom d'association systématique. Mais si toute tendance est une recherche partielle de l'harmonie et de l'unité, il n'appartient guère qu'aux plus hautes de nous révéler l'attrait de l'unité et de l'harmonie en elles-mêmes, et de nous laisser entrevoir, supposer, imaginer vaguement une harmonie parfaite et une unité complète qui d'ailleurs serait contradictoire, de nous en inspirer l'amour et de nous y faire aspirer. C'est en somme le but avoué ou non de de bien des religions et de bien des philosophies. Mais en un sens il y a partout de la religion et de la philosophie. Si l'on ramène Dieu à cette unité dont tous nos désirs visent à réaliser des formes plus ou moins incomplètes, imparfaites et fragmentaires, on peut bien dire que nous aimons tout en Dieu et que nous n'aimons que Dieu, seulement cette façon de parler expose vraiment trop aux confusions et aux malentendus, et semble vouloir cacher de réelles discordes sous des apparence d'harmonie, rapprocher plus qu'il ne convient des croyances et des tendances qui, malgré ce qu'elles peuvent avoir de commun, diffèrent pourtant entre elles et s'opposent les unes aux autres. Il n'en est pas moins intéressant de signaler au passage ce qu'elle a d'exact et de profond.

Il est des tendances plus hautes, plus précieuses que l'amour passionné, mais il n'en est peut-être pas qui puisse faire entrevoir avec plus de netteté, à plus d'hommes, les sommets inaccessibles, perdus sous la neige ou dans les nuages, sur lesquels l'humanité n'a cessé de se tourner, leur en inspirer le désir, leur en faire deviner la grandeur, leur laisser prendre une impression et comme un avant-goût de l'air âpre, à la fois excitant et mortel qu'on y respirerait. Cela n'est pas vrai pour tous, mais convient, semble-t-il, à la moyenne de l'humanité. Il est des natures différentes, plus abstraites, plus détachées des sens et des joies de la vie, ou plus portées, tout en les goûtant, à sentir ce qu'elles ont de précaire, d'imparfait et d'éphémère. La « révélation » s'opérera en chacun selon ses aptitudes, selon ses goûts, selon ses facultés. Ce sera, en bien des cas, par d'autres moyens que l'amour, par l'art, par la réflexion, par l'étude, par la piété et ce serait peut-être ici le lieu de rappeler que si le langage de l'amour rappelle celui de la religion, inversement le langage de la religion rappelle assez souvent celui de la passion amoureuse. Et l'on a pu en abuser contre la religion dans certaines polémiques, mais nous devons retenir encore ce témoignage porté en faveur d'une ressemblance partielle mais première. Je ne parle ici que des formes les plus hautes de la tendance à l'unité, elle en prend de bien étranges aussi, de biens aventureuses et de bien basses. Chacun se dirige vers les cimes par le sentier qui s'offre à lui et qu'il choisit, beaucoup s'égarent dans les bas-fonds ou roulent dans quelque précipice. La route de l'amour est sans doute la plus fréquentée. Et personne n'arrive au sommet. Mais il faut bien se dire que l'aspiration vers l'unité et vers l'harmonie, en se généralisant, en tendant à l'absolu devient une course au néant. Et c'est là sans doute une des raisons les plus fortes et les plus cachées qui unissent éternellement l'amour et la mort.

## CHAPITRE III

## Les déviations de ta tendance.

### § 1. — L'exagération de la tendance sexuelle.

Les tentatives de spiritualisation et de socialisation de l'instinct sexuel nous ont montré cet instinct s'engageant, sous la pression de forces psychologiques et sociales, en diverses combinaisons. D'autres instincts venaient se joindre à lui, d'autres idées aussi, d'autres sentiments, d'autres tendances. Il s'y développait en un sens, prenait part à la vie de l'intelligence et à la vie affective, s'y mêlait de plus en plus et en même temps, par là même, prenait des rôles sociaux plus compliqués et plus divers. Dans les synthèses où il entre comme élément, son rôle est plus ou moins grand, plus ou moins important. Il est des formes d'amour où il tient presque toute la scène, en d'autres au contraire, il s'absente souvent, finit peut-être par être exclu ou tout au moins par ne plus se montrer. Dans le caprice sensuel, dans l'impulsion passionnée il garde encore la prépondérance, il la garde même dans certaines formes de la vraie passion amoureuse. Dans l'amitié amoureuse, dans la forme familiale de l'amour, dans sa forme généralisée (type Stuart Mill) dans beaucoup d'amours passionnés son importance est variable, elle peut être fort large (amour-Michelet) elle peut être restreinte ou au moins dissimulée (type Lamartine-Elvire), il n'a plus, en tout cas une influence exclusive.

Il peut y avoir déviation si son importance s'accroît trop et si elle diminue trop, le caractère de l'excès en un sens ou dans l'autre étant déterminé par les exigences de la santé physique, psychique et sociale. La spiritualisation et la socialisation peuvent également produire l'une ou l'autre de ces déviations, selon les individus et les milieux.

Que l'association plus étroite de l'instinct sexuel à la vie psychique et à la vie sociale puisse le surexciter à l'excès, c'est ce qu'une expérience constante permet de constater, et c'est ce que l'on pouvait prévoir. L'instinct est puissant, surtout en certains esprits, et profite de tout. Il s'associe aux autres tendances mais peut ne se coordonner à elles que pour se les subordonner. La tendance sexuelle, par exemple, se combinera au sens littéraire pour faire écrire ou lire des livres pornographiques, au sens esthétique pour développer le goût des peintures obscènes. Elle peut ainsi étendre son pouvoir, élargir son domaine, multiplier les excitations et, par suite, les occasions de se satisfaire. C'est là d'ailleurs un effet qui peut se produire même dans les formes supérieures de la spirtualisation, mais à un degré moindre et avec des compensations. Il est naturel que l'association soit profitable aussi à l'instinct sexuel, il est dangereux qu'il y soit prépondérant. Une spiritualisation harmonieuse rend service à toutes les tendances.

Quant à la socialisation nous avons reconnu déjà qu'elle pouvait surexciter vivement l'instinct. Les relations sociales, les conditions de la vie en société, et l'art et la littérature, et le théâtre et la mode multiplient évidemment chez nous les occasions de désir. Quelque humoriste a dit que faire l'amour en tout temps et boire sans soif sont les caractéristiques qui différencient l'homme de l'animal. Elles ne sont point sans rapport entre elles, et non seulement parce que la boisson peut déchaîner le désir, mais aussi parce que si l'homme ne fait pas l'amour sans en avoir envie, la civilisation a multiplié pour lui les occasions du désir, créé ainsi une sorte de désir artificiel et factice, en un sens un peu comme la soif de l'ivrogne. Généralement peut-être, mais sûrement pour un assez grand nombre d'individus, elle a provoqué une disproportion entre le désir et les forces de l'organisme et de l'esprit, et l'abus des plaisirs des sens. C'est là une première forme de déviation.

### § 2. — L'élimination relative de la tendance sexuelle.

Mais une déviation d'ordre inverse est également possible, et elle s'est également produite. Les combinaisons psychiques et sociales sont extrêmement variées et prennent tous les aspects.

Un élément quelconque, un individu ou un désir, un groupe qui s'associe avec d'autres éléments de son espèce peut bien arriver à les dominer et à les diriger. Il doit toujours pourtant renoncer, en vue de certains avantages, à une partie de lui-même, à certaines formes de son activité. Parfois il y perd plus qu'il n'y gagne, son rôle est subordonné, sa satisfaction imparfaite, son activité entravée. L'instinct sexuel, en devenant l'amour, a subi des fortunes diverses. Chez certains individus il s'est affirmé dominateur, chez d'autres il s'est harmonieusement combiné à la vie mentale, chez d'autres il s'est subordonné, effacé, presque éliminé même. C'est ainsi que dans un orchestre un des instruments peut tenir la partie principale, les autres n'ayant guère pour fonction que de l'accompagner, ou bien au contraire plusieurs instruments s'unissent, chacun exécutant sa partie, sans que l'un d'eux domine les autres, et parfois un instrument négligé par le compositeur ne se fait entendre que de loin en loin, et même n'est pas admis dans le concert. Ainsi encore un homme qui a fondé une société, créé une industrie, peut diriger ses associés, ses employés, ses ouvriers. Puis il peut aussi, une fois l'œuvre faite, se retirer peu à peu de la vie active, céder à d'autres la place et l'autorité. Et cependant la société continue à vivre et prospère, elle peut porter le même nom, et conserver à peu près la même apparence. Il est arrivé à l'instinct sexuel une aventure à peu près pareille.

En effet, le sentiment qui provoque une association, une habitude durable n'y garde pas toujours non plus la première place. Que son importance y soit variable, c'est la règle ordinaire. Le plaisir de flâner ou la soif peuvent faire prendre l'habitude du café, que l'on conservera peut-être pour le plaisir de causer avec un ami ou de jouer au piquet. La tendance sexuelle, très forte, a créé l'amour en s'associant à une part variable de la vie mentale, puis çà et là, dans certaines formes d'amour, elle s'est effacée, elle a pris sa retraite, ou bien on l'a révoquée de ses fonctions, et pourtant un sentiment a pu subsister qui ressemblait à l'amour et qu'on appellera encore de l'amour.

Nous avons pu nous rendre compte que son importance s'amoindrissait considérablement dans l'amour-tendresse, dans l'amitié amoureuse, dans l'amour intellectuel. Entre Casanova et Stuart Mill vous pouvez imaginer une foule d'intermédiaires et voir l'amour s'enrichir de nouvelles tendances tandis que l'activité propre de l'instinct sexuel va diminuant. Michelet pourra être l'un de ces intermédiaires, on en citerait d'autres. Supposez que l'instinct sexuel aille en s'affaiblissant, vous aurez bientôt un sentiment très tendre, très élevé peut-être et très riche, si je puis dire, en harmoniques émotifs ou intellectuels, et qui ne sera presque pas sensuel, où le désir du rapprochement sexuel tiendra très peu de place. Vous pourrez, en continuant, arriver à le supprimer complètement ou à peu près, et vous obtenez alors cette nuance particulière d'amitié qui peut exister entre l'homme et la femme quand les circonstances s'y prêtent, amitié glissante évidemment, mais qui se maintient parfois sans changer de caractère. Il en est des exemples, plus qu'on ne croit. Bien entendu il y a là une amplification, une socialisation spéciale, mais non une déviation, l'amitié sinon amoureuse, du moins apte à le devenir, est un produit nécessaire de notre société.

Mais si vous supposez cette amitié s'exaltant, devenant semblable par sa force et par son ardeur à la passion amoureuse, sans que cependant le désir du rapprochement sexuel s'y laisse discerner, ou bien si, partant de l'amour-passion, vous supposez que le désir sexuel s'y amoindrisse et finisse par disparaître sans que les autres sentiments en deviennent moins exaltés, nous avons à peu près le sentiment singulier qu'on a nommé « amour platonique. »

Ce que l'on appelle généralement ainsi, n'est pas précisément comme on sait, le sentiment présenté dans le *Banquet*. Prenons le mot dans son sens courant et moins spécialisé. Dans l'amour platonique tous les éléments de l'amour sont conservés sauf le commerce sexuel, sauf celui qui a été le point de départ, la base, la raison d'être de l'amour. M. Saint-Saëns, analysant le son des cloches, dit en avoir rencontré qui donnent comme principale note un harmonique d'un son dont elles ne font pas entendre la note fondamentale. L'amour platonique est quelque chose d'analogue. Les harmoniques s'y conservent et même s'y renforcent, le son fondamental en est absent. De là une impression d'étrange et d'incomplet. L'organisation, le rapport des sons harmoniques subsistants font supposer l'existence d'un son fondamental qui n'existe pas, ou qui est étouffé. Dans l'amitié on dirait que les sentiments ont trouvé un autre équilibre, plus stable, une organisation plus satisfaisante, et c'est ce qui peut établir une différence entre les deux états.

Dans l'amour platonique, dans l'amour « pur » ainsi qu'on l'a appelé, d'après de très vieilles idées assez peu raisonnables, l'impulsion sexuelle serait inexistante ou sévèrement inhibée. En tant que cet amour prétendrait se substituer à l'amour complet, et qu'il ne se contenterait pas d'être une sorte d'amitié, il constituerait évidemment, du point de vue social, une grave déviation. Assurément il est assez commun que, dans une tendance, un élément s'affaiblisse ou disparaisse, que des éléments d'abord secondaires acquièrent une importance prépondérante et excluent les fondateurs, les premiers éléments principaux de la tendance. Ici la tendance qu'il s'agit d'éliminer est une des plus violemment impérieuses en général, mais elle est aussi celle qui semble donner au groupement sa raison d'être. Que serait-ce qu'un amour infécond par principe? Il peut donner assurément aux individus des joies subtiles, peut-être rendues plus pénétrantes par la sourde action contrariée de l'élément qui en est exclu. Au point de vue social il ne saurait être considéré que comme une déviation, excusable peut-être ou recommandable en certains cas[1], embellie de raffinements et d'aspirations qui peuvent la rendre intéressante, mais qui n'est admissible qu'à titre exceptionnel.

Les motifs qui peuvent tendre à l'inhibition de la tendance sexuelle chez des êtres normaux ou sensiblement normaux sont assez visibles. Ils semblent dériver d'un certain nombre d'idées religieuses, d'idées chrétiennes en particulier chez nous, qui empruntent vraisemblablement une bonne part de leur force à d'antiques et obscurs tabous, et de divers sentiments attachés à ces idées. L'exaltation de la virginité, l'impureté attribuée à l'acte sexuel, l'interprétation sexuelle commune du premier péché, le développement de la pudeur, les tendances à l'ascétisme, à la mortification, même la conception religieuse du sacrifice, voilà quelques-unes des causes qui ont pu faire prendre comme idéal la chasteté absolue. Quant aux sentiments associés à l'instinct sexuel et qui persistent dans l'amour platonique, ils doivent la continuation de leur existence, pour une part sans doute à eux-mêmes. Existant déjà, ils tendent à se maintenir dans la conscience et, n'étant pas directement

1. Par exemple si l'état de santé des deux amoureux est tel que leur union risque trop de n'amener au monde que des enfants chétifs, malades, incapables de vivre.

inhibés, ils peuvent y parvenir. Pour une part assez grande aussi à cet instinct sexuel qui les a groupés et qui, même écarté, les pousse et les soutient encore par son activité inconsciente ou méconnue.

Dans la mentalité qu'ont créée de longs siècles de civilisation, bien des raisons éloignent l'homme, et surtout la femme, de l'instinct impérieux que des raisons encore plus fortes et plus générales gardent en vigueur. De là ces singuliers contrastes dans la société, qui surexcite vivement l'instinct sexuel que d'autre part elle réprime, dont elle blâme les manifestations et qu'elle considère en rougissant. L'intérêt social n'explique pas seul cette direction. Ce n'est pas lui qui l'a indiquéée. On sait bien que la plupart de nos traditions et de nos coutumes ne doivent pas leur origine à des raisons d'intérêt, mais à des causes plus obscures et moins raisonnables. Il n'en reste pas moins que ces raisons d'intérêt contribuent à les maintenir, et que la raison sociale s'arrange pour utiliser les forces qu'elle n'a pas créées. Et la mentalité actuelle est disposée à conserver, pour des motifs très différents de ceux qui les ont fait naître, bien des sentiments, bien des croyances et bien des pratiques. Ils se sont adaptés à elle, ils l'ont formée, pour leur part, ils en sont des éléments, elle ne peut les rejeter sans peine et sans trouble, elle préfère de beaucoup, dans les cas où ils deviennent gênants, les oublier pour un moment et accueillir leurs adversaires, car une mentalité générale est bien obligée, pour toutes sortes de raisons, d'accueillir des éléments contradictoires.

La brutalité fréquente de la tendance sexuelle, ce qu'elle peut comporter de détails assez vulgaires, ce qu'elle suppose de familiarité, ce qu'elle implique d'actes peu conformes à la réserve, à la dignité de l'attitude, à des habitudes sociales assez fortes et développées assez souvent par l'éducation, surtout dans certains milieux, tout cela peut paraître choquant à des âmes délicates et que l'aiguillon de la chair ne pique pas assez violemment pour les obliger à franchir, sans même y penser, tous les obstacles. Tout cela peut paraître assez peu en harmonie avec les sentiments de tendresse raffinée et profonde, de respect affectueux et timide qui peuvent être, pour ces âmes, l'essentiel de l'amour. Assurément un instinct génital puissant, une passion décidée fait évanouir aisément toutes ces répugnances, et même en transforme les objets en autant de causes de plaisir. Seulement l'instinct n'a pas, chez tous les individus, la même vigueur, et, même assez fort, il peut se heurter à des sentiments, à des habitudes aussi fortes que lui. Et c'est parfois une occasion de luttes et de troubles.

Ce refoulement de l'instinct sexuel est facilité par toute une série d'actions sociales, et en particulier, dans certains milieux, par l'éducation. La religion, la morale, la prudence sociale aussi se sont combinées, et l'acte sexuel a été présenté comme une sorte d'expédient nécessaire mais tout de même un peu honteux. Et même, lorsque la vie terrestre est apparue comme subordonnée en importance, on a pu estimer qu'il vaudrait mieux s'en passer complètement et que la virginité est préférable au mariage. On voyait des époux renoncer aux joies des sens. Il était beau et moral de se faire moralement eunuque en vue du royaume de Dieu. Des croyants exaltés, des sectes même ont pratiqué un eunuchisme plus matériel, supprimant ainsi le péché, sinon toujours peut-être et absolument la tentation. L'union des sexes a pu être considérée par quelques groupes comme le péché par excellence. Tout ce qui se rapporte à la sexualité humaine est caché aux enfants, on leur interdit d'en parler, on leur refuse souvent toute explication à cet égard. Et sans doute il est possible que l'on surexcite ainsi leur curiosité, mais on peut aussi leur inculquer l'idée que l'acte sexuel est une chose honteuse, une sorte de faiblesse dégradante attachée à la condition humaine. Et certes je ne méconnais pas les fortes raisons qui servent à justifier la plupart de ces habitudes sociales, et les services qu'elles peuvent rendre. L'instinct génital est trop puissant, trop indiscipliné par nature pour qu'il ne soit pas utile de le surveiller et de prévenir de bonne heure ses passions et ses fantaisies. Il saura bien, en général, se faire sa place, et ce n'est point par défaut que l'homme pèche dans la plupart des cas. S'il est vaincu d'ailleurs, et il l'est parfois, il lui arrive de faire payer cher sa défaite. Mais il est fâcheux qu'on ne soit arrivé à équilibrer un instinct trop impérieux mais nécessaire que par des exagérations qui offrent aussi leurs dangers, et dont un pessimisme radical serait la seule justification. Si en effet la vie est radicalement mauvaise, tout ce qui tend à la perpétuer doit être condamné. Le christianisme avec son pessimisme relatif à ce monde est logique en recommandant la virginité, — sans parler ici des raisons plus hautes encore qui l'y amènent — le pessimisme universel de Schopenhauer est logique encore en voyant dans les amants des traîtres qui perpétuent la douleur et le mal en continuant la vie. Sans trancher ici la question philosophique, où je ne dis pas que le pessimisme n'ait bien des avantages, je me place simplement au point de vue de la santé sociale. La société vit et tend à « persévérer dans l'être ». C'est le fait d'où je pars sans rechercher si elle ne devrait pas aboutir au suicide, ce qui est une tout autre question. On entrevoit, en tout cas, une masse énorme d'événements sociaux, de sentiments, d'idées, de croyances, qui depuis les tabous primitifs jusqu'aux religions modernes, depuis certaines formes d'idéalisme philosophique, jusqu'à des considérations de bonne police sociale, ont pu s'opposer à l'instinct sexuel, en enrayer plus ou moins les exploits et créer tout un monde de sentiments divers parmi lesquels l'amour « pur », l'amour sans union sexuelle, a pu faire éclore sa fleur délicate et un peu pâle. Je ne dis pas l'amour insexué, car, ce qui est assez remarquable et semble prouver encore l'influence latente de la tendance proscrite, l'amour le plus chaste s'adresse encore à une personne de l'autre sexe. L'amour platonique comme l'entendait Platon serait repoussé chez nous, et en somme l'amour sans union est en partie soumis aux mêmes restrictions que l'amour sensuel.

L'amour ainsi amoindri, épuré si l'on veut, se présente parfois comme un pis aller, parfois aussi comme phase transitoire, au début d'une passion qui se développera plus tard, ou bien chez les jeunes gens inexpérimentés ou timides, chez les jeunes filles qui ne comprennent pas toujours très bien la portée et les conséquences naturelles du penchant qui les attire vers un jeune homme.

> Je n'ai jamais tiré de l'amour dont tu m'aimes
> Ni vanité, ni volupté,

écrivait Sainte-Beuve au commencement d'une liaison sur laquelle on discute encore. Il s'efforça ensuite d'en tirer l'une et l'autre. Et s'il réussit sur le second point, ce qui paraît vraisemblable (ce fut, avoue-t-il lui-même, son seul succès amoureux) sa vanité paraît y avoir aussi largement trouvé son compte.

Le flirt est une sorte de variété de l'amour platonique provisoire. Il n'en a ni la profondeur, ni le sérieux, ni l'intensité. Quelque chose comme un caprice platonique, parfois, mais s'il ne recherche pas expressément les rapports sexuels complets, il n'y répugne pas non plus en principe, et il peut y acheminer. D'ailleurs il comporte des formes et des nuances variées, tantôt il prépare et annonce l'amour complet, quelquefois il peut n'être qu'un badinage, une sorte de jeu amoureux qu'on se refuserait à prendre au sérieux et à pousser à ses dernières conséquences, et les limites en sont assez indécises.

En somme il semble bien que l'instinct sexuel réprimé, caché, muselé, inaperçu parfois, anime encore l'amour qui croit planer au-dessus des sens ou du moins ne pas tenir étroitement à eux. L'attrait, la tendresse qu'inspire une personne de sexe différent se développe généralement sur des racines de sensualité, cachées et reniées parfois, mais vigoureuses et qui nourrissent et font fleurir une plante qui s'étiolerait vite sans elles. Cependant je ne dirai pas qu'il en est toujours ainsi et l'on me paraît avoir abusé de l'explication des sentiments tendres en général par la tendance sexuelle.

### § 3. — Les déviations par dissociation des éléments de l'instinct et les substitutions.

L'instinct sexuel chez les animaux supérieurs, implique l'excitation par un être de sexe différent, l'union des sexes et la fécondation, si on le considère dans sa plénitude normale. Une déviation de l'amour se produit s'il s'affaiblit ou disparaît, mais une autre déviation de l'amour fondée sur une déviation de l'instinct survient aussi lorsque ses éléments se dissocient, ou lorsque de nouveaux éléments se substituent à quelques-uns d'entre eux.

C'est le cas, par exemple, lorsque l'amour est recherché pour le plaisir seul et que la fécondation y est volontairement évitée. J'ai déjà parlé de la stérilité volontaire, qui s'offre ici sous un aspect différent. On sait les progrès dangereux, bien que parfois décidés par des sentiments élevés, qu'elle a réalisés chez nous et qui menacent d'affaiblir notre pays par la diminution relative de la population. Je n'y insiste pas ici, en me bornant à indiquer qu'ici les forces conservatrices et la religion en particulier réagissent contre les pratiques infécondes. L'Eglise peut préférer la virginité au mariage, mais, le mariage accepté, elle le veut fécond et non pas fondé sur le plaisir. C'est une des règles que les casuistes suivent dans l'examen des cas de conscience.

Une déviation plus grave résulte d'une autre désorganisation de l'instinct, dans le cas où manque l'excitation de l'instinct par un individu de sexe opposé et où surtout cette excitation est causée par l'image d'un individu de même sexe. Dans le cas aussi où la satisfaction est obtenue par des moyens quelconques qui, naturellement, et sauf exceptions très rares (je ne vois guère à signaler comme exception que les fécondations artificielles ou des fécondations involontaires et accidentelles) suppriment entièrement la fécondation. Ici la désorganisation des éléments normaux de l'instinct est très nette, ainsi que la substitution à quelques-uns de ces éléments, d'éléments nouveaux qui les remplacent et déterminent autrement qu'eux l'assouvissement du désir.

Des causes diverses amènent ces substitutions. Parfois la perversion de l'instinct paraît congénitale. On a résumé ces cas d'inversion sexuelle en disant que l'inverti unissait un corps masculin à une âme féminine (ou l'inverse). Ce n'est guère qu'une constatation du fait, dont on trouvera de nombreux exemples dans les auteurs spéciaux, Tardieu, par exemple, Moll ou Krafft Ebing. Mais souvent aussi la déviation est due à la séparation des sexes, qu'éloignent les besoins réels ou les modes de la vie sociale. L'instinct sexuel difficile à soumettre, se satisfait alors par des voies irrégulières. Les rêves qu'il inspire lui donnent une satisfaction illusoire et réelle à la fois. Mais les rêves ne lui suffisent pas toujours. Et la réalité lui refusant les satisfactions normales, le dévie vers diverses aberrations. Ces déviations de l'instinct sont plus ou moins favorisées ou réprimées selon les temps, les pays, les milieux, par les conditions de la vie sociale. Il est des civilisations qui les tolèrent et par conséquent en laissent accroître la fréquence, d'autres les abominent et par suite en restreignent le développement, tout en les compliquant d'un goût de fruit défendu, d'un relent de perversité qui tente certains esprits. La fantaisie, le caprice d'un esprit blasé, qui ne cherche que le plaisir et désire le varier, sont encore des occasions pour l'instinct de se dissocier et de laisser des éléments nouveaux remplacer les éléments normaux de la tendance.

Les manœuvres solitaires par lesquelles l'instinct supplée au manque de satisfactions normales, que différentes causes extérieures (séparation des sexes) ou intérieures (timidité, etc.,) peuvent rendre trop rares, ne nous intéressent pas ici. Je ne connais pas de cas où elles s'accompagnent d'un sentiment qu'on puisse appeler « amour » bien qu'une sorte de « narcissime » sensuel ne soit pas impossible. Au contraire les relations entre individus de même sexe peuvent déceler ou provoquer une sorte d'amour imparfait, parfois violent, et comme passionné, dont témoignent de temps en temps des querelles, des tristesses et des meurtres. Je ne parlerai pas longuement ici de ces contrefaçons de l'amour. Elles sont assez connues par des ouvrages spéciaux, dont les intentions diffèrent. Si des ouvrages médicaux ou scientifiques les ont décrites et ont fourni de curieux documents, la littérature contemporaine ne les a pas ignorées. Un poète d'une rare valeur les a chantées, des romanciers les ont dépeintes avec complaisance, ou présentées sous des voiles plus ou moins transparents. Et il suffira bien de rappeler encore les mœurs grecques, la légende de Sapho et une églogue de Virgile.

Ce qui nous importe ici c'est de constater comment elles se rattachent à notre sujet. Ces déviations aussi sont des formes de spiritualisation et de socialisation. De plus elles sont un cas très net de substitution psychique. Il est des corps qu'une constitution chimique assez peu différente, que la substitution de quelques atomes à quelques autres dans une molécule compliquée, dotent de propriétés assez diverses. Pareillement il existe des synthèses d'éléments psychiques et organiques, que le plus ou moins d'importance qu'y prennent certains éléments ou la substitution de quelques éléments à quelques autres peuvent distinguer très nettement et opposer à certains égards. L'une pourra jouer dans la vie sociale un rôle absolument inaccessible à l'autre.

Bien d'autres déviations, de gravité diverse, peuvent varier l'amour humain, et relèvent aussi de substitutions analogues, ou de la prépondérance relative et plus ou moins anormale de tel ou tel élément de la tendance sexuelle. Ce que Binet appela jadis le fétichisme dans l'amour — nom critiquable et assez frappant dont le succès fut heureux — en donne un exemple intéressant. Ici un élément d'ordre secondaire, une impression, un goût spécialisé dont l'importance est ordinairement faible, passe au premier rang. C'est elle qui dirige le système psychique, en provoque, en organise l'activité. Telle ou telle partie du corps, le pied par exemple, ou même un vêtement de la personne aimée, est l'objet d'une sorte de culte spécial, provoque le désir et l'amour. Bien que l'ensemble des sentiments soit d'ordre normal, des substitutions bizarres sont ainsi provoquées parfois, de véritables déviations. Restif de la Bretonne, par exemple, a raconté des faits significatifs, et les lecteurs de *Monsieur Nicolas* peuvent se rappeler l'impression que lui produisaient les chaussures de Mme Parangon, et ce qui en advint. Je rappelle encore comme déviations souvent accidentelles et légères, les fantaisies plus ou moins extravagantes des amoureux, l'importance qu'ils attachent à tel détail et leur goût pour tel ou tel rite.

§ 4.

D'autres déviations encore résultent de l'union de l'instinct sexuel à des sentiments qui, au lieu de favoriser la vie sociale, comme l'affection, l'estime, la sympathie, tendent plutôt en général à l'affaiblir, à la pervertir, à la détruire, comme la cruauté, le plaisir, de sa propre souffrance ou de la souffrance d'autrui.

On peut considérer comme les formes les moins graves de cette déviation l'association du désir sexuel avec un sentiment de mépris pour la personne qui l'inspire, lorsque surtout le désir est avivé par ce mépris, exaspéré par l'ignominie même de son objet, lorsque l'amour se complaît, par réaction peut-être, dans l'affaiblissement, dans la négation des éléments supérieurs de la vie psychique, plutôt d'ailleurs pour revenir à la brutalité de l'instinct que pour assurer un fonctionnement plus simple et plus sain. Un petit fait indiquera plus précisément ce que je veux dire. On a raconté qu'une grande dame avait quitté son amant, — un intellectuel célèbre, d'ailleurs un bel homme — et l'avait remplacé par un maçon. Pour expliquer son choix elle disait à une amie : « Celui-là au moins, il ne pense pas. » Certes le désir d'échapper à l'abus des complications sentimentales et sociales de l'amour peut ne pas aller sans quelques avantages, en certains cas, mais le fait indiqué ici, à titre d'exemple et si l'on veut de symbole, — car je ne suis pas absolument sûr de son authenticité (mais on lui trouverait sans peine des équivalents) — reste assez significatif pour montrer un retour, une déspiritualisation de l'instinct qui suppose en général une spiritualisation inverse de la première.

Mais la principale déviation à signaler c'est l'association de l'instinct sexuel et de l'amour de la souffrance sous différentes formes. Dès qu'un sentiment s'unit à l'amour de la souffrance en elle-même, non comme cause d'un bien supérieur, la déviation est sensible, on peut même dire qu'elle commence dès que la souffrance est aimée plutôt que supportée. Le fait est que dans certains cas, où la déviation devient plus ou moins maladive, le plaisir de l'union sexuelle est avivé, provoqué, conditionné par la souffrance qu'on reçoit ou par la souffrance qu'on inflige et c'est ce que l'on a appelé le masochisme et le sadisme.

Nous avons vu ainsi un sentiment, l'amour fondé sur l'instinct sexuel, se transformer par des associations de plus en plus nombreuses et étroites avec différents autres éléments psychiques, idées, sentiments, désirs, tendances diverses représentant eux-mêmes à des degrés différents la pression exercée sur l'esprit humain par la société où il baigne. Il s'incorpore ainsi, si je puis dire à l'âme et à la société. D'autre part, il ne s'associe pas toujours en bloc et tout entier. Les éléments qui le composent réagissent diversement en présence des sentiments nouveaux, des désirs, des conditions de la vie sociale auxquels ils doivent s'accommoder. Les uns s'atrophient, les autres se développent, ils se dissocient parfois, quelques-uns d'entre eux sont éliminés. La spiritualisation et la socialisation de l'instinct s'effectuent de mille manières, selon les individus, selon les groupes sociaux divers, de la famille à la nation et peut-être à l'humanité, selon les temps, selon les lieux. Quelques-unes de ces formes paraissent favoriser le développement de l'esprit en qui elles naissent ou se propagent et de la société qui les provoque, les dirige et reçoit à son tour leur influence. D'autres au contraire semblent de nature à nuire à l'individu et à gêner le fonctionnement social. Ce sont celles-ci que nous avons appelées des déviations.

La déviation est chose relative et s'apprécie par rapport à un système donné qu'elle met en danger de désorganisation et dont elle compromet au moins l'activité normale. Le point de vue auquel nous *devons* nous placer est celui de la société où nous vivons et aussi, à un moindre degré ou en d'autres occasions, celui des groupes plus restreints auxquels nous appartenons et celui de l'individu que nous sommes. Mais nous pouvons, d'un point de vue plus haut, apprécier les faits d'une manière plus générale. Nous devons aussi apprécier les mouvements des astres par rapport à notre terre et à nous-même, il n'y a pas de vie pratique possible, si l'on ne tient compte du jour et de la nuit, du printemps et de l'automne, de l'hiver et de l'été et de tout ce qui en dépend. Mais nous pouvons aussi chercher à connaître les mouvements de ces astres les uns par rapport aux autres, ceux des planètes par exemple autour du soleil.

Nous avons vu que, du point de vue humain, pratique, moral, la spiritualisation et la socialisation étaient des procédés profitables, nécessaires même, mais dangereux comme étant des occasions permanentes de déviation. La nature de l'homme, sa qualité unique d'être mal équilibré, dont l'adaptation à ses conditions d'existence n'a pas trouvé de forme définitive ni même de forme stable au moins dans les races supérieures, l'invention sociale continuelle qui ne saurait se réaliser sans désordre, comportent un risque de trouble inévitable. Mais si nous prenons pour évaluer la déviation non plus l'homme ou la société mais l'élément, l'instinct, le désir qui se spiritualise, la déviation s'affirme bien plus fréquente encore.

L'instinct sexuel apparaît dans l'animalité supérieure comme comportant l'attrait réciproque des deux sexes, leur union et la fécondation. Lorsqu'il vient à se combiner à d'autres tendances, il y gagne et il y perd, quelques-uns de ses éléments sont favorisés, d'autres amoindris ou refoulés, leur équilibre cesse, tend à se transformer, le centre de gravité pour ainsi dire n'est plus dans l'instinct même, ni même dans la vie animale, il est plutôt dans d'autres désirs, dans l'esprit, dans la société. L'instinct sexuel uni à des sentiments de tendresse, d'estime, peut devenir moins violent et plus retenu, mais peut être plus permanent dans son activité, plus souvent ému, sans que la fécondation en devienne plus fréquente. L'attrait réciproque est plus profond, plus affiné, moins violent peut-être. Cette action différente exercée sur les éléments de l'instinct tend à en provoquer la séparation, tout au moins à en relâcher les liens. De même la vie sociale n'agit point également sur tous les éléments de l'instinct. Par le rapprochement des individus de sexe différent elle peut augmenter l'attrait et multiplier le désir, mais elle tend par ailleurs à restreindre la fécondité. Par d'autres côtés de son action aussi elle tend à diminuer l'attrait et le désir, en conservant la fécondité dans les limites où le désir subsisterait assez fort pour s'imposer. Aucune force psychique ou sociale en s'associant à l'instinct, en agissant sur lui ne vise à le conserver tel qu'il est, ni même à développer harmonieusement tous ses éléments à la fois. Et du point de vue de l'équilibre primitif on peut considérer que toute spiritualisation et toute socialisation débutent à peu près fatalement par une déviation, ou ne tardent pas à la provoquer, Ainsi un homme qui entre dans un groupe quelconque, s'il y peut gagner en influence, si son activité se fait plus féconde, y perd tout de même quelque chose de sa personnalité. Il n'a plus en lui son centre et sa raison d'être, même s'il est le chef, il se subordonne à certain degré à ses compagnons, et surtout il se subordonne à l'ensemble. Cela peut être un progrès considérable au point de vue social, mais du point de vue de la personnalité égoïste il se produit en général une certaine déviation plus ou moins compensée par divers avantages. C'est que ni l'instinct dans un système psychique complexe, ni l'homme dans un groupe social quelconque n'entrent en bloc pour ainsi dire et tout entiers. Ils sont composés d'éléments qui verront leur équilibre antérieur compromis et menacé. L'homme politique qui entre dans un ministère doit forcément renoncer à réaliser quelques-unes de ses idées, parfois celles auxquelles il tient le plus. D'un autre côté beaucoup de ses désirs, un grand nombre de tendances vont trouver à se satisfaire plus aisément et plus largement. De là un changement dans l'équilibre des désirs et des idées qui se traduit souvent par une modification assez apparente des allures, du caractère, parfois des opinions et des sentiments importants. Vous pouvez faire des constatations analogues sur l'homme ou la jeune fille qui se marie, sur l'incrédule qui se rallie à une religion organisée, même sur l'enfant qui entre au lycée. Pareillement dans un instinct qui s'associe à d'autres tendances, à des désirs, à des idées, autrefois étrangères à lui, quelques-uns des éléments se développent, agissent plus librement, d'autres sont contrariés, les rapports des uns et des autres ne sont plus les mêmes. Il se peut qu'il y ait dans l'ensemble progrès du système supérieur, société quand un individu entre dans un groupe, individu quand un instinct s'associe à d'autres éléments de l'esprit. Ce progrès comporte généralement aussi quelques déviations. Il se peut encore qu'il y ait progrès à certains égards pour quelques-uns des éléments de l'individu, ou de l'instinct, il se peut même que dans son ensemble l'individu ou l'instinct y gagnent. Mais il est de règle qu'ils ne fassent pas qu'y gagner. Souvent, en tant qu'unités distinctes et considérées en soi, ils y perdent plus qu'ils n'y gagnent et toujours quelques-uns de leurs éléments y sont diminués, restreints et comprimés. Ce que je dis de l'ensemble de l'individu ou de l'ensemble de l'instinct doit s'entendre de l'individu et de l'instinct tel qu'il était dans son ensemble avant l'association. Je veux dire par exemple, que si un commerçant devient ministre, et à supposer qu'il devienne un bon ministre, influent et dirigeant il y perd en tant que commerçant, le commercant en lui s'efface, se subordonne ou disparait. Il y a là une dissolution inévitable. Quelque décomposition accompagne ainsi tous les progrès et s'explique par le jeu relativement indépendant des éléments de l'individu et même des éléments de l'instinct. Et l'on comprendra peut-être mieux ce que j'entend en pensant à un Etat relativement indépendant annexé par un grand Etat. Il se peut que l'ensemble supérieur qui se forme ainsi vaille mieux que ce qui existait avant, il se peut que quelques groupes et beaucoup d'individus de l'Etat annexé se trouvent mieux aussi de leur nouvelle situation. Il se peut encore que l'humanité y trouve son profit. Mais le petit Etat n'en aura pas moins cessé d'exister en tant qu'Etat libre, et cela est par soi-même, une déviation, une dissolution, même si l'évolution l'emporte dans l'ensemble du monde. Il y a ainsi toujours, d'un certain point de vue, quelque déviation dans un changement même avantageux. Et cela se traduit souvent par une impression de tristesse consciente, par le regret du temps passé. Il ne faudrait pas prendre trop à la lettre les plaintes sur les soucis d'une richesse nouvelle, ou les tracas du pouvoir enfin obtenu. Leurs possesseurs n'y renonceraient pas volontiers. Leurs regrets cependant peuvent être assez sincères et correspondent au moins à un côté de la réalité dont on ne sait pas toujours reconnaître l'existence et la nécessité.

# CONCLUSION

## § 1.

Avec la spiritualisation et avec la socialisation de l'instinct sexuel, on peut dire que l'humanité, en somme, a échoué. C'est au reste ce qui fait la valeur de l'exemple que cet instinct nous donne au point de vue scientifique, car les expériences multiples qui se sont produites, l'innombrable variété des résultats obtenus, individuels et collectifs, les perturbations et les déviations si fréquentes, parfois si graves, nous permettent d'étudier plus aisément et de mieux comprendre, la marche, le sens et la fonction des faits et des procédés généraux de l'esprit et de la société.

Il s'agissait d'organiser pour la vie sociale et pour la vie psychique, une force, un instinct bienfaisant et redoutable, puissant et rebelle. L'humanité est arrivée çà et là, dans les cas heureux, à un résultat médiocre, acceptable, généralement un peu troublé. Presque partout elle a conduit l'homme à la souffrance, aux larmes, aux soucis, en bien des cas au crime et au suicide, puis à des déviations, à des perversions qui lorsquelles ne marquent pas simplement l'attente, deviennent des succédanés dangereux et ruineux, conséquences assez logiques d'ailleurs de l'instinct même et des conditions contradictoires imposées à son fonctionnement par la vie sociale. En un sens elles sont naturelles, si la nature n'est que l'ensemble des choses existantes. Elles ne sont même pas spéciales à l'homme, mais il les a enrichies, compliquées et il a appris à les aimer pour elle-même, à les préférer souvent au jeu normal de l'instinct.

La société, poussée par ses croyances religieuses, et sans doute aussi par un sentiment plus ou moins obscur des nécessités de l'organisation collective, a vainement essayé de régler les rapports sexuels. La ruée de l'instinct a été trop forte, et, en bien des endroits, a renversé les barrières. Et la société même par certaines de ses habitudes, par certains de ses groupes et de ses éléments s'est faite sa complice. L'adultère, par exemple, est condamné par la religion et puni — en principe — par la loi. Mais la religion est plus respectée qu'obéie, la loi reste inerte, l'adultère devient aisément un sujet de joie et de vanité pour les coupables, de risée et de moquerie à l'égard des victimes. Faut-il encore mettre à son actif la littérature qu'il a, surtout en France, si abondamment inspirée ? Elle renferme quelques-unes des meilleures œuvres de nos écrivains.

Une énorme contradiction entre les principes et les faits, entre les règles admises et les mœurs, souvent même entre les propos officiels et les opinions intimes s'étale partout. L'administration réglemente ce qu'interdisent les religions et la morale, et elle le réglemente en dépit de la loi qui veut ignorer ce qui se passe. La loi s'efface discrètement devant les nécessités affirmées à voix basse, de la vie d'une société forcément troublée et forcément impure. Et c'est une contradiction de plus parmi tant d'autres qu'on s'épuiserait à énumérer.

Même dans les cas où la société semble avoir le mieux réussi, il s'en faut que son œuvre soit satisfaisante. Elle a tout essayé pour concilier les désirs sexuels avec la vie sociale, et même, çà et là, l'absence de règles et d'habitudes fixes. Elle a réalisé, à travers l'espace et le temps, toutes les combinaisons imaginables, et même quelques autres, pour associer l'homme et la femme. Et sans doute chaque systéme avait ses avantages, aucun pourtant n'a su donner à l'humanité une forme de vie qui conciliât la vie sociale et les instincts, les désirs, le bonheur de l'individu.

Le mariage monogamique, que les nations les plus civilisées ont généralement adopté, et qui offre peut-être, nous devons le croire, la meilleure règle, n'échappe pas à cette infortune. Il a cet avantage considérable qu'il existe, qu'il a résisté tant bien que mal, et depuis longtemps, à l'épreuve, et que s'il s'est un peu effrité avec le temps, il reste encore assez solide. Il a l'avantage d'être relativement favorable à l'éducation des enfants. Il établit entre l'homme et la femme une solidarité qui s'harmonise assez bien avec l'estime et la sympathie, avec une spiritualisation élevée de l'instinct sexuel, il satisfait les religions et les morales. Enfin il est la base de notre famille, et la famille malgré ses défauts qui sont sérieux, est un groupement bien vivant chez nous, solide, serré, fort utile comme intermédiaire entre l'Etat, l'Eglise, l'Ecole d'une part et l'individu de l'autre, une sorte de prolongement et d'extension de l'individu, qui l'enracine dans sa patrie, dans sa ville, dans divers groupements et, en plusieurs façons, augmente sa force. Le mariage monogamique a pu ainsi protéger et procurer la tranquillité, la sécurité, l'assiette solide de la vie. Il a montré même de la souplesse, une souplesse parfois excessive, dans son accommodation aux mœurs en vogue. Il s'est transformé, et l'on peut espérer qu'il saura s'adapter aux nouvelles conditions de vie sociale qui se préparent, et qu'imposent, entre autres raisons, les changements importants dans la vie, les droits, les idées, l'instruction, le rôle social, les sentiments mêmes de la femme.

Pour la spiritualisation de l'amour, le mariage présente aussi de bonnes conditions. Il est difficilement compatible avec une passion exaltée et qui se prolonge. C'est que la passion satisfaite tend à faiblir. Elle peut s'anéantir dans le mariage, et s'y éteindre. Mais elle peut aussi se canaliser en quelque sorte, s'absorber dans quelque sentiment aussi fort et plus doux, faire place à l'affection tendre, plus tard à une solide amitié, à une solidarité acceptée avec joie. Le mariage lui offre pour cela de grandes ressources, et l'on dirait qu'il a été créé pour ce cas, si rare d'ailleurs. Il est aussi très accueillant pour l'amitié amoureuse, pour toutes les formes tendres de l'amour, l'amour-Michelet, ou l'amour-Stuart Mill. Il l'est plus encore peut-être à l'amour fondé sur le désir de l'enfant, sur le désir de fonder une famille, de voir croître et prospérer sa race, il assure à l'amour, autant que faire se peut, la tranquillité nécessaire, à condition bien entendu que les époux la désirent vraiment, et il ne paraît pas du tout impossible qu'un amour même vif y prospère et s'y conserve longtemps si la sympathie des caractères, la raison, la bienveillance mutuelle et de bonnes conditions de position sociale et de santé viennent l'encadrer et le soutenir. Assurément il n'est pas commun que tous ces éléments de bonheur se réunissent. Mais quelle que soit l'institution humaine que l'on considère, on peut estimer que le bonheur y est chose rare.

Les inconvénients du mariage sont graves pourtant. Il n'a pas même pu régler convenablement le sort de la fortune des époux. Le régime dotal et les diverses formes de la communauté ont tous leurs désagréments, leurs gênes, leurs injustices et leurs conséquences choquantes. Le mariage est en principe un lien beaucoup plus serré que les époux ne sont bien souvent disposés à le supporter. La solidarité qu'il établit n'est pas toujours plaisante. Il rassemble et oblige, en bien des cas et toujours en principe, à une cohabitation étroite, à une union continue, des personnalités qui s'adaptent mal à ce rapprochement, sont froissées, se heurtent réciproquement, Il impose à chacun des époux des renoncements variés et des sacrifices qui ne sont pas toujours joyeusement acceptés. Il rapproche aussi deux familles différentes, et assez souvent cela est pire encore, et devient une occasion de quelques plaisirs de sympathie, mais aussi de bien des dissentiments et des discordes. L'opposition du gendre et de la belle-mère a été assez exploitée pour que je n'y insiste pas. Toute association contraint les hommes à s'aider et à se gêner. Le mariage, étant la plus étroite des associations, porte au plus haut degré leurs vertus et leurs défauts, en y ajoutant les siens propres.

Il faut bien considérer aussi les mensonges, les déviations diverses, les sacrifices que le mariage provoque presque forcément. L'une des difficultés est que l'instinct sexuel porte l'homme, et la femme aussi (à un moindre degré peut-être pour des raisons diverses) au changement, qu'il est inconstant par nature. Sans doute l'affection, la sympathie, l'influence du milieu, quelques sentiments de religion, de morale, de respect d'un engagement accepté, le rectifient, le dirigent, arrêtent le développement ou même peut-être la naissance des impulsions sexuelles défendues. Je suis porté à croire que le cas est même plus fréquent qu'il n'est de mode de le dire ou de le croire. Il faut bien reconnaître pourtant qu'il est fort loin de constituer la règle générale. Le mariage monogamique est bien souvent tempéré par l'adultère. Beaucoup d'hommes admettent que l'infidélité, au moins l'infidélité passagère, est une sorte de privilège de leur sexe. Et l'on peut se demander si, sans l'adultère, avec cette conviction toujours croissante, semble-t-il, que le bonheur est dû à chacun de nous, avec le droit proclamé de chacun à « vivre sa vie » qui paraît surtout signaler une revanche sournoise et prétentieuse de l'instinct sexuel, avec l'affaiblissement des convictions qui imposent à l'homme un devoir étroit au nom d'une autorité supérieure, (Dieu, loi suprême, idéal moral) avec la diminution du pouvoir conjugal et la liberté plus grande des relations, l'humanité moyenne supporterait le mariage monogamique. Il est permis de croire que non. Il est possible que le divorce même fût impuissant à le faire accepter et que le mariage n'existe que par l'adultère, comme la vertu de quelques femmes « honnêtes » est peut-être préservée par l'existence des amoureuses de profession. Que serait-ce alors si l'on prétendait proscrire toutes les liaisons plus ou moins innocentes, durables ou passagères, qui sont comme les prémices de l'adultère, ses débuts, ou des sortes d'infidélité larvées : inclinations tendres, flirts, camaraderies, avec tout ce qui les accompagne, propos affectueux ou galants, voluptueux, légers ou graves, menues caresses, danses, et le reste?

Regardons d'un autre côté. Les règles morales admises, si elles proscrivent tout libertinage, veulent évidemment restreindre les pratiques sexuelles à ce qui peut favoriser ou déterminer la procréation. Si une femme ne peut guère avoir qu'une grossesse par an, un homme bien constitué, dans la force de l'âge peut procréer, chaque année, de deux à quatre cents enfants, à peu près. Mettons qu'avec la meilleure volonté de sa part, la conception ne suive pas toujours l'union sexuelle (il serait difficile d'obtenir ici des chiffres exacts), il n'en reste pas moins une disproportion énorme entre le pouvoir prolifique des deux sexes. Le mariage monogamique condamne donc l'homme soit à de bien dures restrictions, soit au libertinage conjugal ou extra-conjugal, si l'on appelle libertinage toute satisfaction de l'instinct qui, sciemment, ne doit pas aboutir à la paternité légitime. On ne peut sortir de là et il faut prendre son parti. Peut-être est-ce bon de ne pas trop regarder la nudité des choses, et la société excelle à se servir de ce moyen de se tirer d'embarras, mais la science et la philosophie sont tout de même utiles en tâchant de la connaître. Comme d'ailleurs le nombre des femmes ne paraît pas s'écarter beaucoup de celui des hommes, la polygamie, en dehors de ses autres inconvénients, ne remédierait pas utilement au mal. La nature, disait Renan, ne tient pas du tout à ce que l'homme soit chaste. On peut dire que les choses se passent à peu près comme si elle tenait essentiellement à ce qu'il ne le soit pas. La société a besoin qu'il le soit, à quelque degré, et qu'il le paraisse. Elle essaye alors de museler, de dompter l'instinct, mais c'est un animal sauvage et rusé qu'on ne réduit pas aisément et qui réussit bien souvent à se délier et à s'échapper.

Le mariage monogamique est donc fort loin d'avoir parachevé, par une forme définitive, la socialisation de l'instinct sexuel. Mais les autres formes d'union régulière ou irrégulière ne l'ont pas mieux résolue, et d'ailleurs elles ne semblent pas pouvoir s'imposer. Malgré tous ses défauts, à cause de quelques-uns de ses défauts, c'est notre civilisation qui tend à envahir le monde. La société a donc échoué ; l'instinct sexuel, sans lequel elle n'existerait pas, l'embarrasse et la trouble, l'oblige et contraint les individus à des contradictions, à des mensonges, à des illusions, à des souffrances parfois cruelles. Et il arrive que les individus qui ont le plus à souffrir sont ceux qui prennent les lois et la morale au sérieux, et se trouvent parmi les meilleurs éléments sociaux.

§ 2.

D'autre part la suppression de toute union régulière et légale ne saurait guère être envisagée. Elle bouleverserait trop nos traditions, l'amour libre conviendrait peut être fort bien à des êtres à peu près parfaits dans une société à peu près parfaite. Nous ferons aussi bien de ne pas légiférer pour eux.

Pour ne rien dire ici des questions d'intérêt, importantes cependant, il ne prolongerait pas l'harmonie des amants. L'union y serait peut-être précédée plus souvent d'une entente, mais il n'en serait pas de même de la séparation, il ne supprimerait ni la jalousie, ni la satiété, ni la mésentente quotidienne. Sans doute le caprice y serait plus aisément satisfait, mais le caprice n'est pas une base solide pour fonder une société saine. Et certainement la reconnaissance officielle de l'amour libre favoriserait un éparpillement des désirs, un vagabondage du cœur et des sens qui ne conviendraient guère à la bonne marche des sociétés.

Il faut renoncer à la panacée sociale, au « mot sauveur » et aux institutions qui reforment l'homme radicalement. L'homme ne peut ni se passer de la société, ni s'accommoder pleinement de ses lois, il en est réduit partout et toujours à des expédients, à des compromis boiteux, variables, sans netteté et sans franchise entre les intérêts et les forces qui s'opposent, souvent à des mensonges et à des illusions.

C'est de cette réalité qu'il faut partir et de la situation actuelle, psychique et sociale, si l'on veut y voir clair. Il ne faut pas espérer qu'on la corrigera au point d'en supprimer les maux. L'homme restera peut-être pendant toute la vie de l'humanité, et sûrement pendant un temps d'une longueur qu'on ne saurait évaluer, un être mal adapté, insociable et contraint à l'association, qui cherche vainement son équilibre. Il ne peut trouver que des palliatifs, diminuer un peu le désordre et les oppositions, coordonner jusqu'à un certain point les efforts divergents par la division du travail et la division corrélative et acceptée des idées, des opinions et des sentiments. Pour ce qui concerne l'instinct sexuel, on pourrait admettre des spiritualisations et des socialisations très différentes et correspondant à des fonctions sociales différentes, reconnaître, autoriser, pourvoir de certains droits, différents modes d'unions; les Romains nous avaient déjà indiqué cette voie, et bien d'autres peuples aussi.

Des réactions en des sens divers seraient peut-être utiles. Il faudrait, à l'encontre de certaines formes de pudeur, bien spécifier qu'il n'y a rien de honteux dans les organes ou dans les actes de la génération, mais qu'il peut être blâmable de rechercher les plaisirs sexuels, d'en faire la grande affaire de sa vie, même d'en parler trop, et hors de propos. Ils sont trop vifs par eux-mêmes pour qu'il ne soit pas dangereux d'en éveiller l'idée trop tôt, chez les enfants, ou avec excès chez tout le monde. De même il n'est pas honteux de manger, mais de voler pour satisfaire sa gourmandise, même de manger avec gloutonnerie et de parler trop souvent de ce qu'on mange. Qu'on cache, qu'on voile les plaisirs sexuels, cela est nécessaire, mais qu'on ne les renie pas. Les conditions de la vie sociale saine exigent la réserve et la pudeur. Mais il est bien des impressions que nous n'étalons pas à tous les yeux, non point que nous ayons honte de les éprouver, mais parce que nous aurions honte de les montrer, parce qu'elles nous sont personnelles, intimes, qu'elles ne regardent aucun autre que nous, parfois parce qu'elles nous sont précieuses et que nous nous savons bon gré de les éprouver. La pudeur s'applique à cacher des sentiments délicats, même des faits glorieux aussi bien que des réalités désagréables ou fâcheuses. C'est même là une forme supérieure de la pudeur.

Peut-être faut-il aussi reconnaître que l'amour, que le désir sexuel ne sauraient avoir pour fin unique la génération, et que, dans une certaine limite il est légitime, et même bon de les chercher pour eux-mêmes, pour le bien-être mental et physique qui les suit, pour l'épanouissement de l'être qu'ils provoquent, pour l'exaltation de la sympathie, et de l'affection qu'ils peuvent procurer, et aussi pour se débarrasser de leur obsession, les empêcher d'envahir l'esprit.

Ce ne serait qu'étendre aux plaisirs sexuels un droit reconnu à tous les autres plaisirs des sens par tous ceux qui ne font pas de l'ascétisme une règle absolue. Il est certainement permis de rechercher un peu, dans la nourriture le plaisir du goût, et de ne pas se préoccuper uniquement du poids, de la nature physique et chimique, même de la valeur nutritive de ses aliments. L'indépendance des plaisirs de la vue et de l'ouïe est très généralement admise. On se sert de ses yeux et de ses oreilles pour faire sa besogne, accomplir ses tâches sociales, mais on ne saurait se borner là. Ni la peinture ni la musique n'ont un but pratique quelconque pour ceux qui en jouissent en artistes, sinon le plaisir même qu'ils y prennent et ses conséquences. On pourrait certes soutenir que nos sens, la vue et l'ouïe même ne doivent être employés qu'à nous permettre d'accomplir nos devoirs sociaux (ou religieux), et pour cela, à nous renseigner sur le monde extérieur, à nous mettre en état d'agir sur lui, de nous diriger, de travailler la matière et de la plier à nos besoins. Et certes j'ai essayé de montrer ailleurs qu'il y a toujours dans l'art un principe d'immoralité. Mais cette immoralité relative conduit parfois à une moralité supérieure. Et l'humanité est trop troublée, trop imparfaite et trop pervertie même pour qu'on puisse lui proposer sérieusement et avec clairvoyance de devenir impeccable. Mais il n'est pas mauvais certainement qu'il se trouve des doctrines absolues pour trop exiger de l'homme.

Il ne faudrait pas conclure d'ailleurs que les plaisirs sexuels doivent être aussi libres que ceux de la vue ou de l'ouïe. Ils ont une autre nature, un autre rôle, d'autres conséquences et d'autres dangers. En ce moment-ci moins que jamais, en France moins que partout ailleurs, on ne saurait se dispenser d'insister sur la nécessité de parer à la dépopulation. Certes la qualité des enfants est assez importante pour qu'on s'en préoccupe plus qu'on ne l'a fait, elle ne doit pas faire négliger, ici et en ce moment, la quantité. Il est sûr que, pour faire une société forte, la fécondité doit être le résultat normal et régulier de l'amour. Mais reconnaître qu'il ne s'agit pas là d'une règle absolue ne diminuerait peut-être pas la fécondité. De ce que l'on recherche certaines nourritures pour le plaisir du goût, il ne s'ensuit pas forcément qu'on ne se les assimilera pas aussi bien ; de ce que l'on recherche une certaine élégance des outils, même de ce que l'on possède des outils de luxe qui ne servent pas au travail, mais qu'on aime pour la beauté de leur forme ou de la richesse de leur substance, il ne s'ensuit pas nécessairement qu'on ne travaillera pas autant et aussi bien. Mais il est évident et cela ressort de tout ce qui précède, qu'il faut se méfier de l'instinct sexuel et prendre à son égard des précautions exceptionnelles que ne justifieraient ni la vue, ni l'ouïe, ni l'odorat, ni le goût, ni le tact en général, plus disciplinés et moins violents. Aussi peut-on regretter que, en même temps qu'elle veut régler l'instinct sexuel, la société, par certains de ses organes, de ses groupes vagues plus ou moins organisés, semble s'efforcer de le surexciter de toute façon, assez grossièrement en bien des cas.

Quant à dire jusqu'à quel point il convient de reconnaître le droit au plaisir, quant à préciser les joies permises et les plaisirs interdits, je m'en abstiendrai soigneusement ainsi que de rechercher les mesures que la société pourrait prendre pour empêcher ou restreindre l'excitation au libertinage. Je ne rédige ni un projet de loi, ni un traité de casuistique amoureuse. Au reste je ne pense pas qu'il puisse être question de tracer ici des limites précises. Chaque individu, chaque couple, chaque peuple, chaque époque aurait besoin d'une discipline différente et d'une liberté variable. D'innombrables raisons exigent que ce qui est permis à l'un soit défendu à l'autre. Il faudrait prendre la mesure de chaque être pour lui imposer une juste morale comme pour lui faire un habit qui le pare convenablement et s'ajuste à ses formes. Cela étant impossible, la société se tire d'affaire par des contradictions dangereuses et des compromis douteux. Il me suffit ici d'indiquer les faits et leur sens général d'où l'on peut conclure que la procréation doit être le but normal et général de l'amour, mais que cependant cette règle n'est pas absolue. Et ces deux vérités sont banales, mais il est difficile d'en tirer un bon parti et notre société n'y réussit guère.

## § 3.

La complication, la richesse et l'incohérence de la vie, de l'esprit, et de la société ont établi ou laissé subsister une certaine dissociation des tendances, et le jeu indépendant d'éléments qui devraient être rigoureusement associés aux autres et réglés dans leurs fonctions par la synthèse psychique et vitale. Il s'est formé ainsi un désir de manger agréablement qui n'est pas entièrement d'accord en tous les cas avec le besoin de nourriture, des arts qui font servir l'œil et l'oreille à isoler l'esprit de la vie pratique, et un amour qui ne se confond point avec la tendance de l'espèce à se perpétuer. Mais il s'est développé aussi des tendances opposées qui, au contraire, voudraient systématiser avec une stricte régularité toutes les tendances de l'homme, qui veulent tout subordonner strictement à la fin principale, et interdisent toute pratique qui ne leur paraît pas tendre directement à la fin suprême, qui n'y voient qu'un « divertissement » blâmable. Je songe à Pascal en écrivant ceci et, en effet, il réalise assez bien, vers la fin de sa vie, le type indiqué. Durant sa longue maladie il avait « toujours dans l'esprit ces deux grandes maximes, de renoncer à tout plaisir et à toute superfluité. Il les pratiquait dans le plus fort de son mal par une vigilance continuelle sur ses sens leur refusant absolument tout ce qui leur était agréable... Et lorsqu'il arrivait que quelqu'un admirait la bonté de quelque viande en sa présence, il ne le pouvait souffrir; il appelait cela être sensuel, encore même que ce ne fût que des choses communes; parce qu'il disait que c'était une marque qu'on mangeait pour contenter le goût, ce qui était toujours un mal. Il ne pouvait encore souffrir qu'on cherchât avec soin toutes les commodités, comme d'avoir toutes choses près de soi, et mille autres choses qu'on fait sans scrupule, parce qu'on ne croit pas qu'il y ait du mal. Mais il n'en jugeait pas de même... » [1]. Et ce n'est pas seulement les sens qu'il mortifiait. Il n'avait « nulle attache pour ceux qu'il aimait. Mais il n'en demeura pas là ; car non seulement il n'avait point d'attache pour les autres, mais il ne voulait point du tout que les autres en eussent pour lui. Je ne parle pas de ces attaches criminelles et dangereuses, car cela est grossier et tout le monde le voit bien; mais je parle des amitiés les plus innocentes[2]. » C'est ainsi que l'on doit en juger quand on veut rapporter à Dieu toutes les richesses d'un esprit rigoureux et d'un cœur passionné. Si on remplace Dieu par quelque autre fin suprême, les commandements pourraient changer, mais leur rigueur resterait la même, et l'ascétisme philosophique ou politique n'est pas inconnu, quoique moins strictement systématisé peut-être.

Mais les mêmes errements se produisent ici. La douleur, comme le plaisir, finit par être voulue et cherchée pour elle-même. Il est des gens qui croient accomplir un devoir dès qu'ils souffrent par leur faute. Et la souffrance, de moyen légitime devient, elle aussi, une fin. C'est que la peine, les soucis, les chagrins sont une conséquence forcée de la vie sociale. L'homme ne peut s'adapter tant bien que mal à celle-ci que par des sacrifices plus ou moins lourds. Etre incohérent et divers il ne peut satisfaire quelques-unes de ses tendances qu'en en contrariant d'autres. Plus ou moins, selon sa nature et selon les circonstances, le renoncement se propose ou s'impose à lui et il ne peut l'éviter. L'ascétisme est une généralisation d'une pratique à laquelle nous contraint la vie. Il est bon, nécessaire à l'homme d'être prêt au renoncement et au sacrifice. On ne peut obte-

1. Blaise Pascal. *Pensées et Opuscules*. Edition Brunschwig. *Vie de Blaise Pascal* par Gilberte Pascal, p. 25.

1. *Id.*, p. 30.

nir un bien qu'en renonçant à d'autres. Un ascétisme sans but supérieur serait sans doute une absurdité, mais l'ascétisme peut toujours viser quelque bien précieux, le bonheur éternel, l'obéissance à Dieu, la conformité à l'ordre des choses, la maîtrise de soi. Et sans doute, il peut lui-même, comme toute fin de tendance, s'ériger en but suprême. C'est une déviation analogue aux autres et que comme beaucoup d'autres la société peut s'efforcer d'utiliser, si elle n'a pas su la prévenir, ou tout ou moins de rendre inoffensive.

S'il est des hommes et des femmes que de hautes raisons poussent à l'ascétisme en matière d'amour, ils méritent tout d'abord l'estime que doit inspirer toute force disciplinée, mais ils peuvent de plus trouver leur place et leur raison d'être dans la vie sociale. S'ils peuvent mieux employer en charité, en œuvres morales, sociales, intellectuelles, les forces psychiques et physiques qu'ils ne dépensent pas en passions d'une autre nature, cela est bien ainsi. Il s'agit qu'ils ne se trompent pas sur leurs forces et leur vocation. Sans doute il se produira des erreurs, des déviations, des souffrances et des fautes. Mais il en est de même en tout.

Admettons donc que chacun de nous n'a pas, dans cette vie, la même fonction à remplir et de la même manière que les autres. Acceptons la différenciation, la division des sentiments, des idées, des croyances, qui est une forme de la division du travail, étroitement unie aux autres qu'elle contribue à rendre possibles. C'est parce que nous n'avons ni les mêmes aptitudes, ni les mêmes idées, ni les mêmes goûts que nous pourrons accomplir des tâches différentes et collaborer par là à la même œuvre. Mais n'espérons pas que toutes ces diversités vont se fondre parfaitement, même au pritx d'un dur labeur, en une harmonieuse unité. La société en profite, elle en vit, elle les emploie et les coordonne, mais c'est un travail qui dépasse ses capacités, qu'elle gâche, et que la nature même de l'homme rend très difficile à réaliser convenablement, impossible à parfaire. Les diversités et les oppositions des individus et, dans les individus mêmes, des tendances et des idées paraissent au fond irréductibles. On ne peut que les pallier et les systématiser imparfaitement. La société peut ainsi trouver son profit à la chasteté du prêtre, à la fécondité des époux, à la passion stérile du poète. Mais elle ne pourra jamais tirer parti de toutes les abstinences, encore moins sans doute de toutes les débauches, encore que les Spartiates aient pu utiliser comme leçon l'ivrognerie des ilotes. Il en est qui lui sont franchement nuisibles en somme et qu'elle aura raison de combattre. Il est moins facile qu'on ne croit de les discerner et l'art en exige beaucoup de savoir et beaucoup de perspicacité. Celles-là même, en les combattant, on en peut tirer parfois quelque avantage. Et si l'on arrivait à les réduire, le champ serait encore très large pour les oppositions, les variétés, les contradictions mêmes dans la vie sociale.

Il faut donc se résigner à ce qu'il y existe simultanément de nombreuses variétés de spiritualisation et de socialisation de la tendance sexuelle et des autres tendances qui se contredisent et s'opposent mais peuvent cependant trouver leur place dans nos sociétés et y rendre des services, en leur permettant de continuer leur vie si imparfaite et si troublée. L'instinct sexuel, tout en gardant bien souvent encore une indépendance farouche et non sans danger, s'est engagé, dans l'humanité en des combinaisons multiples, où il s'est parfois transformé, assagi, civilisé. Aucune de ces combinaisons n'est parfaite, aucune ne peut être universellement réalisée, aucune ne répond à toutes les nécessités de la vie sociale, trop incohérente, qui ne peut pas ne pas l'être, et qui, même très perfectionnée, voudrait toujours des différenciations et une division du travail et des sentiments. Mais la plupart de ces combinaisons peuvent être utilisées, et il y aurait intérêt à reconnaître la valeur actuelle ou possible d'un plus grand nombre d'entre elles. Il ne faudrait pas attribuer à toutes celles-là la même valeur sociale et la même valeur morale, mais reconnaître qu'aucune d'elles n'est complètement dépourvue de l'une ni de l'autre. Je n'ai pu ici qu'indiquer quelques directions possibles. Encore ne pourrait-on marcher que prudemment. Tout faux pas serait dangereux. Un arrêt trop prolongé ne serait pas un moindre péril. La loi sur le divorce, qu'on ne pouvait guère éviter, a certainement apaisé, atténué, ou prévenu bien des maux. Elle en a sûrement aussi causé de nouveaux. De plus elle a modifié l'ensemble d'idées et de sentiments que coordonnait chez nous le mariage. Elle en a transformé la conception et l'appréciation, elle a préparé des transformations nouvelles que des causes différentes (l'instruction des femmes, leur accession à beaucoup plus d'emplois et de fonctions sociales, l'octroi qui leur a été, ou qui leur sera consenti de droits civils et politiques, l'affaiblissement du conservatisme religieux, politique et moral, etc.), contribuent à rendre possible sinon inévitable. De nouvelles spiritualisations, des socialisations inéprouvées s'ébauchent ou s'affirment. Elles ne peuvent aspirer à remplacer trop vite, ni sans doute même à éliminer complètement les anciennes, et il n'est pas sûr que les formes de sociétés qu'elle réaliseront vaudront mieux que celles qui les ont précédées, préparées, et qui survivront encore en elles.

§ 4.

Les transformations sociales de l'instinct sexuel illustrent assez bien les procédés généraux et les résultats généraux de la spiritualisation et de la socialisation. Il est des besoins physiologiques et des tendances psychiques qui, sans doute, ont mieux évolué que d'autres, avec moins de troubles et de complications fâcheuses. Cependant, si l'on y regarde de près, on reconnaîtra que les maux ont souvent été graves et que l'évolution humaine entraîna plus de déviations qu'on ne veut en convenir, plus qu'on ne serait, tout d'abord, enclin à le croire. Ce n'est pas que les médecins et les moralistes n'aient dénoncé ces déviations, mais on les écoute, on convient parfois qu'ils ont raison et l'on n'y pense plus guère, on laisse dormir ces connaissances peu réconfortantes ou bien on néglige d'en voir la portée et l'on raisonne un peu instinctivement, comme le marchand légendaire qui perdait à chaque vente, mais espérait se rattraper sur la quantité.

Assurément de bons résultats récompensèrent l'activité de l'homme. S'il n'en était pas ainsi les sociétés humaines auraient disparu. Mais ils ont été suffisants pour faire subsister l'homme, non pour le faire bien vivre. Ils n'ont pu lui assurer une vie heureuse ou simplement paisible, ni même lui en garantir la durée. L'homme a pu refouler ou supprimer les grands animaux dangereux, il parvient à se défendre tant bien que mal contre les microbes, et l'on peut espérer qu'il vivra malgré eux. Il n'a pas su se discipliner lui-même, domestiquer assez bien ou détruire ses instincts, devenir l'être social qu'appelaient les circonstances. Les dangers qui agitent sa vie et qui risquent de l'interrompre peut-être, c'est dans l'homme même et dans les sociétés humaines qu'ils vivent et qu'ils grandissent. Peut-être sa tâche dépasse-t-elle ses aptitudes. Ses succès sont partiels et restreints, il a vu, pensé, agi en myope, s'attachant à des détails, accomplissant en certains domaines des œuvres improbables, mais restant impuissant à coordonner ses efforts, négligeant ce qu'il y a de plus essentiel dans la vie : l'ensemble des croyances, des désirs et de la conduite et l'harmonie générale de l'existence. L'homme a parfois entrevu ce qui lui manquait, il l'a désiré, il a pour le saisir, déployé d'immenses efforts, il a souffert, pleuré et crié. et même bien des martyrs ont péri pour s'assurer cette harmonie inaccessible jusqu'ici, mais l'humanité n'a pas su entrer dans la bonne voie et la suivre obstinément, elle s'est consolée comme elle a pu par des « divertissements » variés, brillants parfois ou grandioses, mais toujours insuffisants.

La transformation des fonctions organiques ne pouvait être conduite bien loin. L'homme a su s'en servir, parfois assez heureusement, pour la vie sociale, il les a souvent perverties. Pour la respiration, il n'a guère pu que changer les conditions dans lesquelles elle s'exerce. Et ces changements ont été plutôt fâcheux. Les villes, en grandissant et en attirant des populations toujours plus nombreuses et plus denses, les ont certainement empirées. Pour la nutrition, il n'y a pas à insister sur les inconvénients d'une socialisation qui aboutit sur tant de points à l'alcoolisme, pour ne signaler ici que le plus grave de ses dangers. Si l'on s'attache à l'ensemble des fonctions organiques, il est difficile d'arriver à une conclusion précise. Certains animaux, certains végétaux vivent beaucoup plus longtemps que l'homme, d'autres beaucoup moins longtemps. On ne peut guère comparer leur santé à celle de l'homme. D'autre part on ne connait pas d'hommes non assujettis à la vie sociale et, dans bien des formes de la vie sociale, les statistiques manquent. En somme les causes des phénomènes et leur nature même sont assez difficiles à distinguer sur bien des points. Autant qu'on en peut juger, la vie moyenne parait s'allonger dans notre civilisation. Certaines maladies y sont atténuées, comme la lèpre, d'autres, comme la tuberculose, restent très menaçantes.

Il existe évidemment quelque chose comme une spiritualisation et une socialisation des maladies. Je veux dire que certains états morbides influent sur l'esprit, directement ou indirectement, et sur la société, qui, à leur tour les influencent, qu'ils fournissent des éléments importants à la vie psychique et à la vie sociale. Certaines affections retentissent sur l'intelligence et sur la vie affective et l'on a pu esquisser une psychologie des tuberculeux, par exemple, ou de l'homme qui souffre de l'estomac. D'autre part, des états morbides s'associent étroitement, à certaines époques au moins, à des idées et à des sentiments particuliers. C'est ainsi que dans la première partie du dernier siècle la tuberculose a servi de matière poétique. Des troubles nerveux, et psychiques, la neurasthénie sans doute, et d'autres états analogues ont tenu leur place, sous différentes apparences, dans la littérature romantique. D'autre part encore la vie sociale favorise, atténue ou supprime certains maux. La syphilis, par exemple, est à plusieurs égards, par ses causes et par ses effets, une maladie sociale. D'autre part enfin, la défense contre la maladie est encore un événement, ou plutôt un ensemble plus ou moins cohérent d'événements psychologiques et sociaux. On ne peut affirmer que jusqu'ici l'humanité se soit très brillamment défendue. L'hygiène est incertaine et variable sur trop de points et surtout elle est trop peu obéie. La médecine un peu mieux écoutée peut-être, est plus incertaine encore. Cependant personne, je crois, ne nie les progrès de la chirurgie. Tout cela forme un ensemble assez trouble, confus, passablement incohérent. Et sans doute il dépend de l'homme de régulariser un peu cet ensemble et de le rendre plus satisfaisant. Mais malheureusement, il lui manque, pour y réussir, les qualités psychologiques et sociales essentielles, et c'est bien parce que le progrès dépend de lui qu'on peut se méfier de sa venue ou tout au moins de sa rapidité. Il faut reconnaître aussi que la nature même le rend parfois difficile, mais la difficulté des recherches scientifiques ou techniques est un obstacle moins redoutable à l'homme que son impuissance ou sa maladresse à tirer parti des résultats acquis.

§ 5.

Il ne faut pas, en effet, attribuer à un hasard défavorable ou à des circonstances accidentelles, toutes les imperfections que j'ai rappelées brièvement. Elles dérivent, au moins assez largement, d'une cause principale profonde et permanente. Si la socialisation et la spiritualisation apportent des résultats inégaux, parfois brillants, presque inespérés, et parfois déplorables, c'est que ni l'esprit humain n'a su s'adapter à l'état social, se résigner pleinement à la vie collective, ni la société former l'intelligence et le caractère de l'homme. Les événements psychiques, idées, désirs, tendances diverses sont restés à quelque degré, dans l'esprit, des éléments indépendants vivant pour eux et de leur vie propre, et les esprits ont aussi, et bien plus encore, ont conservé, dans la société, une personnalité irréductible et se sont obstinés à une opposition que le mauvais fonctionnement des rouages sociaux explique un peu, excuse à quelque degré et encourage continuellement.

L'organisation générale a manqué partout. Ce vice est frappant si l'on considère l'humanité dans son ensemble et aussi dans beaucoup de ses détails. La socialisation et la spiritualisation se sont développées de manière à produire partout des discordes et des troubles. Il n'est pas une civilisation vraiment unifiée, il n'est même pas un peuple, il n'est pas une famille, il n'est pas un individu en qui n'éclatent ou ne se dissimulent des luttes, des oppositions, des incohérences, des désordres dus à des formes discordantes de transformation des tendances par l'esprit et par la société. Nous avons vu, par exemple, comment la société tendait à la fois à comprimer, à restreindre et à surexciter l'instinct sexuel, mais où que nous regardions, les faits analogues s'offrent à nous, qu'il s'agisse de croyances et de pensées, ou de désirs et d'actions. Partout des lacunes s'étalent, dont les inconvénients sont aggravés souvent plutôt que compensés par des développements excessifs d'autres parties de nos connaissances et de notre activité, partout des perversions ont fait dévier les tendances de leur rôle bienfaisant.

L'homme par exemple, est très fier de ses sciences. Et certes les résultats en sont splendides. Qu'un petit être éphémère et chétif, jeté sur un point imperceptible de l'espace ait pu y distinguer les lois de l'univers, peser les mondes éloignés, qu'il en ait reconnu les éléments, qu'il ait discerné derrière des apparences aveuglantes, leur marche vraie, qu'il ait atteint l'infiniment petit comme l'infiniment grand, extrait de la réalité des lois peut-être immuables et éternelles, qui, en tout cas le dépassent infiniment de toute part, cela est plus admirable qu'on ne saurait le dire.

Mais cela reste incomplet et insuffisant. Les connaissances les plus essentielles sont absentes ou méconnues. Brunetière s'appuyait sur un fait réel pour accuser les faillites partielles de la science et l'on peut critiquer l'expression de ce fait qu'il a proposée, mais non en contester l'existence ni la gravité. Sur son origine, sa nature, sa destinée, l'homme n'a pu arriver à socialiser convenablement ses croyances. Aucune ne s'est définitivement imposée et on peut estimer que de longtemps, aucune ne s'imposera à tous. L'homme n'a pu acquérir ce que tous les êtres paraissent avoir d'emblée : une conception générale, implicite ou explicite, qui unifie sa conduite, une loi naturelle qui s'impose à lui et qu'il réalise spontanément, sans hésitation et sans trouble. Il semble même qu'à notre époque les divergences se sont accentuées. Elles sont certainement plus grandes et plus graves dans la France d'aujourd'hui que dans la France du XIIIe siècle, et peut-être même que dans l'empire romain au siècle d'Auguste. Et ce ne sont pas seulement les convictions religieuses et les croyances philosophiques qui sont en question ici, mais aussi les convictions sociales et même les opinions politiques, toutes les croyances en somme qui tendent à orienter dans un sens défini l'ensemble ou tout au moins de larges portions de la conduite humaine. Par exemple les théories du travail, des relations des employés et des employeurs, des rapports généraux des hommes entre eux, de l'égalité et de la subordination, des rapports normaux de la société avec l'individu ou de l'homme et de la femme, des meilleures formes de gouvernement et de leur conditionnement par les autres faits sociaux sont dans un lamentable état d'incohérence et de discorde. Aucune ne peut arriver à la socialisation stable et permanente. L'homme a tristement échoué jusqu'ici dans sa recherche de la synthèse générale. Je ne veux pas dire que l'homme n'a pu arriver à la vraie philosophie ou à la vraie religion, peut-être certains hommes ont-ils entrevu la vérité, sinon dans ses détails au moins dans son aspect général, mais ils n'ont pu former l'esprit de l'humanité et socialiser leurs idées, ni s'en servir pour imposer une direction générale unique et constante à la conduite humaine. Ni la philosophie ni la morale ne se sont socialisées au point voulu et de la façon qu'il faudrait. Et c'est par là, bien plus que par le développement de son intelligence ou par la conscience de ses aspirations morales que l'homme occupe une place bien à part parmi les autres êtres.

§ 8.

Toutes les contradictions de la théorie, traduisent, d'une part, les contradictions de la pratique, et d'autre part elles les continuent et les aggravent. Toute conception du monde, religieuse ou philosophique, correspond à une conception générale de la conduite humaine, c'est-à-dire à une morale et à une réalisation de cette morale. Elle tend ainsi à donner une allure spéciale aux tendances, aux désirs et aux passions. Inversement et plus fortement encore toute forme générale de la conduite correspond à une conception générale de la vie et du monde implicite ou explicite, toute forme spéciale et permanente de l'activité à une loi générale d'ordre scientifique. Les actes des animaux répondent à une sorte de philosophie qu'ils ne formulent point mais à laquelle ils conforment instinctivement leurs actes et que d'autres esprits peuvent formuler pour eux avec plus ou moins de rigueur ou d'agrément. Par exemple on peut dire que les animaux ont le devoir de conserver l'espèce, ils agissent en conformité avec ce devoir dont on peut croire qu'ils n'ont pas la notion abstraite[1]. Ils font en cela l'inverse de ce que fait l'homme. Et précisément parce qu'ils réalisent leur devoir, ils n'ont pas besoin de le formuler. Et, bien mieux encore, les éléments chimiques forment leurs associations régulièrement,

1. L'on peut aller, par une fantaisie ingénieuse et suggestive, bien plus loin dans l'interprétation consciente et humanisée des faits et gestes des animaux. Voir, par exemple, dans le *Voyage aux Pyrénées* de Taine, les réflexions d'un chat philosophe et, dans l'œuvre d'Anatole France, les pensées de Riquet, le chien de M. Bergeret.

sans tâtonnement et réalisent les lois de leur activité sans qu'aucune conscience de ce que sont ces lois ait vraisemblablement à intervenir.

Le fait seul que les religions, les philosophies, les morales existent sous forme théorique signalent déjà suffisamment l'infortune de l'humanité. Elles ne sont là que pour lui procurer un remède ou lui proposer des consolations. Toute théorie formulée indique un vice, une imperfection, une impuissance de la pratique. Il serait inutile de recommander aux hommes la bonté, s'ils étaient bons, et toute morale théorique serait superflue si l'homme était vraiment adapté à l'état social. A se placer même au point de vue chrétien, il est bien évident qu'Adam en ne péchant point eût rendu inutile le sacrifice du fils de Dieu, prévenu la rédemption et supprimé par avance le christianisme tel que nous le connaissons.

Aussi faut-il s'attendre à rencontrer partout des preuves de l'échec partiel et de l'impuissance relative des transformations psychiques et sociales des sentiments. Nous pouvons considérer la végétation riche et compliquée des sentiments humains et même nos civilisations entières comme le développement et le produit de quelques tendances assez simples, graines qu'ont longuement cultivées la vie sociale et la vie psychique. L'instinct sexuel est devenu l'amour innombrable. La faculté qu'ont deux êtres de même nature d'éprouver des émotions pareilles et de se les communiquer a donné toutes les formes de la sympathie, de l'amitié, de l'affection. Le réflexe de la défense s'est non seulement organisé en pratiques raisonnées telles que la boxe ou l'escrime, mais spiritualisé en collaborant au développement du sentiment de la justice et de l'amour de la famille et de la patrie, socialisé en établissement d'armées, en fabrication d'appareils guerriers, de munitions d'une part, d'autre part en institution de tribunaux, de prisons, de moyens de répression infiniment variés. La philosophie, les dogmes religieux, les sciences ne sont qu'une transformation psychique et sociale de la première partie de tout réflexe, causé par une excitation venue du dehors, de la constatation plus ou moins consciente des faits, de la perception, de la sensation qui va déterminer la réaction par laquelle l'être continue à vivre, protège son existence, sait profiter de son milieu.

Que dans toutes ces transformations, surtout dans quelques-unes d'entre elles, le travail humain ait abouti à des résultats merveilleux et qu'on eût pu juger impossibles, cela ne fait point doute et un simple coup d'œil sur l'histoire de l'humanité nous en convaincrait. Il suffit de penser à nos sciences et à notre industrie. Mais comment l'homme s'en est-il servi ? A quoi les a-t-il employées ? Tout est resté imparfait et on ne saurait s'en étonner. Que des déviations se soient produites partout, il fallait s'y attendre. Mais que l'homme n'ait jamais pu arriver à vivre en paix avec les autres hommes, qu'il n'ait pas su accorder sa volonté et ses désirs à leurs désirs et à leur volonté, qu'il ne parvienne pas à s'accorder avec lui-même qu'il reste toujours inquiet, tourmenté, mécontent, que tout ce qu'il atteint le laisse peu satisfait et ne l'amène qu'à de nouveaux désirs, cela suffit à illustrer, après tant de siècles de civilisation, les défauts et les impuissances la faillite relative de toutes nos socialisations et de toutes nos spiritualisations. Nos sciences et nos industries ont pu dépasser les plus grands espoirs de jadis, mais elles ne sont, elles ne doivent être que des éléments dans un ensemble qui les dépasse, et c'est cet ensemble que l'homme n'a pas su former. Elles ne sont que des moyens au service d'une fin qui est l'harmonie humaine et l'ajustement de l'homme à ses conditions d'existence. Ces conditions d'existence sont extérieures, la planète que l'homme habite avec ses climats, ses animaux, ses terres, et ses mers, elles sont intérieures comme l'organisme de l'homme, son esprit et ses sociétés. L'harmonie humaine serait la combinaison systématisée de tous ces éléments. Où l'homme a su assez bien tirer parti de sa planète, il a dépensé beaucoup de force, d'adresse et d'ingéniosité à s'y faire une place assez sûre, à tirer parti des ressources qu'il trouvait, à les créer mêmé en bonne partie, à se servir des animaux ou à les refouler et à les détruire, à se défendre, avec un succès qu'on voudrait plus grand, mais qui se prouve déjà estimable, contre les microbes dangereux. Il a pu ainsi satisfaire beaucoup de besoins et de désirs essentiels, il a pu même les compliquer et les enrichir à l'infini, et un peu au delà de ce qui était utile. Mais il n'a pas su créer l'harmonie humaine et organiser son âme et les sociétés. Les produits de son industrie et de son art, il les a très souvent employés à nuire à son organisme, à détraquer son intelligence et à fausser ses sentiments, à désorganiser les groupes sociaux ou à leur refuser les moyens de se constituer. La dernière guerre nous a montré pendant plus de quatre ans à quoi pouvaient être employés les plus hautes facultés de l'homme et les produits de ses sciences et de ses industries. Le retour à la paix va nous remettre en présence des problèmes terribles qu'ont soulevés, sur d'autres points, ces industries et ces sciences appliquées dont nous sommes si fiers. Il ne faut pas oublier que des questions sociales urgentes et difficiles s'y rattachent étroitement et que si le développement des grandes industries a causé déjà bien des misères et bien des maux, il n'a sans doute pas épuisé sa force malfaisante, non plus que ses effets utiles, et que cette force s'appliquera selon des directions plus diverses. Mais l'industrie n'est pas seule en cause. Le développement de la vie entraîne l'exaspération du désir de la richesse et de l'amour du luxe sous des formes plus variées, la multiplication des plaisirs des sens et même des plaisirs de l'esprit ont puissamment contribué à diviser les hommes, à opposer les désirs, les goûts, les intérêts et les pensées, à entretenir et accroître le désordre intellectuel et le désordre moral. Faute d'une unité de direction qui a fait toujours défaut à l'humanité, les meilleures choses peuvent devenir les pires.

Il semble qu'il se révèle là un vice essentiel de la nature humaine. L'homme a peut-être été amené à pénétrer dans une voie où il ne pouvait marcher qu'à tâtons et en trébuchant. Il est un être social et en même temps il est insociable. Il ne peut se passer des autres ni s'accorder avec eux. En somme il a bien peu changé, autant qu'on en peut juger, depuis ses origines. Il a amoncelé ses connaissances, multiplié ses désirs et les moyens de les satisfaire, mais il n'a pu se servir de tous ces pouvoirs. Il est resté, dans ses sentiments et dans son esprit, génial et peu raisonnable. Il est capable de dévouements absolus, d'héroïsme superbe, de généreuse abnégation, mais il ne peut arriver à organiser une société passable où il fasse bon vivre, et où les individus associent leurs efforts vers un ensemble commun de buts désirés par tous. Il a du génie, il a deviné des choses cachées, observé des faits presque invisibles, créé des arts admirables pour suppléer aux défaillances de la vie (car l'existence seule de l'art décèle les graves défauts d'un monde où l'on ne peut vivre qu'en cherchant à s'en détacher), mais il est trop souvent devant ses propres inventions comme un enfant devant l'outil d'un homme. Il ne sait que les manier maladroitement, il ne peut en voir la portée véritable et l'utile emploi, il s'y blesse et s'y meurtrit. Il est extrêmement frappant et assez inquiétant, de constater dans l'humanité ce singulier amalgame de génie et de bêtise. On dirait vraiment que l'homme s'est dépassé lui-même sur quelques points, tandis que sur d'autres il n'arrivait pas même à réaliser sa vraie et humble nature. Il a pris un peu l'apparence d'un parvenu qui exerce un pouvoir ou qui gère une fortune dont le rêve lui eût jadis semblé fou, mais qui n'a pas acquis ce qu'une éducation régulière et mieux à sa taille lui aurait peut être donné.

Sans doute il ne pouvait être question d'aboutir à l'harmonie parfaite, à l'unité absolue. L'existence ne peut exister et se comprendre que par la différence et par l'opposition. Mais ces oppositions nécessaires des êtres, l'homme les a toujours exagérées, il n'a pas su les faire servir à une harmonie suffisante pour assurer la vie sereine et le développement normal des individus et des groupes sociaux. Ses spiritualisations et ses socialisations ont abouti à des incohérences excessives, à des luttes pernicieuses, d'où ne se dégageait pas suffisamment un principe d'union et de concorde, et qui n'aboutissaient guère qu'à déplacer la discordance et l'opposition sans les rendre plus inoffensives et sans les mieux utiliser.

§ 7.

Tous ces maux ne sont point sans quelques compensations. Ils peuvent être une occasion de biens plus larges et plus divers. Si l'instinct sexuel, nous l'avons vu, avait pu se satisfaire aussi aisément que le besoin de respirer, l'homme n'aurait vraisemblablement jamais connu l'amour, ses complications, ses raffinements et ses ardeurs. Et de même si l'homme avait pu réaliser l'harmonie psychique et sociale, il se serait cristallisé dans quelque forme de vie mentale et de vie collective assez humble et qui n'aurait guère plus varié. Mais précisément parce qu'il souffrait de son déséquilibre il a poursuivi un équilibre toujours plus compliqué, une harmonie toujours plus riche, et plus large et plus subtile à la fois. Et il ne l'a pas atteinte, mais il en a réalisé des fragments assez curieux et qui ne sont point sans valeur. Si ce résultat le paye suffisamment de ses souffrances, et de ses peines, c'est ce qu'il serait peut être difficile de décider. Mais sa grandeur, dont nous nous enchantons pour nous consoler de ses misères, est un résultat de ces misères mêmes. Et tant que ses maux ne cesseront point il sera peut être amené pour y remédier, à multiplier ses recherches, ses tâtonnements, et il obtiendra peut-être encore d'admirables résultats, à peine entrevus aujourd'hui, et qui ne feront eux aussi que perpétuer son manque d'équilibre, surexciter ses convoitises, et lui donne de nouvelles occasions de souffrir et de grandir.

A vrai dire les choses sauraient aussi se passer autrement. Il se pourrait que l'humanité se décourageât, il se pourrait aussi qu'elle s'éternisât en des luttes sans terme et sans gloire contre ses propres imperfections, il se pourrait que le déséquilibre s'aggravant devînt incompatible avec la vie, et que l'humanité disparût avant que le refroidissement du soleil lui en fît une nécessité. Il se pourrait encore que l'humanité arrivât à une harmonie relative et s'ankylosât dans quelque forme sociale assez haute mais encore nécessairement bien étroite et bien imparfaite. Ce serait le dénouement le plus heureux, sinon le plus glorieux et le plus grandiose, du drame sanglant de la vie humaine qui s'achèverait ainsi en une sorte de comédie bourgoise. Quelle fin serait préférable, et laquelle se produira, ce sont des questions qu'il n'y a pas grand intérêt à agiter. Mais si le passé est un garant de l'avenir, on peut supposer que, pendant longtemps au moins, et peut-être pendant tout le cours de son existence, forcément amenée à disparaître semble-t-il, l'humanité va continuer à se déchirer elle-même, à souffrir, à s'exalter et à émerveiller, par son génie et par sa sottise, par son élévation et par sa bestialité, l'observateur impartial. L'homme a si peu changé, dans sa nature essentielle, qu'un changement ultérieur et radical ne paraît guère à espérer ou à craindre. La nature a trop compliqué les choses, elle a montré peut-être trop d'ambition, si je puis ainsi parler. Elle a réussi à former de jolis petits systèmes matériels, des atomes et des molécules, et des êtres vivants, relativement simples, acceptables malgré leurs imperfections. Mais quand elle a voulu aller plus loin et faire l'homme, elle n'a pu obtenir un heureux succès, et malgré de très brillantes parties, son œuvre est trop défectueuse.

Il ne saurait être question, on le comprend, de proposer ici en manière de conclusion un remède aux maux de l'humanité. Changer la nature de l'homme est une rude entreprise, et les formules qu'on peut offrir manquent d'efficacité. Les fondateurs de religion, les réformateurs, les apôtres de de toute sorte ont à peu près fini par y échouer. L'homme sait fort bien accommoder à ses défauts ce qu'on lui apporte pour l'en corriger et même y prendre de nouvelles occasions de s'y complaire et de les accroître. L'œuvre des grands conducteurs d'âmes n'est pas vaine, mais elle reste souvent extrêmement éloignée du résultat rêvé. Nous ne devons pas compter sur le mot sauveur. Peut-être à force de travail, d'expérience et de réflexion, l'humanité améliorera-t-elle un peu son sort. Il faut le souhaiter et s'y efforcer, et c'est un des moyens de se rapprocher du but que de lui apprendre à se connaître un peu mieux elle-même. Trop de projets de réforme s'appuient sur de fausses appréciations de l'esprit de l'homme, de son intelligence, de son caractère, et aussi de la nature des sociétés. Il me semble qu'en ce moment ce qui serait plus souhaitable que de nouveaux progrès de l'industrie, et même que de nouveaux progrès scientifiques sur bien des points, ce serait l'exacte appréciation et la mise en valeur de tous les résultats acquis déjà, la critique générale des valeurs et leur systématisation. Mais ce n'est pas à quoi l'on s'intéresse le plus, malgré les rudes enseignements de l'expérience, trop souvent mal compris ou négligés. L'humanité est plus portée vers les nouvelles conquêtes que vers l'organisation des anciennes. Elle rappelle un peu trop ces maisons encombrées d'objets de toute sorte, entassés pêle-mêle. Si celui qui en habite une a besoin de l'un d'entre eux, il ne sait où le prendre, il a oublié son existence, il trouve plus simple d'en acheter ou d'en fabriquer un nouveau, ou bien de s'en passer et, parmi ses richesses amoncelées, il mène la vie gênée d'un indigent.

FIN

# TABLE DES MATIÈRES

## PREMIÈRE PARTIE

www.ingramcontent.com/pod-product-compliance
Lightning Source LLC
Chambersburg PA
CBHW070748270326
41927CB00010B/2102

* 9 7 8 2 3 2 9 1 7 2 1 4 9 *